高等职业教育公共基础课通用教材

大学生心理健康教育（实践篇）

主　编：翟秀军　董　媛　刘富星
副主编：李倩倩　任梦琪　孙晨哲
　　　　王　珂　常珞珞　郭昱漾

北京理工大学出版社
BEIJING INSTITUTE OF TECHNOLOGY PRESS

版权专有　侵权必究

图书在版编目（CIP）数据

大学生心理健康教育．实践篇／翟秀军，董媛，刘富星主编．－－北京：北京理工大学出版社，2024.9.
ISBN 978－7－5763－4480－6

Ⅰ．G444

中国国家版本馆 CIP 数据核字第 2024CX6565 号

责任编辑：芈　岚	**文案编辑**：芈　岚
责任校对：刘亚男	**责任印制**：施胜娟

出版发行 /	北京理工大学出版社有限责任公司
社　　址 /	北京市丰台区四合庄路 6 号
邮　　编 /	100070
电　　话 /	（010）68914026（教材售后服务热线）
	（010）63726648（课件资源服务热线）
网　　址 /	http://www.bitpress.com.cn

版 印 次 /	2024 年 9 月第 1 版第 1 次印刷
印　　刷 /	北京国马印刷厂
开　　本 /	787 mm×1092 mm　1/16
印　　张 /	14.75
字　　数 /	327 千字
定　　价 /	38.00 元

图书出现印装质量问题，请拨打售后服务热线，负责调换

序　言

党的二十大报告指出，要"重视心理健康和精神卫生""深入开展健康中国行动和爱国卫生运动，倡导文明健康生活方式"。随着我国经济社会的快速发展，心理健康的重要性越来越被人们重视。大学阶段是青年学生个性形成的关键时期，也是其个性心理转折的关键时期。面对因科技进步、经济全球化等多重因素导致的竞争日趋激烈的社会环境，如何培养青年学生的健康心态，以迎接日趋严峻的挑战，乃是当前我国高等教育需要有效应对的极为重要、极为迫切的问题，也是高等教育能够给予当代大学生的最好礼物。基于此，我们组织一线的优秀教师编写了《大学生心理健康教育》（实践篇）这本教材，旨在给予莘莘学子一种他们乐于接受的、客观全面的心理健康指导。

本教材以习近平新时代中国特色社会主义思想为指导，突出"健康第一""五育并举"等重要教育理念，从心理育人的角度，挖掘传统文化中优秀的心理元素，融入社会主义核心价值观，培养适应现代职场要求的、具有优秀职业素养的大学生。本教材编写具有以下特色。

一、体现现代社会对大学生心理素质的独特要求。本教材瞄准时代对大学生的职业素养要求，紧紧扣住大学生独特的心理发展特点来设计内容和项目。现代社会所看重的诚信观念、意志坚韧性、感恩意识、创新能力、沟通与合作、团队精神、耐挫能力等心理素质皆在本教材中通过各种教学形式得到训练和培养。

二、架构体例体现知识、技巧、能力的有效结合。本教材以心理测试、案例、生活写真、角色扮演等形式进行情景再现（提出问题）；通过基本概念、最新研究成果、微课等形式进行知识解读（分析问题）；以案例分析、角色扮演、分组讨论等形式强化实践技能（解决问题）；通过团队任务等形式促进素质养成（能力提升）。这种编写模式符合学生的认知特点，大大激发了学生的学习兴趣，提高了学生学习的动力。

三、呈现形式丰富多彩，能有效保障教学效果。本教材除了设计教师理论知识讲解的环节，还提供了大量生动活泼的互动式实践活动，以促进理论与实践的有效结合。教材中能够引起学生好奇心的心理测试、精彩绝伦的案例分析、有趣又实用的心理知识、激发主动性和挑战性的团体拓展活动、图文声像并茂的微课等，都极大地调动了学生的感官，有效提升了教学效果。

本教材以我国高等教育规律为依托，以新时代的大学生心理发展规律为基准，紧密结合教书育人规律和思想政治工作规律，共设置团体辅导和素质拓展两部分主题内容。团体辅导篇包含12个模块，分别为：团体心理辅导导论、环境适应、认识自我、健全人格塑造心智、人际交往、邂逅爱情、学无止境、情绪表达、放下焦虑、直面挫折、自我赋能、珍爱生命。素质拓展篇包含6个模块，分别为：素质拓展导论、破冰起航、团队合作、指挥服从、伙伴关系、意志磨练。

　　本教材是众多一线心理教师的智慧结晶。本教材由郑州铁路职业技术学院董媛、刘富星、翟秀军任主编，郑州铁路职业技术学院李倩倩、任梦琪、孙晨哲、王珂、常珞珞、郭昱漾任副主编。在教材编写过程中，编者参考了许多专家、学者的研究成果，并引用了有关书籍和网络上的一些案例，在此对相关作者表示衷心的感谢。本教材还参考、引用和改编了国内外出版物中的相关资料以及网络资源，编者在此同样要表示深深的谢意！对于教材中存在的不足和错误之处，诚望读者批评指正。

目　　录

团体辅导篇

模块一　团体心理辅导导论 (3)
活动一　团体心理辅导概述 (3)
活动二　团体心理辅导理论 (6)
活动三　团体心理辅导方案设计 (14)

模块二　环境适应 (21)
活动一　大学初印象 (21)
活动二　我适应我成功 (24)
活动三　寻找归属感 (27)

模块三　认识自我 (31)
活动一　认识自我 (31)
活动二　悦纳自我 (35)
活动三　自我成长 (38)

模块四　健全人格　塑造心智 (43)
活动一　人格知多少 (43)
活动二　我原来是这样 (46)
活动三　拥抱我的性格 (50)

模块五　人际交往 (55)
活动一　有你真好 (55)
活动二　建立信任 (59)
活动三　团队合作 (62)

模块六　邂逅爱情 (66)

　　活动一　问世间情为何物 (66)
　　活动二　爱的有效表达 (69)
　　活动三　泥土中的花 (75)

模块七　学无止境 (80)

　　活动一　我的学习风格 (80)
　　活动二　唤醒学习动机 (85)
　　活动三　突破思维定式 (88)

模块八　情绪表达 (92)

　　活动一　认识情绪 (92)
　　活动二　换个视角看世界 (95)
　　活动三　宣泄不良情绪 (98)
　　活动四　拥抱健康情绪 (101)

模块九　放下焦虑 (106)

　　活动一　为什么会焦虑 (106)
　　活动二　小焦虑大作用 (110)
　　活动三　和焦虑共处 (115)

模块十　直面挫折 (120)

　　活动一　笑对压力 (120)
　　活动二　迎难而上 (124)
　　活动三　同舟共济 (128)

模块十一　自我赋能 (132)

　　活动一　理想的我 VS 现实的我 (132)
　　活动二　我比这要多 (135)
　　活动三　做最好的自己 (138)

模块十二　珍爱生命 (144)

　　活动一　体验生命力 (144)
　　活动二　把握今天 (148)
　　活动三　拥抱明天 (151)

素质拓展篇

模块十三　素质拓展导论 (159)

项目一　心理素质拓展的起源与发展 (159)
项目二　心理素质拓展教育的特点及理论基础 (163)
项目三　心理素质拓展实施的教学设计——体验式教学 (168)

模块十四　破冰起航 (171)

项目一　直呼其名 (171)
项目二　按摩派对 (172)
项目三　传递呼啦圈 (173)
项目四　十面埋伏 (175)
项目五　动力小火车 (176)
项目六　火车快跑 (178)

模块十五　团队合作 (181)

项目一　组建团队 (181)
项目二　珠行万里 (182)
项目三　鼓舞飞扬 (184)
项目四　孤岛求生 (185)
项目五　盲人摸象 (188)
项目六　众志成城 (189)

模块十六　指挥服从 (193)

项目一　霸行天下 (193)
项目二　有轨电车 (195)
项目三　齐眉棍 (196)
项目四　无敌风火轮 (198)
项目五　呼吸的力量 (199)
项目六　领袖风采 (201)

模块十七　伙伴关系 (203)

项目一　信任背摔 (203)
项目二　信任圈 (204)
项目三　蒙眼足球 (206)
项目四　盲人方阵 (208)

项目五　穿越电网 ………………………………………………………（209）

项目六　协力过河 ………………………………………………………（211）

模块十八　意志磨炼 ……………………………………………………（214）

项目一　匍匐前进 ………………………………………………………（214）

项目二　战地传送 ………………………………………………………（216）

项目三　集体登山 ………………………………………………………（217）

项目四　骑行 ……………………………………………………………（219）

项目五　定向越野 ………………………………………………………（221）

项目六　漂流 ……………………………………………………………（223）

团体辅导篇

模块一　团体心理辅导导论

活动一　团体心理辅导概述

团体心理辅导最早发源于欧美国家，其诞生和发展与团体心理治疗的探索及发展有着极其密切的联系。在20世纪初，许多心理学家和精神病学家都为它的发展做出过贡献。在第二次世界大战结束后，团体心理辅导得到迅速普及和发展。目前，团体心理辅导在世界各地都得到了广泛应用。

一、团体心理辅导的概念

团体心理辅导又称团体心理咨询，是相对一对一的个体心理辅导而言的，是一种在团体情境下提供心理援助与指导的咨询形式，由领导者根据成员问题的相似性或成员自发组成课题小组，通过共同商讨、训练、引导，解决成员共同的发展或心理问题。

团体心理辅导活动往往通过几次或十几次团体聚会、活动，使团体成员互相交往、共同讨论大家关心的问题，彼此启发、相互鼓励，从而使成员不仅了解自己的心理和行为，而且了解他人的心理，达到改善人际关系、增加社会适应性、促进人格成长的目的。

二、团体心理辅导的优势

1. 团体心理辅导效率高

团体心理辅导的经济效能主要体现在利用集思广益的研讨方法，探求问题发生后的处理方式等方面，做到防患于未然，避免问题的发生，这是解决问题最经济的方法。开展团体心理辅导可以暂时缓解专业人员不足的矛盾，也能有效地满足社会的需求。

个别辅导是心理辅导教师对来访者一对一进行帮助指导，每次辅导面谈需要五六十分钟。

2. 团体心理辅导效果持续性强

团体心理辅导设定了一个类似真实的社会生活情境，为参加者提供了社交的机会。成员在团体中的言行往往是他们日常生活行为的复制品。在充满信任的良好的团体气氛中，通过示范、模仿、训练等方法，参加者可以尝试与他人建立良好的人际关系。如果他们的行为在团体中能有所改变，这种改变会延伸到团体之外的现实生活中。也就是说，实践的结果容易迁移到日常生活中去。

团体心理辅导的基本原理是它提供了一种生活经验，参加者能将团体经验应用于日常同他人的互动中。通过团体历程，成员们经历了难以突破的瓶颈，也重现了先前做决定时的背景，因而学会做适当的新决定。团体历程可以帮助成员发现自己是如何扮演牺牲者的角色，并使成员在团体内和每天的生活中开始表现出与过去不同的行为，从而逐渐能控制自己的生活。

3. 团体心理辅导的影响力大

在团体情境下，成员可以同时学习和模仿其他成员好的行为模式，从多个角度洞察和认识自己的问题或烦恼。在团体心理辅导过程中，成员之间可以互相支持、集思广益、共同探寻解决问题的办法，既减少了对领导者的依赖，也增强了每个成员解决问题的能力和信心。尤其是当团体发展出建设性的动力时，每个成员都可以成为别人的成长资源，这样就会形成强大的积极动力推动团体发展，从而促进个人更加开放，获得更多的突破和更多新的经验。

4. 团体心理辅导适应范围广

团体心理辅导对于人际关系适应不良的人有特别的作用。一般的青少年缺乏社会化的经验，在学校或社会上常发生人际关系方面的冲突或躲避与人接触，而这些人可以受惠于团体心理辅导。那些长年不能与同学、同事相处的人，也可经由团体心理辅导来提高人际关系的适应能力。有些人因为缺乏客观的自我评价、缺乏对他人的信任，过分依赖或过分武断，难以与他人建立和保持良好的、协调的人际关系，这种问题也可以通过团体心理辅导矫治。

三、团体心理辅导的功能

1. 教育功能

团体心理辅导的过程是一个借助于成员之间的互动而获得自我发展的学习过程。团体心理辅导非常重视成员的主动学习、自我评估、自我改善，有利于参加者的自我教育。团体心理辅导的过程还有利于培养参加者的社会性，学习社会规范以及适应社会生活的态度与习惯。成员在团体中可以进行信息交流、相互模仿、检视现实、尝试与创造、学习人际关系技巧等，这都具有教育的意义。

2. 发展功能

团体辅导的积极目的在于发展的功能，这是咨询心理学遵循发展模式的直接体现。通过团体活动可以改善成员不成熟的偏差态度与行为，促进其良好的心理发展，培养其健全的人格。尤其是学校团体辅导能给予正常学生启发与引导，满足学生的自我发展需要，促进其自我了解与接纳，改进人际关系，学习建立充满信任的人际关系所必备的技巧与方法，养成积极应对问题的态度，对自己充满信心、对未来充满希望。

3. 预防功能

团体辅导是预防心理问题发生的最佳途径。通过团体心理辅导，可使成员加深对自己的了解与认识，懂得什么是适应行为、什么不是适应行为，提供更多的机会，让成员交换彼此的意见，互诉心声，讨论日后可能遇到的困难及应对策略，增进独立处理问题的能力，预防心理问题的发生或减少心理问题发生的概率。成员在团体中可以更好地了解他人、接纳他人、满足隶属感和互谅互爱的需要。这些都具有预防的功能。

4. 治疗功能

心理治疗学家强调人类行为的社会相互作用。团体活动的情景比较接近日常生活与现实状况，以此处理情绪困扰与心理偏差行为容易收到效果。在团体心理辅导中，个人的问题或困扰可以借助勇敢面对或借助澄清而获得缓解。

四、团体心理辅导的原则

为了发挥团体心理辅导的作用，完成团体心理辅导的目标，获得理想的效果，团体心理辅导中应遵循下述各项基本原则：

1. 保密原则

在团体心理辅导过程中，团体成员出于对团体领导者和其他成员的高度信任，或者被团体真诚、温暖、理解的气氛所感染，而把自己多年不被人知道的隐私暴露出来。这从成长及治疗的角度来讲是非常有意义的，但是如领导者或其他成员有意无意地议论个人的隐私，不仅会给被暴露隐私者带来极大的伤害，也会妨碍其他成员的自我探索，甚至严重损害团体心理辅导的形象和声誉，使成员对团体有所保留和担忧。

尊重每一个团体成员的权利及隐私，是团体心理辅导中最基本的原则。领导者在团体活动开始时必须向全体成员说明保密的重要性，并制定保密规定要求大家遵守，如"不在任何场合透露成员的个人隐私，如果需要研究或发表，必须征得当事人本人同意，并隐去真实姓名，确保当事人的利益不受损害"。

但保密不是绝对的，在当事人或其他人确实处在危险边缘时，应采取合理措施，通知有关人员或组织，并向有关专业辅导人员请教。这种做法从根本上讲，仍是为了保护当事人的利益。

2. 民主原则

团体的各种规则是根据成员的需要来制定的，而不是领导者来左右的。领导者更多的时候是扮演跟随者的角色，起到"催化"成员自由表达的作用，激发成员的能力和主见，使每个成员都承担起发展团体的责任。

在团体中每个成员都可以参与团体活动，都有权决定活动方式，领导者要鼓励成员发表自己的见解，并做与人平等沟通的楷模。虽然团体领导者在团体中起引导的作用，但实际上在团体中他也是一位成员，应尊重每一位成员，努力营造安全的心理氛围，促使团体保持自由开放的气氛，增强团体的凝聚力。

3. 专业原则

团体心理辅导和一般的团体活动有很大的区别。团体心理辅导不是普通的聚会，它是由专业人员组织的有组织、有计划的活动，从团体准备、招募成员，到制定规则、开展各种活动，团体的过程发展以及结果评估等都有极强的专业性，领导者应通过丰富的临床经验和较强的技术来引导团体的发展。有些领导者因专业性较弱，容易使团体心理辅导变质成为一般的团体活动。虽然团体成员在活动中感到愉悦和轻松,但不能促进成员进行有深度的自我探索,即只是起到娱乐的作用,而没有获得治疗的功能。

4. 引导原则

辅导的根本任务是助人与自助,因此在团体心理辅导过程中,应本着鼓励、启发、引导的原则,尊重每个人的个性,鼓励个人发表意见,重视团体内的交流与各种反应,适时地提出问题,激发成员思考,培养成员分析问题与解决问题的能力。

5. 发展原则

在团体心理辅导过程中,领导者要从发展变化的角度看待团体成员的问题,用发展变化的眼光看待团体心理辅导的过程。不仅要在问题的分析和本质的把握上善用发展的眼光做动态考查,而且在对问题的解决和辅导结果的预测上也应具有发展的观点。

6. 共同原则

有效能的团体心理辅导活动是根据成员共有的问题而组织的,如人际沟通问题、情绪管理问题、领导技能问题、压力处理问题等。因此,在团体心理辅导过程中,要注意成员共同的志趣和共同的问题。当某个成员谈论的是大多数成员不感兴趣的话题时,领导者要及时调整团体活动的节奏,以免其他成员感觉枯燥无味。领导者要使成员彼此关注,促进他们之间的互动,增强共鸣,达成成员共同的利益和共同的目的。例如,人际关系团体心理辅导活动的参加者都有学习与他人相处技能的共同愿望。

7. 综合原则

团体心理辅导的理论、方法、技术种类繁多,只局限于某种理论和方法往往难以使团体心理辅导获得令人满意的效果。因此,领导者应该了解各种理论和方法,根据团体心理辅导的任务和性质,综合选取有效的技术,以达成团体心理辅导的目标。

活动二 团体心理辅导理论

一、团体动力学理论

团体动力学旨在探索团体发展的规律、研究团体的形成与发展、团体内部人际关系,以及对其他团体的反应、团体与个体的关系、团体的内在动力、团体间的冲突、领导作用、团体行为等。团体动力学产生于 20 世纪 30 年代末期的美国,其创始人勒温(Kurt Lewin,1890—1947)强调团体是一个动力整体,应作为一个整体来研究。他所研究的主要是小团体,团体动力学经过不断发展,有着丰富的内容,如"怎样的团体是有效团体?""如何促进成员的成长发展?""团体领导者怎样创设和谐、温暖、理解的团体心理气氛,以使成员有强烈的安全感、肯定感、归属感?"等。团体动力学的研究成果对团体辅导的发展有重要影响,所以,团体动力学是所有团体辅导的理论基础。

（一）团体动力学的创始人

团体动力学的创始人勒温是德国心理学家，生于普鲁士的莫吉尔诺（今属波兰），先后入弗莱堡、慕尼黑和柏林大学学习。1914年获得柏林大学哲学博士学位；1922年任柏林大学讲师；1927年升任教授；1932年赴美担任访问教授；次年移居美国，在康奈尔大学任教；两年后，担任艾奥瓦大学儿童福利研究所儿童心理学教授；1944年前往麻省理工学院建立团体动力学研究中心，并担任主任。

在柏林任教期间，勒温着重研究和分析了学习和知觉的认识过程、个体动机和情绪的动力学等，根据大量有关成人和儿童的实验，提出了动机理论。在艾奥瓦大学任教期间，勒温将理论兴趣和研究重点放在奖惩、冲突和社会影响等人际过程，并对一些团体现象进行了研究，如领导行为、社会气氛、团体标准及价值观等。重要研究成果之一是关于民主和专制领导条件下的儿童团体研究。在麻省理工学院从事团体动力学研究期间，他考察了工业组织中的冲突和团体间的偏见与敌对等方面的问题，对现代心理学，特别是社会心理学，在理论和实践上都做出了重要贡献，被誉为"实践的理论家"。

（二）团体动力学的主要内容

团体动力学的理论基础是勒温的场论（Field Theory）。这一概念最早出现于勒温1938年发表的《社会空间实验》一文中。场论是借用物理学中场的概念来解释心理活动的理论，它把人的心理和行为视为一种场的现象，是人与环境的函数，用公式表示为 $B = PE$。B 是行为，P 是个人，E 是环境。环境是指心理环境，它是一个整体，其中每一部分都依存于其他各部分；对人而言，意志和需要等具有重要的动力作用。"场"具有复杂的非物理的力，力之间有错综复杂的变化，而这种变化所产生的动力结构使"场"成为动力场，随着动力场的千变万化，人的心理和行为也随之变化。场论把心理事件的原因归结于当前场的结构，既不推诿于未来，也不推诿于过去，这就使它不免对心理行为只注意横断面的分析，而忽视了纵向研究。场论坚持心理理论要研究个人与心理场之间的相互作用。它既反对过分强调环境影响，也反对过分强调内部决定因素的心理学倾向，具有一定的辩证因素。

场论的基本特征可以概括为：第一，场是将行为主体及其环境融为一体的整体。第二，场是一个动力整体，具有整体自身独有的特征。第三，场的整体性在于场内并存事实相互依存和相互作用关系。由此可见，勒温非常重视在生活环境中研究人的行为。

1. 团体气氛

团体动力学的研究是为了促进团体的功能发挥以及团体对个体和社会的作用。团体动力学最著名的实验之一是团体气氛的研究。20世纪30年代中期，勒温和利皮特为了研究民主和专制的团体气氛，从大学附属小学五年级和六年级的志愿者中选出了10岁、11岁的孩子30人，组成两个制造面具的实验俱乐部，由大学生担任各俱乐部领导人，分别扮演民主和专制的领导角色，进行轮组实验（两个星期轮换）。按照这种做法，每个小组要体验两种不同的领导方式，从而形成两种不同的团体气氛。专制式与民主式领导方式的比较如表1-1所示。

表1–1　专制式与民主式领导方式的比较

专制式	民主式
所有政策的决定由领导操纵	所有决策都由集体决定，领导鼓励、支持，最后认定
实现目标的技术和步骤由领导独断，每次做一个，成员无法知悉团体未来的方向	领导解释工作的步骤与行动方案，需要技术指导时，领导会提出两到三种可行方案
领导经常控制每个团体成员的活动，即由领导决定与谁一起干活	成员可以自由选择和自己一起干活的人，分工由大家决定
领导批评和表扬成员个人的活动，但他不与成员待在一起	领导不参加实际工作，只对关系到整个团体的工作进行表扬或批评

实验结果发现，成员在不同团体气氛中的行为有很大差异。

第一，专制式团体中成员的攻击性言行显著，而民主式团体中成员彼此友好相处。

第二，专制式团体中成员对领导服从或出现引人注目行为的现象多，而民主式团体中以工作为中心的现象多。

第三，专制式团体中成员多以自我为中心，而民主式团体中"我"字使用频率低，注重"我们"的感情。

第四，当实验遇到"挫折"时，民主式团体成员团结一致试图解决问题，而专制式团体成员则会彼此推卸责任或进行人身攻击。

第五，领导不在场时，民主式团体的成员仍继续工作，而专制式团体成员的工作效率则大大降低。

第六，民主式团体成员对活动的满意程度与满足感比专制式团体成员高。

第七，同一成员在民主式团体内攻击性言行少，而调到专制式团体内，攻击性言行明显增加。

实验结果证明，在不同的团体中，民主式的领导方式营造的团体气氛能提高工作效率；而专制式的领导方式营造的团体气氛虽能保证一定的工作效率，但成员缺乏信任感和创造力，相互间充满敌意和冲突。

2. 团体凝聚力

团体凝聚力是指团体对其成员的吸引力和团体成员之间的吸引力，以及团体成员的满意程度。社会心理学家利昂·费斯廷格（L. Festinger）指出，团体凝聚力是"为使团体成员留在团体内而施加影响的全部力量的总和""团体凝聚力是团体巩固与稳定的社会心理特征，对团体的存在、活动、效率有重要作用"。勒温、卡特莱特（D. Cartwringt）、阿尔文·赞德（A. Zander）等学者对此进行了深入的研究。

团体凝聚力往往以团体共同活动为中介。在团体活动中，成员经过互动，彼此诉说自己的喜怒哀乐，从而增进了成员之间的感情和思想交流。这时，如果彼此产生认同感，互相满足心理需要，就会产生亲密感和互相依赖感，加大成员间的相互吸引力，以及团体对个人的吸引力。在这样的团体中，成员心情愉快、精神振奋，行为、认知、情感一致，凝聚力就高。相反，如果团体成员之间经过交流，在思想、情感上不能产生共鸣，或有严重的分歧、冲突，相互之间不能满足心理上的需要，成员感到心情压抑、相互隔离，团体对个人的吸引力必然小，凝聚力自然很低。可见，团体凝聚力的高低取决于团体内人际关系的好坏。

克瑞奇（D. Krech）等人认为，凝聚力强的团体有7个特征：①团体的团结非起因于外部的压力，而来自团体内部；②团体内的成员没有分裂为互相敌对的小团体倾向；③团体本身具有适应外部变化的能力，并具有处理内部冲突的能力；④团体成员彼此之间有强烈的认同感，成员对团体有强烈的归属感；⑤每个团体成员都能明确团体目标；⑥团体成员对团体的目标及领导者持有肯定的、支持的态度；⑦团体成员承认团体的存在价值，并具有维护此团体继续存在的倾向。

一个团体的凝聚力对于团体活动有重要的影响。首先，团体凝聚力会使团体成员紧密团结在一定的目标之下，使团体成为一个具有高度整合性的团体。其次，团体凝聚力对团体的工作效率有重要影响。一般来讲，高度的凝聚力会提高团体成员的士气，明确活动的动机、自觉地努力完成团体工作，提高工作效率。如果一个团体有许多内在的冲突，成员彼此不合作，精神受压抑，不但不能激发工作热情，而且还会有意制造麻烦，工作效率自然降低。

团体凝聚力要受到许多因素的影响。概括地讲，影响因素可分为两大类，即团体内部因素及外部因素。团体内部的影响因素包括团体的规模、成员的相似性、信息沟通情况、成员对团体的依赖程度、领导者与团体成员的关系等；团体外部的影响因素主要来自团体间的竞争。当团体面临压力或威胁时，如果成员为保护团体的利益而相互配合、相互协调、一致对外，就会使团体凝聚力大大提高。

（三）团体动力学对团体辅导的贡献

团体动力学不仅为团体辅导提供了理论依据，而且为团体辅导过程中团体气氛的创设、领导者作用的发挥等提供了重要的理论指导。团体动力学提供的一些训练方法，如敏感性训练等，已直接成为团体辅导的方法、技术，广泛应用于教育、管理、医疗等领域。

二、社会学习理论

社会学习理论（Social Learning Theory）是在行为主义"刺激—反应"学习原理基础上发展起来的一种理论，着重阐明人是怎样在社会环境中学习的。它最早在1941年由米勒（C. Miler）和多拉德（J. Dollard）提出，他们以社会刺激（他人的行为）取代物理刺激，运用刺激回报和强化的基本概念来解释人们的模仿行为。其基本假设是：①就像大多数人一样，模仿也是学来的；②利用一般的学习原理也可以理解社会行为和社会学习。这一观点奠定了现代社会学习理论的基础。

后来，班杜拉（Albert Bandura）发展了社会学习理论的观点，他主张把依靠直接经验的学习和依靠间接经验的观察学习整合起来说明人类的学习，强调人的思想、情感和行为不仅受直接经验的影响，还受间接经验的影响；强调行为与环境的交互作用；强调认知过程的重要性；强调观察学习；强调自我调节过程。社会学习理论的研究成果对在团体辅导中如何改变成员的不适应行为提供了有效的方法。

（一）社会学习理论的创始人

　　班杜拉是美国社会心理学家。他1925年生于加拿大；1947年进入哥伦比亚大学学习；毕业后考上艾奥瓦大学研究生，1952年获得博士学位；1953年到斯坦福大学从事儿童心理学研究；1964年当选美国心理学会主席。20世纪50年代末、60年代初，他在关于儿童攻击行为系列研究的基础上，潜心从事行为矫正技术的探究。他认为，人的行为模式实际上都是从观察别人的行为及其后果，在替代性基础上发生的直接经验那里得来的。在他看来，模仿学习过程是一种信息加工理论与强化理论相结合的综合过程。班杜拉的主要著作有《社会学习与人格发展》（与R. 沃尔特合著）、《社会学习理论》等。

（二）社会学习理论的基本内容

1. 个人与环境的交互作用

　　社会学习理论的基本观点是个人的行为不是由动机、本能、特质等个人内在结构所决定的，也不是早期行为主义所说的由环境力量所决定的，而是由个人与环境的交互作用所决定的。即人的行为受到内在因素与外在因素的交互作用影响，行为与环境、个人内在因素三者互相影响，构成一种三角互动关系。行为同时受到环境和个人的认知与需要的影响，人的行为又创造、改变了环境，个人的不同动机以及对环境的认识使人表现出不同的行为，这种行为又以其结果使人的认知和动机发生变化。

　　社会学习理论认为人的大部分社会行为是通过观察他人、模仿他人而学会的，"通过观察而学习的能力使人们能够获得较复杂的、有内在统一性的、模式化的整体行为，而无须通过行为主义设想的那种沉闷的尝试错误逐渐形成这些行为"。按照信息加工的模式来分析观察过程，可以将观察学习分为四个过程，即注意、保持、动作再现以及动机激励过程。不同于早期社会学习论者，现代社会学习理论认为，人并不仅仅受到自己行为的直接后果的影响，还受到观察他人所遇到的结果（替代强化），以及由个人对自己的评价、认识所产生的强化（自我强化）的影响。

　　在观察学习中起决定性影响的因素是环境，如果环境发生变化，人的行为也会相应地发生变化，比如社会文化关系即榜样等客观条件对人有很大的影响，因此人们只要控制这种条件，就可以促使社会行为向着社会预期的方向发展。榜样，特别是得到人们尊敬的榜样行为具有替代性的强化作用。对榜样的观察是学习新行为的必要条件，榜样人物的行为被观察仿效而成为模仿者的榜样，新的行为就是行为的榜样化。

2. 关于模仿的实验研究

　　模仿是在没有外界控制的条件下，个体受到他人行为的刺激，自觉或不自觉地使自己的行为与他人相仿。模仿是对外显行为的模仿，内隐心理是不能模仿的。在模仿的过程中，模仿者是主动的、自觉的。例如，模仿者为了积极地达到目的而观察学习别人的行为。根据人们模仿意识的程度，自觉模仿可分为适应性模仿和选择性模仿。适应性模仿指人为了适应新的生活而模仿他人的行为，如新生入学后，会自觉模仿高年级学生的学习方式与生活习惯。

选择性模仿指人们经过思考而有选择地选取模仿行为。因为人的思想行为纷繁复杂、多种多样，有合理的，也有不合理的，所以模仿者通过思考进行选择，就会将那些有利于个人发展和社会进步的行为作为模仿对象，以使个人更成熟。

社会心理学中关于模仿的研究最早始于20世纪初，将模仿作为人的本能来解释人的社会行为，曾经产生过较大的影响。20世纪50年代后，班杜拉结合人类认知过程来研究人类的模仿行为，认为模仿不是先天的，而是在后天的社会化过程中逐渐习惯的。他认为，先前的理论缺陷在于忽略了人与人之间的相互影响过程。于是，他就攻击行为、亲社会行为等进行了深入的实验研究，在模仿领域的研究中做出了贡献。

一项著名的实验是班杜拉和多索西娅·罗斯把参加实验的儿童分成若干组。把其中一组带入一间有玩具的房间，玩具中有一个充气大娃娃。一会儿，进来一个成年人，他开始攻击娃娃，用铁锤狠狠地敲击娃娃的头，抓起来摔、压，嘴里还不时喊着"打"，时间大约持续10分钟。这组儿童在后来的游戏中表现出更多的攻击性行为。另一组儿童在另一间玩具室看到一个成人静静地做事，10分钟后离开。这些没有看到攻击行为的儿童来到游戏室玩娃娃，攻击性行为就出现得少。另外，还有一组儿童是通过电视录像观看到攻击行为，他们也表现出更多的攻击性行为。班杜拉认为，许多社会行为通过观察、模仿即可习得。无论是直接还是间接观察，观察习得的是某种行为方式，环境条件允许时，就会转化为行为表现。

（三）社会学习理论对团体辅导的贡献

社会学习理论认为，人通常是通过对他人的行为进行观察和模仿学习而形成一种新的行为方式，尤其是对人在社会生活中的各类行为进行观察学习。攻击行为和适应行为都如此。如果为那些心理适应不良的团体成员提供多个可以模仿的榜样，将有助于他们改变不适应行为。团体辅导为成员创设了一种特殊的情境，团体中充满理解、关爱和信任，这种环境的变化必将促进个体行为的改变。

三、积极心理学理论

（一）积极心理学的创始人

积极心理学的创始人马丁·塞利格曼是美国心理学家和临床咨询与治疗专家，1998年以史上最高票数当选为美国心理协会（APA）主席，他基于习得性无助的研究思考，发起积极心理学运动，被称为"积极心理学之父"。积极心理学是揭示人类优势和促进其积极机能的应用科学，致力于识别和理解人类优势和美德，帮助人们提升幸福感和生活得更有意义。马丁·塞利格曼将幸福确定为自己的研究对象，使关于幸福的讨论成为一门显学；同时突破了幸福只在哲学领域内探讨的局限，拓展到了实证研究层面，把日常生活中的"幸福"概念转变成一种方法严谨、结论可靠的科学概念。

（二）积极心理学理论的主要观点

积极心理学的研究主要有三大理论基石：第一是积极情绪的研究。第二是积极人格特质的研究，其中最主要的是优势和美德，当然，能力也很重要，如智慧和运动技能等。第三是积极的组织和系统的研究，例如，团结的家庭、气氛融洽的团体等，这些都是美德和优势形成的保障条件。

1. 积极情绪

积极情绪是积极心理学研究的一个主要课题，它主张研究个体对待过去、现在和将来的积极体验。在对待过去方面，主要研究满足、满意等积极体验；在对待现在方面，主要研究幸福、快乐等积极体验；在对待将来方面，主要研究乐观和希望等积极体验。

（1）回顾过去——幸福而满足。

迪娜（Diener）的幸福感研究心理学对幸福的研究主要用主观幸福感作为幸福的指标。主观幸福感是指个体自己对于本身的快乐和生活质量等感受的指标。对于幸福感的研究始于20世纪60年代，但在当时并没有引起太多关注，到1969年仅有20多篇研究论文。但现在对于幸福感的研究引起了越来越多研究者的兴趣，最近10年间这方面的研究论文已有几千篇，这些研究中有相当多的部分集中在生活事件和人格因素对个体幸福感的影响这一领域，也有一部分是金钱与幸福感之间关系的研究。20世纪90年代以来，随着积极心理学影响的逐渐扩大，一些心理学研究者对幸福的含义进行了新的解释，形成了心理发展意义的主观幸福感研究。在他们看来，幸福不仅是获得快乐，而且还包含了通过发挥自身潜能而达到的完美体验。迪娜就是这一领域著名的研究者之一。迪娜对与主观幸福感有关的气质和人格以及主观幸福感强烈的群体中的个人背景进行回顾，然后进行更为广泛的跨文化研究，揭示了宏观社会环境与幸福之间的关系。这些调查研究发现，并不是发生的事情决定了人们的幸福，而是取决于人们如何看待所发生的事情。包括婚姻关系、家庭成员关系、朋友关系、邻里关系等在内的社会关系和人格特质也是影响幸福感的重要因素。

马丁·塞利格曼认为用"Well-being"比"Happiness"来形容幸福更贴切，更能表达出人生繁荣、蓬勃发展（Flourish）的状态，他称之为全面可持续的幸福。他认为幸福是一个构建的概念，由5个元素组成，每个元素都是真实的，都能够促进幸福，但是不能单独定义幸福。这5个元素构成了人的终极追求，每个元素都必须具有以下3个特征：它对幸福有所贡献；它是人的终极追求，而非追求其他元素的途径；它的定义及测量与其他元素无关。这5个元素可测量、可创造，分别是积极情绪（Positive Emotion）、投入（Engagement）、人际关系（Relationships）、意义（Meaning）、成就（Accomplishment），简称PERMA，一个拥有足够PERMA的人生就是蓬勃幸福的人生。

（2）面对今天——快乐而充盈。

研究发现，在每个年龄阶段虽然都存在着不快乐的人，但必须承认，同时也有着许多快乐的人。柳博米尔斯基比较了那些快乐的和不快乐的人，发现他们在认知、判断、动机和策略上有所差异，并且这种不同经常是自动化的，是并未被其意识到的，主要表现在快乐的人对社会性比较信息较那些不快乐的人稍微迟钝些。学者们对快乐与金钱的关系、快乐与信仰的关系以及快乐随着社会发展而有所变化等主题也有不少研究。比如，迪娜等人调查了福布斯排行榜中最有钱的100位美国人，结果发现，他们仅比一般美国人多一点点快乐，而且还有一些人感到非常不快乐，甚至有人说自己已经不记得快乐的感受了。财富对快乐的影响如此小，有学者认为，这主要是由于生活事件、环境及人口组成等因素在幸福感中所起的作用被差异中和了。为此，一种解释快乐的理论提出，要想知道为什么有人比其他人更快乐，那么就必须了解保持和提高长期快乐以及个体感情产生的认知过程和动机水平。

（3）憧憬未来——现实而乐观。

拥有乐观精神是促使希望和乐观增长的关键，因为乐观可以让人更多地看到好的方面。克里斯托弗·彼得森认为，乐观涉及认知、情感和动机成分。乐观的人更容易拥有好心情，更加不懈努力和追求成功，并且拥有更好的身体健康状况。大量对患有艾滋病等危及生命的疾病病人的研究表明，那些始终保持乐观的人活得更长久一些。乐观的作用主要是在认知水平上起调节作用。一个乐观的人更可能养成健康的习惯并获得更多的社会支持。

当然，乐观有时会产生"乐观的偏差（Optimistic bias）"，即判断自己的风险要比判断他人的风险小，从而表现为盲目的乐观且不现实。这样就产生了矛盾：现实主义会提高成功适应环境的可能性，而乐观则会使个体具有较好的主观感受。为了解决这一矛盾，桑德拉·施耐德探讨了"现实的乐观"，认为"现实的乐观"与现实并不相互抵触。从原则上说，人们能做到乐观而又不自欺。这种对"现实的乐观"的研究是积极心理学的诠释：让生活更加富有意义。

2. 积极人格特质

积极人格特质是积极心理学得以建立的基础，因为积极心理学是以人类的自我管理、自我导向和有适应性的整体为前提理论假设的。积极心理学家认为，积极人格特质主要是通过对个体各种现实能力和潜在能力加以激发和强化，当激发和强化使某种现实能力或潜在能力变成一种习惯性的工作方式时，积极人格特质也就形成了。积极人格有助于个体采取更有效的应对策略，这方面具体研究了24种积极人格特质，包括自我决定性（Self-Determination）、乐观、成熟的防御机制、智慧等，其中引起关注较多的是自我决定性和乐观。积极心理学家认为培养这些特质的最佳方法之一就是增强个体的积极情绪体验。随着积极心理学的发展，人格特质的研究范围也会越来越广。自我决定性是指个体对自己的发展能做出某种合适的选择并加以坚持。积极心理学从3个方面研究了自我决定性人格特质的形成：先天学习、创造和好奇的本性是其形成的基础。这些先天的本性还必须与一定的社会价值和外在的生活经历相结合，转化为自己的内在动机和价值；心理需要得到充分满足是其形成的前提，这里包括3种基本的心理需要，即自主性、胜任和交往。

3. 积极的组织系统

积极心理学把积极的组织系统分为积极的社会大系统，如建立使公民有责任感、有职业道德的国家法律法规；还有积极的小系统，包括健康的家庭、关系良好的社区、有效能的学校、有社会责任感的媒体等。创造力研究的兴起可追溯到1950年吉尔福特的研究，吉尔福特认为，发散思维和变换能力是创造性思维的核心，这至今仍是许多创造力研究和测量的重要理论基础。许多积极心理学家认为，创造力更多的是来自培养而非与生俱来，很多研究者提出了自己的培养方案，比较著名的有斯滕伯格等人依据创造性投资理论提出的发展创造性潜能的12种策略：鼓励假设性的质问、允许含糊和不明确、允许犯错、鼓励他人对问题进行定义或重定义、对创造性的想法和产品进行奖励等。关于创造性的生理激活，前人曾做过创造性个体皮肤电、心率、脑电波（EEG）等方面的研究。最近有人从脑机制方面进行了实验研究，首次发现在完成发散思维任务时，高创造性被试者（创造性测验得分高者）两侧额叶都被激活，而低创造性被试者则只有单侧额叶被激活。由此看来，创造性是有其特定的生理激活特点的。

（三）积极心理学对团体心理辅导的贡献

首先，团体心理辅导将激发人的潜力、促进成员的成熟和发展作为自己的任务。同时，积极心理学倡导积极的人性观，将使所有人的潜力得到充分发挥并寻找到一种使普通人生活得更幸福、更有意义的规律作为自己的使命。在这一点上，积极心理学可以为团体心理辅导提供理论上的支持，而团体心理辅导则可使积极心理学的重要命题得以更好地践行。

其次，团体心理辅导强调整体的重要性，团体作为一种由内在关系组成的系统，其影响力或作用远大于孤立的个体。积极心理学也认为外界群体系统不仅是个体产生积极情绪体验的最直接来源，也是构建积极人格的支持力量。

最后，团体心理辅导关注的对象主要是广大的心理健康人群，焦点是指向对象的未来，重点是预防，根本目标是防止未来问题的发生，继而提供知识性服务，促进成员形成良好的心理素质，实现社会心理预防。而积极心理学反对传统主流心理学一直以问题解决为核心的病理学观点，从预防的角度，倡导心理学应该把注意力转移到对普通人的发展性辅导上，从而在理论上给团体心理辅导提供了一种有力的理论支持。

活动三　团体心理辅导方案设计

团体组成前，团体领导者应事先撰写团体辅导工作计划书，并设计宣传海报，完成团体辅导的准备。一份完整的团体活动计划书就像地图，引导团体辅导的方向，使团体领导者做到心中有数，使团体成员对本团体抱有信心、耐心和恒心。在开展团体辅导前，必须认真、仔细地准备。一般团体计划书的内容包括：团体名称；团体的依据和目标；团体的理论架构；团体的内容和功能；团体的参加对象；团体的主办单位；团体的结构性质；团体领导者的简介；团体辅导活动进行的时间和次数；团体辅导活动进行的场所；团体辅导的评估方法；报名须知及注意事项；团体的费用等。

团体辅导计划书具体可包括以下九项内容。

一、团体性质与团体名称

团体性质包括说明团体是半结构式还是结构式的团体；是发展性、训练性还是治疗性的团体；是开放式还是封闭式团体；是同质团体还是异质团体等。

团体名称可以分成宣传名称和学术名称，宣传名称力求新颖、生动，具有吸引力，尽量用正面词语，切忌用负面的语言，避免标签效应；学术名称应体现团体的真实目标和服务对象。

二、团体目标

团体目标分为总目标、阶段目标、单元目标和练习目标。总目标是团体辅导的改变方向；阶段目标是根据团体发展的历程而设定的，如创始阶段目标；单元目标是每一次聚会的目标；练习目标是每一个团体辅导过程中运用和练习的具体目标。例如，同在一个屋檐下——大学生宿舍人际关系团体的总目标是：培养宿舍成员的凝聚力、信任感，澄清影响宿舍人际关系的因素，找到解决宿舍人员冲突的有效途径和方法。创始阶段的目标是相识、建立团体规范，初步形成团体良好的工作氛围。单元目标一般是分解总目标到每一次团体聚会中。练习有很多，每个练习都有相应的目标，如本团体中"我是一个独特的人"的目标是认识和接纳自己相比于他人的独特性、从他人的反馈中了解自己、学会接纳他人。

三、团体设计理论依据

如果团体计划书没有理论支持，团体活动和团体过程将是凌乱的、随意的，不能启发内在的逻辑联系。团体领导者应该根据团体辅导理论和主题来设计团体计划书，例如，生涯探索团体辅导可以依据舒伯的生涯发展理论，或者霍兰德的特质理论来设计。再如，亲密关系团体辅导设计可以参考斯滕伯格的爱情三角形理论，或者其他的亲密关系理论。以解决个人困扰问题为目的的团体辅导可以根据心理咨询的理论，如认知行为治疗理论、叙事治疗理论、短程焦点解决疗法等进行设计。

四、团体领导者

团体领导者包括团体领导者的人数、学术背景以及带领团体的经验。在团体计划书中，应明确团体领导者的基本资料，如团体领导者（及其协同者）的姓名、专业背景和团体经验。为了保证团体的效能得以实现和成员的利益不受损害，在有条件的情况下最好请团体经验丰富的专家担任督导者，以便随时为团体领导者提供专业性的指导；或者请同行或初学者担任观察员，为团体领导者提供客观和不同角度的反馈资料，以协助团体领导者更好地带领团体。

五、团体对象与规模

1. 团体对象

团体计划书中要明确团体招募的成员类型、人数以及甄选方式。成员类型包括成员的性别、年龄、身份、问题性质等。团体对象的确定与团体目标密不可分，例如，大学生自我认识团体，对象可以是从大一到大四的学生，男女不限，有意愿提高人际交往的同学均可报名。再如，婚前辅导的团体，对象可以是从二十多岁到三十多岁的未婚男女。团体成员的特点直接影响团体计划书和练习设计。例如，低龄人员团体倾向于动态性的练习设计，成员年龄大的团体倾向于静态性练习设计；同性团体可设计身体接触的练习，异性团体可设计分享性练习；异质性团体倾向于多元性练习；同质性团体倾向于情感性、主持性练习；成员学历较高的团体倾向于认知性、学习性练习；成员学历较低的团体倾向于技能性、训练性练习。

2. 团体规模

团体规模会影响团体中的沟通行为，长期以来，学者们一直在探讨这个课题。团体的理想人数以多少为宜，学者的看法差别较大。一般而言，团体辅导人数可多可少，少则5～8人，多则20～30人，但人数多了不方便交流和探讨，所以在团体辅导实施过程中，需要分成若干个小团体进行深入工作。咨询团体和治疗团体一般都只有一个团体。那皮亚（Napier）认为，两人的团体规模太小，压力很大，容易让成员感到很不舒服和紧张，也容易出现一种支配与顺从的关系，而三人团体中的其中两个人经常会汇合势力强迫第三者，所以，他认为，5人小组不仅有足够的空间让团体成员有转换角色的机会，产生多元的意见，而且因为人不是太多，每个人说的话都会被留意，成员不会有被忽视和漠视的感觉。亚隆（Yalom）认为7人团体最理想，人数不是太多，团体领导者有能力关注到每个人；同时，这个人数也不是太少，团体对每个成员会有建设性的压力，团体成员不但彼此有相当充分的反馈和支持，而且团体的内容和经验也是丰富的。

团体辅导进展是否顺利，效果是否理想与团体规模有直接关系。团体规模过小、人数太少，团体活动的丰富性及成员交互作用的范围欠缺，成员会感到不满足、有压力，容易出现紧张、乏味、不舒畅的感觉；团体规模过大、人数太多，团体领导者难以关注每一个成员，成员之间沟通不易，参与和交往的机会受到限制，团体凝聚力难以建立，并且容易导致成员没有足够的时间分享和交流，致使在探讨原因、处理问题、学习技能时，流于草率、片面、表面，影响活动的效果。一个团体的规模设计需考虑的因素如下。

（1）成员的年龄及背景。

从年龄来考虑，青少年团体适合以5～7人为一个团体；大学生的团体比较适合8～15人；成年人（23～60岁）在性格及情绪、行为上大都已趋向稳定，在家庭及社会上有明确的角色，团体的大小可视团体辅导的目标而定。

（2）团体领导者的经验及能力。

初学者和经验尚浅的人来领导团体，要谨慎考虑自己的能力，小规模5～6人的团体较稳妥。对于经验丰富、能力较强的辅导教师，团体规模可稍微扩大。

（3）团体的类型。

开放式团体辅导一般人数较多，因为团体成员是流动的，为了便于成员之间有足够的交往机会，应保持一定人数。而封闭式的团体辅导人数不宜过多，8～12人为宜。如果是大团体，可以分成多个7～8人的小团体进行，但小团体中要有协同团体的领导者或者助手，以使团体进程始终沿着团体目标的方向发展。

（4）问题的类型。

以治疗为目标的团体辅导人数不宜过多，一般6～10人；以训练为目标的团体辅导人数居中，一般10～12人；以发展为目标的教育性团体，参加者可适当多一些，一般12～20

人。例如，一个由 18~20 岁的大学生组成的个人成长及自我探索团体，目的不是治疗有严重自我成长困扰的人，而是以解决青年成长中碰到的问题为主，人数以 10~15 人为宜。而学校中开展的班级团体辅导一般人数都在几十人。

六、团体辅导时间

团体辅导计划总时间是多少？每个团体需要进行多少次辅导？每次聚会时间是多长？两次聚会时间间隔多少为宜？团体进行中途是否需要休息？这些是团体辅导方案计划者必须考虑的。因为，团体需要时间来发展，才能发挥改变的功能。一般而言，单次的团体辅导主要在认知层面工作，多次团体辅导才能更深入地产生影响。团体要经过开始阶段和过渡阶段，才能进入工作阶段，这是需要时间和耐性的。成员也需要时间建立彼此的信任、关照，才能产生有治疗功能的互动。时间不充分和匆忙的团体辅导活动经常会限制团体的功能，使团体不能深入发展，成员互动停留在表面，成员难以从团体辅导活动中获得更多的收获。团体辅导活动持续时间太短，效果受影响；但持续时间过长，成员易产生依赖，团体领导者及参加者的时间、精力也不允许。所以团体领导者在组织团体时必须充分考虑团体每次辅导活动持续的时间及活动的频率。

1. 每次团体聚会持续时间的长短

决定团体每次活动持续时间的因素主要和团体性质与成员年龄有相当大的关系。根据儿童注意力不容易集中、兴趣易转移的特点，最好活动次数较多，每次时间较短，如 30~40 分钟；青少年的注意力和耐性与成人不同，中学生团体每周 1 次，每次时间 1.5~2 小时。大学生和成年人每周 1 次，每次 2 小时为宜。两个小时足够讨论一些比较深入的问题，而不致使人太疲倦。

一个团体活动持续多久为好，多长时间聚会一次，每次多少时间，取决于团体的类型及成员：一般认为团体活动每次进行的时间以 90~150 分钟为宜，时间过短会影响团体活动的进行，影响成员的参与程度，使团体领导者产生压迫感；而时间过长又可能造成团体领导者和团体成员的负荷过重，团体活动效果不佳。台湾团体工作专家许育光教授建议根据各年龄阶段人群规划团体辅导活动的时间，如表 1-2 所示。

表 1-2 各年龄阶段人群规划团体辅导活动时间

年龄阶段	儿童期 （小学低中年级）	青少年初期 （小学高年级至初二）	青少年中期 （初三至高中）	青年/成人
时间规划	每次 45~60 分钟	每次 50~60 分钟	每次 50~60 分钟 高中可 90 分钟	每次 90~120 分钟

2. 团体聚会的频率

20 世纪 60 年代，团体工作在美国蓬勃发展时，许多学者在团体工作时间安排上有不同的试验，有人每周 1 次，有人每周 5 次，有人每两周 1 次，也有人每个月 1 次。亚隆选择一周 2 次的方式，他认为每周只聚会 1 次，团体会因中间隔开的时间比较长而受影响，同时，一周里会发生许多事情，团体内难以兼顾。在每周 2 次的团体工作里，团体的关系会增强，参与者有较多时间面对和处理个人的问题，可以很好地维护团体的持续性。

现在绝大部分团体都采取一周 1 次辅导的方式，每次 1.5~2 小时，持续 4~15 周。成长团体、训练团体、人际关系团体和会心团体持续时间可以短一些，如 8~10 周，而治疗性团体可长一些，如 10~20 周，甚至更长。

在团体活动时间安排上，从参与者的角度来考虑，无论是社会服务机构，还是学校或医院，团体聚会时间要尽量不打乱团体成员常规的生活时间。对成人、大学生、青少年和儿童的团体聚会也要设法不和他们正常的学习时间发生冲突。另外，成员的年龄、职业和生活习惯都要考虑，如中学生大多是走读，放学就要回家，所以在中午休息时间或者下午放学前的时间开展团体辅导较好。而大学生都是住在学校宿舍，团体辅导安排在下午、晚上或周末均可。老人的团体可以安排在上午，此时精神比较好，精力比较集中。有些辅导对象有职业的限制，如出租车司机晚上很忙，上午 8~10 点也许更合适。有职业的成人的团体一般安排在晚上或周末时间，以方便他们妥善安排好工作，参加团体辅导活动。

还有一种为集中式团体辅导，即安排团体成员集中住宿，利用节假日休息时间组织辅导。集中时间多长为宜也要根据团体目标、成员特点而定。一般 2~3 天为宜，最多不超过一周。大、中学生的团体辅导常利用暑期组织。学生们在这几天同吃同住同活动，除了辅导活动，还有一些室外的文体娱乐活动、参观游览活动。

总之，团体领导者在设计团体活动时间时，不要太密，也不要太松散。团体活动频率与人数的关系最大，如果团体人数较多，团体领导者计划团体辅导活动的次数也应随人数的递增而增加，以使每个成员在团体中都有足够的时间来探索自我。

七、团体辅导计划表

团体辅导计划表是以总计划表和分单元计划表的方式呈现的。总计划表列出每一次团体聚会的单元名称、目标、活动内容及流程，所需时间的长短，以及需要准备的材料等，如表 1-3 所示。

表 1-3 团体辅导计划表

单元	单元名称	单元目标	活动内容及流程	时间	所需材料
一					
二					
三					
四					
五					
六					
七					
八					

分单元计划表需要列出单元名称、单元目标、所需器材，练习名称及其活动流程、目标、时间、道具等，如表1-4所示。将总计划表细化、分解，更便于理解和操作。

表1-4 分单元计划表

单元名称		次数		人数	
		时间		地点	
单元目标					
所需器材					
练习名称	活动流程		目标	时间	道具
实施情况与注意事项					

如果是多次团体辅导，每个单元，也就是每一次团体聚会也可以分成开始（热身阶段）、中间（主要辅导活动阶段）和结束3个部分。因此，每次团体聚会可以根据团体过程设计相应的练习。

1. 热身阶段

在团体聚会开始时，成员需要做热身准备工作，每次聚会用15~20分钟的时间来做热身活动，如"微笑握手""大风吹""无家可归""解开千千结"等，以促使成员尽快进入团体，增进成员互动，为团体主要活动做准备。当成员开始有明显的犹豫或担心时，团体领导者如果直接进入团体活动主题，效果会很受影响；相反，活动前采取适当的热身行动，可以促使团体启动。不过，热身是准备步骤，并不是团体聚会的主要内容，所以，不要花费太多的时间。热身过度的话就会本末倒置，影响团体辅导的发展。

2. 主要辅导活动阶段

主要辅导活动阶段相当于工作阶段，是团体的核心活动，是实现团体目标的关键部分。应按照团体主题和目标来设计，此时的练习是成员进行自我探索的钥匙，以练习来促使成员进行深入的讨论，如每个成员画完自画像之后，对自画像的描述和分享是团体聚会的重要部分。一般常用的练习有纸笔练习、绘画练习、角色扮演等。

3. 结束阶段

每次团体聚会结束前5~10分钟，团体领导者对本次聚会做总结，让成员分享心得或评估聚会成效，预告下次团体聚会的主题，或布置作业，巩固成员在团体活动中的所学所得。

八、团体辅导的评估方法

团体辅导可以用测验、自陈报告、观察等方法来评估，可以在团体辅导过程的各个阶段评估，也可以在团体辅导结束后总体评估团体辅导效果。可以是团体领导者评估，也可以是团体成员评估，还可以是督导者和观察员评估。评估的内容是成员的收获、团体目标是否实现、团体互动情况等。设计时要考虑评估工具、评估时间和评估内容。

九、其他

其他包括团体经费预算、宣传品、成员申请表、团体契约书、收费与否、评估工具和相关资料、摄像机、活动中要用的道具、材料等。

模块二　环境适应

新的环境、新的面孔、新的起点，当大家来到大学校园的时候，也许这一切都会让你感到新鲜和好奇。或许这里并不是你想象的模样，又或许这里就是你当初理想中的殿堂；也许你的内心还带着些许离开亲人的忐忑，或者对未来的迷茫。接下来，我们将要在这里彼此相伴，度过我们人生宝贵的时光。四海之内皆兄弟，长幼有序如家人，愿这里的每一个人都能在我们这个大家庭里，在这美丽的校园中，陶冶情操，尽情发挥特长，丰富学识，攀登科学的高峰，实现心中的梦想。

活动一　大学初印象

活动目标

1. 熟悉自己的校园环境。
2. 消除同学之间的隔阂和陌生。
3. 以积极的心态面对大学生活。

活动对象

大一新生，具体人数可按照班级实际情况进行分组。

活动准备

1. 场地：可移动桌椅的多媒体教室。
2. 资材：A4 纸、彩铅。
3. 多媒体：轻缓抒情类音乐。

活动时间

60 分钟。

活动过程

活动（一）：认识你很高兴

1. 时间：20 分钟。
2. 操作：

（1）班级学生围成一个大圈，面向内，想一想与自身相关的3个问题：我是谁？我来自哪里？我来这里干什么（憧憬和梦想）？

（2）邻近的两个学生面对面组合成两人组，相互表达自己对如上3个问题的回应，要求表述时配合动作，同时尽可能记住对方的话语、表情和动作。

（3）两人组成员转向大圈，按顺序介绍自己身边同伴对上述3个问题的回应，并且模仿对方的表情和动作。

（4）所有学生说一个期待别人如何对待自己的内容，并伴随动作，例如，我是××，我期待别人说"你很好"，同时伸出大拇指。

（5）其他同学一起重复对方的期待，并同时做出动作。

3. 讨论分享：

（1）第一次向其他同学说出自己的憧憬和梦想时，你有何感想？

（2）当听到交流对象说出自己的期待时，有什么感受？

活动（二）：大学初印象

1. 时间：20分钟。

2. 操作：

（1）回想：播放音乐，引导成员回想自己的大学初印象。

领导者说出引导语："请大家选择一个舒适又自在的姿势坐着，然后微微闭上眼睛，将注意力集中在呼吸上……让自己在一呼一吸之间，慢慢地放松下来……在这秋高气爽的季节，你来到了这个宁静、美好的大学校园。初入大学，你印象最深的是什么？是铁龙广场上的火车，还是学校的大门？是某一位同学、师长，还是图书馆或者宿舍？抑或某一棵树、某一条小路？"

（2）绘画：请你试着用彩铅，将心中所想画在A4纸上。

（3）表达：看着自己这幅画《大学初印象》，你此刻的心情是什么样的？进入大学后自己的感受又是怎样的？请用简短的文字写下来。

活动（三）：我们的大学

1. 时间：20分钟。

2. 操作：

（1）请将同学分成几个小组，每个小组7~8人。

（2）组内分享：小组成员轮流分享自己的"大学初印象"，并找出本组成员"大学初印象"的3个共同点。

（3）代表分享：每一小组选一个代表对本组"大学初印象"的分享情况进行汇报。

（4）结束总结：思考别人的"大学初印象"与自己的有哪些不同，通过这次活动你有哪些感悟或收获。

心理知识拓展

心理健康的十大标准

1. 具有良好的社会适应性

具有良好的社会适应性主要表现在具备适应各种自然环境的能力，具备人际关系适应能力，具备处理和应对家庭、学校和社会生活的能力。

2. 性格健全，没有缺陷

性格健全，没有缺陷主要表现在态度和行为方式符合社会规范，具有良好的社会适应性，并有一定的自控能力。性格脆弱、反复无常、极端内向或外向、与他人或社会格格不入等，都是性格不健全的表现。

3. 情感和情绪稳定协调

情感和情绪稳定协调是心理健康的重要标准。不健全的情感反应指遇事情绪波动、冷漠无情、麻木不仁、紧张焦虑、心情忧郁和无法自制自控等。

4. 完好的感知能力

感知能力是认识过程的初级阶段，是最基本的心理过程。心理不健康可导致感知障碍，常见的有过敏、迟钝、错觉、内感性不适、幻觉。

5. 适度的反应能力

人的反应能力取决于个性特点、思维模式、智力水平和社会适应性等多种心理因素。过分敏感或迟钝缓慢、优柔寡断等都是心理不健康的表现。

6. 清醒的意识度

心理健康者必须具备清醒的意识，而且对意识水平、意识范围、意识的清醒程度等有一定的强度和质量要求。一个人在非睡眠状态下出现各种意识障碍表现（神志模糊、昏迷等）都是心理疾病或躯体疾病的表现。

7. 注意力的集中度

如果一个人缺乏注意力集中和保持稳定的心理能力，就无法完成自觉的心理行为，也就无法抵抗外来危害的侵袭。注意力涣散、迟钝、范围缩小、飘忽不定、随境转移，长时间幻想或沉迷于某种事物等，都是心理不健康的表现。

8. 意志健全与行为协调

衡量意志健全的指标是自觉性、果断性和顽强性。意志过强者武断独行、我行我素、固执己见；意志过弱者模棱两可、畏惧退缩、缺乏信心和决心。

9. 智力正常

智力又称智能，是大脑活动的整体性功能表现。学习成绩佳、能获得高分不完全等于高智能。智能是计算、判断、理解、记忆、抽象思维功能等综合能力的反映。

10. 心理年龄特点符合实际年龄

实际年龄是按照出生后的年限来确定的个体比较客观的年龄，而心理年龄是指依照个体心理活动的健全程度确定的个体年龄。一般情况下，人的心理年龄应与实际年龄相一致，如果差异太大，或多或少会存在一些问题。

企图划分绝对的心理健康标准是困难的，用上述 10 个标准与以下 3 个原则相结合来衡量心理健康状况要更科学些。3 个原则如下：一是心理与环境的统一性；二是心理与行为的统一性；三是人格的稳定性。

活动二　我适应我成功

活动目标

1. 懂得适应的意义，掌握适应新环境的原则和方法。
2. 通过活动客观地认识自我，学会自我调适，为自己在变化的环境中定向、定位。
3. 调整心态，保持良好的心理适应能力。

活动对象

大学生。

活动准备

1. 场地：相对宽敞的活动场地。
2. 资材：A4 纸、笔。

活动时间

60 分钟。

活动过程

活动（一）：心口不一

1. 时间：10 分钟。
2. 操作：

（1）全班同学每两人一组，一问一答。每位同学分别连续回答 6 个问题，但必须改变固有思维模式，适应新的答题规则：摇头 Yes、点头 No。即嘴里回答"Yes"时，头的动作是摇头；回答"No"的同时要点头。

（2）参考问题：

你的名字叫××（对方名字）吗？

你的性别是男（女）吗？

作为同桌，你很讨厌我，是吗？

你非常喜欢我们的辅导员老师，是吗？

太阳每天都是东升西落，对不对？

月有阴晴圆缺,对不对?

你喜欢穿裙子,是不是?

建议:提出的问题可以随机确定,原则上要选简单易答的常识性话题。提问的速度要快,不给答题者过多的思考时间,要求语言与动作同步。

3. 讨论分享:

(1) 对于新规则,你能迅速适应吗?你在活动中最深刻的体会是什么?

(2) 生活中总有很多令人不适应的新环境、新挑战,会给我们带来烦恼和困惑,今天和同学们一起来讨论如何才能更好地适应环境。

活动(二):我想有个家

1. 时间:25 分钟。

2. 操作:

(1) 参与者每 5 人为一组,两人双手举起对撑,搭成一个"家",另一个人扮作"小动物",蹲在"家"里。另外安排两个同学扮演无家可归的"小动物",充当竞争者的角色。

(2) 根据领导者的口令进行活动,示例如下:

"动物搬家"——"小动物"调换到其他的"家"。

"森林大火"——"小动物"和"家"全都分开,重新建"家","小动物"重新找寻新"家"。

"重建家园"——搭建"家"的两个人分开,寻找新的伙伴,为"小动物"重建家园。

(3) 领导者在适当的时机也可参与其中,拯救多次找不到"家"的成员。

3. 讨论分享:

(1) 当口令变化时,找不到"家"的"小动物"有什么感受?

(2) 在活动中你遇到了哪些意想不到的状况?你是如何迅速调整自己的?

(3) 每次都能找到"家"的同学,总结一下成功的心得。

活动(三):适应现今

1. 时间:25 分钟。

2. 操作:

(1) 请同学们梳理自己在学校生活中的适应状况,可参考表 2-1,打出具体分数(各项按适应程度给出 1~5 分,分数越高代表适应程度越高)。这样可以横向比较得出自己在哪个方面适应得较慢,以便有针对性地采取适当措施加以调整。

表 2-1 在学校生活中的适应状况

环境适应			生活适应			学习适应			心理适应		
校园环境	学习环境	人际关系	饮食习惯	居住条件	作息制度	听课作业	学习方法	复习考试	情绪调整	兴趣交往	意志毅力

(2) 在变化着的环境中,每个人都会有不适应的困惑,请你说说你是怎样面对和调整

这种不适应感的。

3. 讨论分享：

（1）全体同学6~8人一组，发给各组组长纸和笔，各组同学分别列举在学校遇到的困惑，互相交流与讨论克服不适应感的有效方法，并做好记录。然后各组派代表向全班展示成果。

（2）适应环境的积极心理品质有：目标明确、服从规则、果敢主动、清醒机智、全力以赴、不找借口、锲而不舍、不断学习……

（3）克服不适应感的有效方法有：认同学校，积极适应；接纳同学，融洽关系；主动学习，减少依赖；学会求助，摆脱困境……

（4）整理思绪：我在哪些方面存在不适应感？克服不适应的方法是什么？

心理知识拓展

（一）适应的概念

心理学范畴里使用"适应"概念时通常有3种角度：一是生物学意义上的适应，即生理适应，如感官对声、光、味等刺激物的适应；二是心理上的适应，通常指遭受挫折后借助心理防御机制来使人减轻压力、恢复平衡的自我调节过程，这是一种狭义的适应概念；三是对社会生活环境的适应，包括为了生存而使自己的行为符合社会要求的适应和努力改变环境以使自己能够获得更好发展的适应，这是社会适应。

瑞士著名儿童心理学家皮亚杰对"适应"做了系统的研究，认为儿童心理（智力、思维）既不是起源于先天的成熟，也不是起源于后天的经验，而是起源于主体的动作，这种动作的本质就是主体对客体的适应。主体通过动作对客体的适应，乃是心理发展的真正原因。

朱智贤主编的《心理学大辞典》中对"适应"的定义是：适应是来源于生物学的一个词，用来表达能增加有机体生存机会的身体上和行为上的改变。心理学中用来表示对环境变化做出的反应。

总而言之，适应的含义是：当外部环境发生变化时，主体通过自我调节系统做出能动反应，使自己的心理活动和行为方式更加符合环境变化与自身发展的要求，使主体与环境达到新的平衡的过程。

（二）大学生的环境冲突

高中生和大学生存在不同的、鲜明的个性特点，进入新的校园，一切都是陌生而又新鲜的。由于环境的改变、学习要求的变化、青春期发育的出现以及心理准备的不足等，许多同学进入新的学校后在认知、情绪、行为等方面，出现迷茫、困惑、痛苦等情况，大学生的个性与环境出现一些冲突，会出现适应不良的情况。

1. 生活环境改变带来的不适应

大学生面临的第一个巨大变化就是环境的改变。不少同学从外地来到学校，离开了家乡熟悉的一切，首先面对的是陌生的校园环境、陌生的城市。

2. 学习内容和方式的改变带来的不适应

大学期间的学习和中学有很大不同。大学的课程呈现多元化特征，既有基础课又有各类专业课；不仅要学习理论知识，还要注重培养实践能力。这些变化对已经习惯了中学教学方式和学习方式的大学新生来说是一种严峻考验，有不少新生会不适应，会觉得手足无措、无所适从。

3. 新的人际关系带来的不适应

进入大学后，学生进入了一个崭新的学习和生活环境，一些同学会因为彼此间语言、价值观念、生活习惯、性情等方面的差异，出现种种人际关系方面的困扰，于是产生了种种不适应的心态。加之大学生的自我意识较高中生而言明显增强，容易把自己的心灵之门关闭起来；还有些同学对人际交往缺乏信心、顾虑重重，既怕自己不能被人理解，又怕对方不以诚相待，时常产生莫名的孤独感，这些都会使其出现不适应的情况。

活动三　寻找归属感

活动目标

1. 加速班级成员的相互了解。
2. 提高班级的集体归属感与荣誉感。

活动对象

大学新生，具体人数可按照班级实际情况来定。

活动准备

1. 场地：相对宽敞的活动场地。
2. 资材：A4 纸、彩笔、彩纸、剪刀、胶带。

活动时间

60 分钟。

活动过程

活动（一）：抓住爱

如果让你用左手和右手同时做不同的动作，是不是觉得很困难？下面就让我们来试一试，要相信自己能够做到哦！如果做到了，你会觉得自己很有能力、很开心、很刺激，大家一起来参与吧！

1. 时间：5 分钟。

2. 操作：

（1）全体同学围成一个大圆圈，每个人都手臂半弯曲，伸出左手和右手，然后左手手心向下，右手食指向上，左右两边同学的手心和手指都连接起来。

（2）当领导者说到"爱"字的时候，左手抓同学的食指，右手食指逃离，防止被抓，同时做两个动作。在这个过程中，哪位同学食指被抓到的次数多，便为大家表演节目。

3. 注意事项：

（1）关注表演节目同学的感受。

（2）准备一段含有"爱"字的文字。

每个人从小到大都被父母的"爱"包围着，大家都有一个渴望，渴望被理解、渴望被尊重、渴望被"爱"护，让我们在这个温馨的集体中，学会学习、学会成长，成为相亲相"爱"的一家人。

活动（二）：团队约定

1. 时间：25分钟。

2. 操作：

（1）所有团队成员按照小组围坐一圈。

（2）老师告诉大家，每个小组都是一个集体，要保证集体的活动取得良好的效果，每个小组都需要制定自己的约定，包括小组标志、口号、纲领等内容。

（3）给每个小组分发一张A4纸、一定数量的彩笔，经过小组成员共同讨论，绘制出专属标志，并写上口号和纲领。

（4）全部小组都完成后，每个小组选派一名代表向大家介绍小组的标志和纲领，小组全体成员一起大声喊出口号。

3. 讨论分享：

（1）经过制定约定，你对小组是否有更深的认同？

（2）在推选小组代表发言时，你有何考虑？

活动（三）：创意搭塔

1. 时间：30分钟。

2. 操作：

（1）老师为每组分发20张彩纸、一把剪刀、一卷胶带、一支彩笔。

（2）活动正式开始前，每个小组有10分钟的交流时间，在这段时间，成员可商讨搭什么样的塔以及搭塔的方法等事宜。

（3）活动正式开始后，所有的学生都不允许说话，房间是无声的状态。20分钟内，完成作品，并给作品起一个名字，标在作品旁边。完成的小组成员不能参与其他小组的制作过程，要保持安静，耐心等待其他人完成作品。

（4）20分钟后老师叫停。各组成员可自由走动，观摩其他小组的塔。

（5）每个小组派一名代表介绍自己小组的作品，包括含义、特点、有何创意等，可重点介绍创作的过程，想法一致还是各摆各的，成品和最初的设想一致吗？为什么会出现这样的结果？代表说完后，小组其他成员可以补充、反馈，营造大胆分享、积极反馈的小组团体氛围。

(6) 各组共同选出此次活动的"创意奖""坚固奖""最高奖""最美奖"。

3. 讨论分享：

(1) 小组最初的设想，是你想要的塔吗？

(2) 在正式开始搭塔后，小组都采用什么沟通方法确保作品符合最初的设想？

(3) 你从小组成员身上学到了什么，制作过程中是怎么分工的？

心理知识拓展

（一）学校归属感的含义

学校归属感是学生在学校环境中得到老师和同学们的接受、尊重和支持的感觉，在学校生活和课堂活动中感觉自己是重要的一部分。

（二）归属感缺乏的影响因素

1. 社会因素

当前在校的学生多是在网络环境下成长起来的，深受网络的影响，微博、微信、QQ 等"微时代"产品伴随着他们每天的生活。由于社会环境的快速变化，学生面临着更多的诱惑，喜欢把更多的时间和精力放到网吧和其他娱乐场所，造成学生集体归属感的缺失。

2. 学校因素

影响学生归属感的客观因素就是学校，学校的人文环境、教学质量、教学设施、文化建设环境等，都会对学生产生持久而深刻的影响。学校平时的管理政策和管理行为也会对学生的集体归属感产生很大的影响。

3. 家庭因素

有些学生曾是农村留守儿童，有的学生来自单亲、离异家庭，使得一些学生从小缺乏家庭的关爱，缺少与人相处的能力；还有一些家庭对孩子的教育是重智商、轻情商，孩子只管学习，其他的都由父母来包办，导致学生缺乏吃苦耐劳的精神及艰苦奋斗、战胜困难的勇气。总之，家庭的不良教育、不良环境，对学生归属感的形成也会有一定的影响。

4. 自身因素

有些学生在高中阶段由于成绩的原因，受到打击较多，自尊心和自信心严重受挫，会把这些不利的因素带到大学生活中来，对前途感到迷茫。加之大学阶段又是从学生向成人转变的时期，是心理"断乳"的关键阶段，内心充满各种矛盾，如渴望独立与依赖的矛盾，自卑与自傲的矛盾，身体上的成熟与心理不成熟的矛盾等。逆反期还没有完全度过，还没有完全成熟的心理品质，对他人、对环境还没有充分的信任，这也影响到归属感的形成。

（三）加强大学生归属感的方法

1. 注重对大学生进行引导，端正学习态度

端正的学习态度是影响学生归属感的前提。学校是学生学习、生活和成长的重要场所，

是学生学习的重要外部环境，学生只有学习态度端正才会积极努力学习，才会从学校获得更多的知识和能力，才能真正融入学校，参与学校组织的各种活动，从中找到更多的乐趣，获得更加全面的体验，也才会体会到学校的作用和价值。

2. 融洽师生关系，关注关心学生

大学生最为重要的人际关系就是师生关系，这也是影响学生归属感最为重要的因素之一。很多大学生心理还不够成熟，他们离开父母、离开家庭，迫切需要找到一个心灵的归属，需要更多的关怀。如果老师能够给予学生更多的关心和关注，能够让学生得到心灵的慰藉，感受更多的温暖，学生就会对老师产生强烈的亲近感和归属感。老师和管理者需要从学生的角度出发，给予他们更多的尊重、爱护和关心，在他们最需要帮助的时候伸出援助之手，在他们脆弱的时候给予更多的安全感，让学生的内心产生对学校的依恋，获得精神上的归属。

3. 完善设施设备，优化校园环境

学校的硬件和软件环境将影响学生的生活和成长，是学生生活和能力提升的重要基础。学生能够在学校快乐生活，就会喜欢上学校，能够在学校学到知识、培养能力，能够找到理想的工作，并有着广阔的发展前景，就会对学校充满感激，永远不忘学校。为此，学校需要加大教育投入，积极改善办学环境，为学生的生活和学习创造优越条件，促进学生全面发展进步。

4. 突出人本理念，提高管理水平

学校学生管理应坚持以人为本的理念，尊重学生的个性，为学生提供更多的服务，帮助学生更好地学习和成长。立足学生实际，以学生的发展为出发点，以促进学生学习和成长为根本宗旨，提高管理水平，提升服务质量，让学生更好地感知自己的主人翁地位。

总之，学校需要认真研究学生的现状，找出影响学生归属感的因素，并采取有针对性的措施，不断强化学生的主人翁精神，让学生从中得到更多的安全感和依赖感。

模块三　认识自我

处于青春期的同学们自我意识开始加强，诸如"我是谁""我想成为什么样的人"等问题会引起每个人的思索。这说明我们渴望探索自我、认识自我并了解自我，接纳自我的身份和社会角色。但受年龄和阅历的影响，我们对自己的认知评价往往有着较大的偏差，要么让别人去替自己做决定，听从别人的意见，不知道自己究竟是什么样的人和想要成为什么样的人；要么个体定位与社会要求相背离，形成了社会不予承认和接纳的角色。

本模块的活动课就是要帮助大家认识自己的优点和长处，接纳自我，扬长避短，用心做最好的自己。

活动一　认识自我

活动目标

1. 理解每个人都是独特的个体，进一步认识生命的独特性。
2. 通过自画像心理分析，对自我进行初步了解。

活动对象

大学生。

活动准备

1. 场地：可移动桌椅的多媒体教室。
2. 资材：A4 纸、签字笔、彩笔。

活动时间

60 分钟。

活动过程

活动（一）：比一比

1. 时间：10 分钟。
2. 操作：
(1) 报数分组：从心理课代表开始，1~5 从左至右依次报数，请每个同学记住自己报的数，报相同数的同学组成一个小组。每组同学围坐在一起，准备活动。

（2）说明游戏规则：说出比一比的项目，各组派成员出来参与游戏。可以比长、比短、比大、比小、比多或比少等。例如，比大：比一比谁的年龄大？比小：比一比谁的个头小？比多：比一比谁衣服上的颜色多？

3. 讨论分享：

（1）你认为刚才游戏的获胜者是谁？

（2）比什么你有可能会赢？比什么你可能会输？

（3）这个游戏让你想到了什么？

活动（二）：20个"我"

1. 时间：10分钟。

2. 操作：

（1）给每名学生分发相应的A4纸和笔。

（2）用20句话描述我是怎样的人，格式为"我是一个……的我"。每名学生独立完成，可以多于20句话，不可少于20句话。

（3）对自己所写的描述进行分类：身体特征类（如身高、体型、年龄等）、心理特征类（外向、敏感、热情等）、才智特征类（能力、兴趣、特长等）、社会功能类（社交、角色、价值等）。

（4）评估自己的描述是否客观、全面。组内讨论、分享，以支持、鼓励的表达予以反馈，同时，成员可相互借鉴，从自己未写到的方面进一步认识自己。

3. 讨论分享：

（1）为什么你是这样看待自己的？

（2）你更愿意从客观的方面还是主观的方面去描述自我？

活动（三）：自画像

1. 时间：15分钟。

2. 操作：

（1）给每名成员发一张A4纸，一组共用一盒彩笔。

（2）老师告诉大家，每人在15分钟内，根据自己的想象，画一幅"自画像"。

自画像不限任何形式，写实的、抽象的、理想的、指代的都可以，可以是动物、植物、物品等，把自己心中认为最能代表自己的东西画出来即可。小组成员可以为自己的作品命名，也可以不命名。每名成员独立完成画作，不商量、不模仿。

（3）全部学生完成画作之后，把画作放在桌子上，学生间进行观摩、欣赏，不要评论，更不要批评、攻击。

（4）绘画完成后，鼓励学生分享自己的自画像，交流自画像的含义和创作过程。

3. 讨论分享：

（1）为什么你想要用自画像中的形象来表示自己？

（2）自画像是隐藏在潜意识中的自我，你在创作过程中有何感想？

（3）通过自画像，你对自己有哪些全新认识？

心理知识拓展

（一）自我意识的内容与结构

自我意识是一个具有多维度、多层次、有组织的复杂心理系统。自我意识可以从不同的角度进行分析，通常从内容层面分为"生理自我、社会自我、心理自我"；从结构层面分为"自我认识、自我体验、自我控制"。

1. 自我意识的内容

从内容角度而言，自我意识包括 3 个层面：生理自我、社会自我和心理自我。生理自我、社会自我、心理自我遵循由低到高的发展序列，共同构成自我意识的基本内容。

（1）生理自我。

生理自我是自我意识最原始的形态，能够使个体把客观事物与自己区分开来，是指个体对自己生理特征的意识，包括对性别、身高、外貌、体型，以及对生理病痛、温饱饥饿、劳累疲乏等方面的意识，如"我是一个身形瘦削的女生"。

（2）社会自我。

社会自我是个体对自己社会属性的意识，包括对自己在各种社会关系中的角色、地位、权利、义务、人际距离等方面的意识，如"我是爸爸妈妈的乖女儿"。

（3）心理自我。

心理自我是个体对自己心理属性的意识，包括对自己的性格、能力、情绪、智力等方面的意识，如"我是一个内心坚强的人"。

2. 自我意识的结构

从结构角度而言，自我意识还可以分为自我认识、自我体验和自我控制。这 3 种心理成分之间相互联系、相互制约，又统一存在于个人的自我意识中。

（1）自我认识。

自我认识是自我意识在认知方面的表现，是个体对自己的认知和评价，包括自我感觉、自我观察、自我分析和自我评价等内容。自我认识是自我意识的核心，主要回答"我是一个怎样的人？""我为什么会成为这样一个人？"等问题。通过对自己的认知，形成对自身品行、兴趣爱好、技能专长的判断和评估。比如，对自己的品德的评价，认为自己是个善良的人；对自己兴趣的分析，认为自己对书法有兴趣。

（2）自我体验。

自我体验是自我意识在情感方面的体现，是个体在自我认识的基础上所产生的一种内在体验，包括自尊、自爱、自卑、自信、自负等内容。自我体验主要涉及"我是否对自己满意？""我是否喜欢自己？"这类问题，比如，当自我认识满足个体需要或者符合个人预期时，在一定程度上会激发自豪感和成就感；反之亦然，当自我认识无法满足个体需要或者不符合个人预期时，就会产生自卑、自责等情感体验。

（3）自我控制。

自我控制，也称自我调节，是自我意识在意志方面的体现。主要指个体在自我评价的指导和自我体验的推动下，对自己思想、心理、行为的调控，包括自我检查、自我监督、自我调节和自我塑造等方面。自我控制是自我意识结构中的最高阶段，主要涉及"我怎样实现理想的人生？""如何有效调节自己的情绪和行为？"等问题，比如，心情郁闷时，会通过户外运动放松身心，排解不良情绪，让自己变得积极乐观。

（二）自我意识的发展

自我意识不是与生俱来的，是个体与外在世界的相互作用过程中逐步形成和发展起来的。它起始于婴幼儿时期，形成于青春期，完善于成年期，其中青少年阶段是自我意识发展的关键时期。自我意识的发展一般要经过3个阶段，即自我中心期、客观化时期和主观化时期。

1. 自我中心期（出生至3岁）

自我中心时期指的是从出生到3岁这一阶段。刚出生的婴儿还没有形成自我意识，无法意识到自己与外界事物的区别，还处于主客体未分化的状态。如婴儿不能区分自己的手指和母亲的乳头，经常吸吮自己的手指，只因他/她把母亲当作自己的一部分；到七八个月时，婴儿才开始产生自我意识的萌芽。他们能意识到自己的身体和外界的不同，听到自己的名字会做出反应；2岁左右时，幼儿掌握第一人称"我"，能够用"我"来表达自己的意愿，这是自我意识产生的重要标志；3岁左右时，儿童的自我意识开始形成并有新的发展，开始意识到"我"的存在，表现出自我的自主性，许多事情都要求"自己来"；当幼儿意识到犯错时，会感到羞愧；遇到困惑或矛盾时，会感到疑虑等。但这一时期的儿童是以自我为中心，以自己的想法和情感投射外界事物，按照自己的观念解释外部世界，就是我们通常所说的"自我中心"。因此，这一时期的自我意识也称为自我中心期，是自我意识最原始的形态。

2. 客观化时期（3岁至青春期）

客观化时期指的是从3岁到青春期这段时期，是个体社会化过程影响最深的时期，也是角色学习的重要时期。儿童在学校、家庭、邻里等生态系统中，学习、劳动、做游戏，并且通过这些活动不断地模仿、练习和认同，逐渐掌握社会行为规范，形成角色观念。这一阶段儿童能意识到自己在不同社会关系中的角色和地位，并有意识地指导和调节自己的行为。尽管这一时期的儿童开始积极关注自我的内心世界，但并不了解自己的内在心理状态，更多的是被外部世界所吸引。儿童主要以别人的观点去判断事物、认知社会，对自身的认识也服从于别人的评价。所以，这一时期的自我意识也称为社会自我时期。

3. 主观化时期（青春期至成年）

主观化时期指的是从青春期到成年，是个体的自我意识迅速发展并趋于成熟的关键期。其间，由于性成熟和逻辑思维快速发展，自我意识产生质的变化，表现出自我意识的主动性与独立性，注重对自我的内省与评价，强调自我价值与理想，自我概念逐渐形成。整体而言，这一时期的自我意识发展呈现出4大特点：第一，青少年依据自身的思维和观点认识事物，具有独立的价值观，言行展现出浓厚的个人主观色彩；第二，青少年能总结自己所接触个体的特点（如性格、气质等），形成自己衡量事物重要性的标准；第三，青少年存在"理想我",有自己的理想目标追求;第四,青少年的抽象思维能力提升,不依赖具体的情境、事物表象,注重反映事物的本质和客观世界发展的深远过程,表现出对哲学、伦理学等人生哲理性学科的兴趣。

活动二　悦纳自我

活动目标

1. 引导学生认清自我存在的价值。
2. 通过系列活动,从更多方面了解自己的优缺点,明确自己的努力方向。
3. 树立积极良好的人生目标,扬长避短,用心做好自己。

活动对象

大学生。

活动准备

1. 场地:相对宽敞的活动场地。
2. 道具:大小适中易抓握的小布偶、报纸、长麻绳、地垫。

活动时间

60分钟。

活动过程

活动（一）：识人传物

1. 时间:15分钟。
2. 操作:
（1）领导者将所有成员分组,每组8~10人。
（2）各小组成员围成一圈,各自进行自我介绍（如自己的姓名或昵称等）。
（3）本小组所有成员都介绍完之后,团队领导者将布偶或玩具交给其中一位小组成员,拿到道具的成员将其抛给组内任意一位成员,并大声说出:"×××,你好!"
（4）接到道具的成员要大声回应说:"谢谢,×××。"然后再把玩具传给下一位成员,并大声说:"×××,你好!"
（5）以此类推,直至所有成员都传过一遍,游戏结束。时间允许的情况下可以再做一轮。
（6）成员在小组内交流分享,小组派代表到大组中分享,领导者总结点评。

3. 讨论分享：

（1）你把布偶或玩具抛给了哪位成员？为什么要抛给他/她？

（2）当你听到其他成员大声说出你的名字或听到对方的感谢时，你的心情怎么样？

（3）通过互抛环节，你记住了几位成员的名字？

（4）这个活动带给你的感受有哪些？

活动（二）：戴高帽

1. 时间：20分钟。

2. 操作：

（1）给每组学生分配两张报纸，共同制作一个高帽。

（2）成员围坐一圈，一位成员戴着高帽坐在圆圈中央，其他人轮流说出他的优点及令人欣赏之处，例如，相貌、才能、性格等。

（3）每名成员都到中央戴一次高帽，接受其他成员的赞美。

（4）所有成员都体验过高帽之后，小组讨论，哪些优点是自己以前知道的，哪些是不知道的，接受赞美时感受怎样。

3. 讨论分享：

（1）努力发现他人的长处时，对他人的认识有变化吗？

（2）生活中，怎样做一个乐于欣赏他人的人？

4. 注意事项：

（1）老师需要强调：成员赞美对方时，目光要专注，态度要诚恳，不能毫无意义地吹捧，切忌玩笑嬉戏。

（2）被赞美者安心接受赞美，不要"谦虚"，更不能自我否定。

活动（三）：穿越"电网"

1. 时间：25分钟。

2. 操作：

（1）学生助理用长麻绳拉出一个距离地面1.4米高的纵横交错的网格，中间的孔为40厘米×60厘米的"电网口"，共有3个。"电网"附近的地面铺上地垫，防止摔伤。

（2）老师指导语："现在有一个艰巨的任务需要每个小组共同完成。所有成员站到电网的一边，大家想办法穿过电网口到对面，穿越的过程中任何人的所有部位和物件不允许触网，也不能说话。如果有成员违反规定，所有成员必须退回原地，重新开始。"

（3）活动正式开始之前，大家有5分钟的时间用来讨论穿越电网的方法。

（4）活动正式开始，老师担任监督员的工作，若发现有违反规定的情况，则要求该小组必须重新开始活动。

3. 讨论分享：

（1）刚开始看到电网时，觉得任务困难吗，小组是怎么克服畏难情绪的？

（2）活动当中，有没有想放弃？看到其他成员的行动，对你有什么启发？

（3）对个人的力量和集体的力量有什么感受？

心理知识拓展

（一）自我悦纳的含义

自我悦纳是指个体能正确评价自己、接受自己，并在此基础上使自我得到良好的发展。自我悦纳不仅指接纳自己人格中的优点，而且要接受自己的缺点与不足，并努力改进自己，而不是妄自菲薄，失去信心。

总的来说，自我悦纳包括3方面。第一，接受自己的全部，无论优点还是缺点，无论成功还是失败。第二，无条件地接受自己，接受自己的程度不以自己是否做错事而有所改变。第三，喜欢自己，肯定自己的价值，有愉快感和满足感。只有做到如此，我们才能真正地悦纳、认识自我。

（二）自我悦纳的实现途径

自我悦纳的实现途径是一个复杂而个人化的过程，涉及多个层面的努力和策略。以下是一些具体的实现途径。

1. 正确、客观地评价自己

深入了解自己的优点、缺点、价值观、能力和兴趣。不仅仅依赖外部的评价，也要从自己的内心出发，形成全面而客观的自我评价。认识到每个人都有自己的长处和短处，没有绝对的完美。

2. 接纳自己的不足

学会接受并理解自己的缺点和局限性，不苛求自己达到完美。认识到自己的不足是成长的机会，通过学习和努力来改善。

3. 培养积极的心态

关注自己的积极面，将注意力放在自己的优点和成就上。在遇到困难和挑战时，保持乐观和自信，相信自己能够克服困难。

4. 建立健康的生活习惯

保持良好的饮食习惯、适当地运动和充分地休息。通过这些生活习惯，维持自己的身体健康和情绪稳定性。

5. 发展自我关怀

学会倾听自己的内心声音，关注自己的情绪和需求。通过自我关怀的行为，如冥想、写日记、享受个人爱好等，来滋养自己的内心。

6. 建立积极的人际关系

与支持自己、理解自己的人建立深厚的友谊。学会在人际关系中表达自己的情感和需求，同时也尊重他人的感受。

7. 设定合理的目标和期望

根据自己的实际情况和能力，设定可实现的目标。避免过高或过低的期望，以免给自己带来不必要的压力和挫败感。

8. 持续学习和成长

保持对新知识和技能的好奇心，不断提升自己的能力和素质。通过学习和成长，增强自己的自信心和自我价值感。

需要强调的是，自我悦纳是一个渐进的过程，需要时间和耐心。每个人在实现自我悦纳的道路上都会遇到困难和挑战，但只要持续努力、积极面对，就能够逐渐实现自我悦纳，拥有更健康、更充实的生活。

活动三 自我成长

活动目标

1. 激发学生的成长热情，探索发展的可用资源。
2. 理解成长所要付出的努力和艰辛，勇于突破自我的心理障碍。
3. 建立积极向上的生活态度，蜕变成为更美好的自我。引导学生理解成长的内涵和过程，热爱学习、热爱生活。

活动对象

大学生。

活动准备

1. 场地：相对宽敞的活动场地。
2. 资材：A4 纸、笔、物品表。

活动时间

75 分钟。

活动过程

活动（一）：快乐成长

1. 时间：15 分钟。
2. 操作：

（1）老师宣读指导语："生物进化到人类，经历了漫长的过程。每个人的成长都会经过不同的发展阶段，现在就通过这次活动来体会一下成长的困惑与美好。所有成员都要完成5步进化过程，蛋—小鸡—鸟—猴子—人。每个生物都有自己标志性的动作：蛋是蹲下抱着头，小鸡是半蹲着蜷缩胳膊挥动双手，鸟是站起来大幅度地挥动胳膊，猴子是单脚站立、一只手在额前，人是挺直胸膛直立行走，所有学生都只能用动作表示自己是哪种生物，不能开口说话。"

(2) 活动正式开始，全体学生都在空间里找对手，采用"剪刀石头布"的方式决定谁能够晋级。两个同类的生物猜拳，赢的一方晋级上一级，直至进化到人。在任何阶段，输的一方都要退回到最初的"蛋"阶段，重新找到其他的"蛋"，开始晋级之旅。

(3) 完成进化全过程的学生可以站到场地的一边，也可以重新参与活动，从"蛋"的阶段开始第二次的进化。

3. 讨论分享：

(1) 当你马上要进化为人时，却一下回到最初的阶段，有何感想？

(2) 如果你是未完成的学生，感觉如何？

4. 注意事项：

(1) 活动最后，总会有一部分学生没有完成进化，老师要通过语言适当安抚和鼓励。

(2) 老师在活动前强调活动的规则，活动当中，学生不允许通过语言进行交流。

活动（二）：绝境求生

1. 时间：40 分钟。
2. 操作：

(1) 老师宣读指导语："你们正乘一艘科学考察船航行在大西洋的某个海域，考察船突然触礁并迅速下沉，队长下令全队立即上橡胶救生筏。据估计，离你们出事地点最近的陆地有 1 500 海里，空中没有固定的航线。救生筏上备有 15 件物品，见表 3-1，除这些物品外，有些成员身上还有一些香烟、火柴和气体打火机。现在队长要求你们每个人将救生筏上备用的 15 件物品按其在求生过程中的重要性进行排列，把最重要的物品放在第一位，次重要的物品放在第二位，直至第 15 件物品。第一轮个人完成，时间 10 分钟。第二轮小组讨论，15 分钟内制订出一个统一方案。"

表 3-1 15 件物品

排序用的物品	个人排序	小组排序	个人得分	小组得分
航海图（1 套）				
指南针				
剃须镜				
饮用水				
蚊帐				
机油				
救生圈				
压缩饼干（1 箱）				
小收音机（1 台）				
10 平方米雨布（1 块）				
巧克力（2 千克）				
二锅头酒（1 箱）				

续表

排序用的物品	个人排序	小组排序	个人得分	小组得分
钓鱼工具（1套）				
驱鲨剂（1箱）				
细缆绳（15米）				

（2）每组选出一位组长，带领大家讨论并做出抉择。

（3）给每名成员分发一张"物品表"，独立思考并选择制订出一套求生方案，时间为10分钟。

（4）每名成员都完成后，小组长带领全体成员讨论并制订出全组最终的求生方案，时间为15分钟。

（5）方案完成后，由各位组长汇报求生方案，并分享方案形成的过程和原因。

（6）老师给大家呈现一个经众多专家论证的比较合理的求生方案，见表3-2。小组方案和求生方案越接近，求生的可能性就越大。个人或小组排序减去专家排序的绝对值即为个人得分或者小组得分。得分越低，接近度越高。

表 3-2 专家方案

排序用的物品	序号	备注
饮用水	1	生存必备
压缩饼干（1箱）	2	生存必备
指南针	3	想回家这个是必须
10平方米雨布（1块）	4	可以遮挡海上风浪
剃须镜	5	别小看这个镜子，有救援飞机飞过时可以反射阳光，引起注意
细缆绳（15米）	6	虽然没有具体用途，但可以在很多时候派上用场
救生圈	7	只在有人落水的时候才用得到
巧克力（2千克）	8	虽然能量大，可毕竟不能当饭吃
钓鱼工具（1套）	9	饼干吃完后，可以钓点别的吃的
驱鲨剂（1箱）	10	大洋里的鲨鱼没那么可怕，但还是不能不防
机油	11	橡皮的筏子，有动力吗
二锅头酒（1箱）	12	仅用于驱寒，不可能多喝的
小收音机（1台）	13	大海中有FM（Frequency Modulation，调频）吗
航海图（1套）	14	已经知道陆地位置，所以用处不大
蚊帐	15	大海上没蚊子

活动（三）：列出资源清单

1. 时间：20分钟。
2. 操作：

（1）老师宣读指导语："成长是一个艰辛的历程，不过我们并不孤单。我们每一个人都拥有多种多样的资源，有我们的家庭、亲戚、朋友，还有我们学校里的每一位老师和同学，最重要的是我们内心有积极向上的动力、克服困难的决心与勇气。请大家思考在你的成长道路上有哪些资源可用，并将它们写在纸上。"

（2）每名学生思考后，在纸上列出自己可用的资源清单。

（3）小组内进行讨论分享，分享时注意倾听，看自己的资源与别人是否相同，别人有的资源自己是否也有。如果刚才没有想到，还可以补充进自己的资源清单中。

3. 讨论分享：

（1）每个人可用的资源都很多，有哪些是你没想到的？

（2）如何充分利用资源促进我们的成长？

心理知识拓展

（一）大学生常见的自我意识发展偏差

1. 过于追求完美

追求完美是促使人不断进步的积极心态，但过于追求完美则是一种自我意识偏差。具体表现为：抛开自己的真实状态，期望自己完美无缺，无法忍受自己的不完美，总是对自己不满意，不愿接纳自己的平凡或缺点，导致对自己的认识和适应更加困难；对某件事情表现出异乎寻常的执着，容不得一丝瑕疵，总是强迫自己反复做同一件事情，甚至为了这件事情影响自己的正常生活；有些大学生不仅对自己要求严苛，还要求别人像自己一样追求完美，导致给自己和他人都带来沉重压力，久而久之易引起暴躁等负面情绪，影响身心健康。

2. 过度自卑

自卑是个体由于生理或心理上的缺陷或其他原因所产生的对自己的情绪体验，主要表现为对自己的评价过低，轻视个人能力或人格特质，害怕得不到他人的尊重。过度自卑的人往往只看到自己的缺点和软肋，不喜欢自己，也担心别人不喜欢自己，特别在意别人对自己的评价和相处体验，小心翼翼地维持与他人的人际关系；经常拿自己的缺点与他人的长处相比，不能冷静分析自己的失败，总是归因于自己的无能；否定自己，不能容忍自己的不完美，感觉自己低人一等，对那些稍做努力就能完成的任务也轻易放弃。

3. 自负

自负是指高估自己，对自己的肯定评价往往过当。具体表现为：夸大自身的长处，甚至将缺点也看作优点；放大他人的短处，奉行"我好，你不好""我行，你不行"的人际交往模式，自然也处理不好人际关系；对自己提出过高的要求，承担无法完成的任务从而遭受失败。

自负不等同于自信，只是一种盲目且膨胀的自信。自负的人自我认识往往过于片面，某一方面表现优异就认为自己高人一等，轻视他人，不接受他人的建议和批评，缺乏自我批评。而自信是建立在正确认识和评价自己的基础上，是具有客观基础的心理状态。

自负也不是自尊，自尊表现为自我尊重和自我保护，是保持美好人格的正确态度。而自负是自命不凡、轻视他人的不良行为。对自己和他人都不能做出客观合理的评价，不但使自己陷入盲目、飘飘然的状态，也可能使他人遭受沉重的打击。

4. 自我中心

大学时期是自我意识发展最强烈的阶段，大学生会从自我角度来认识、评价自我，容易出现自我中心倾向。如果大学生存在利己思想，过度自我接受，则会形成扭曲的自我中心，表现为：凡事从自我出发，只考虑个人利益，从不顾及他人的需要和感受；以领导者自居，对他人指指点点，奉行"我对，你们都错"的处事原则，将个人意志强加于他人；人际关系紧张，为人处世容易遭遇挫折。

模块四　健全人格　塑造心智

一提到人格这两个字，同学们是不是会迅速联想到"人格分裂""反社会人格""双重人格""多重人格"等心理学名词，大家对于人格这个概念的理解往往停留在这些夸张的印象上。那么，人格到底是什么？不同人格的人在日常生活与社交中有怎样不同的表现？人格与性格又是什么关系？让我们通过这一模块的团体活动更深入地了解这一心理概念，让自己拥有完善、健康的人格。

活动一　人格知多少

活动目标

1. 了解人格的基本概念和构成。
2. 熟悉不同气质类型及其表现。
3. 以正确的心态对待不同的气质表现。

活动对象

大学生。

活动准备

1. 场地：可移动桌椅的多媒体教室。
2. 资材：A4 纸、彩铅、马克笔、空白面具卡纸、戏剧道具和场景幻灯片。
3. 多媒体：轻缓抒情类音乐。

活动时间

60 分钟。

活动过程

活动（一）：滚雪球

1. 时间：15 分钟。
2. 操作：
（1）根据成员临时位置，纵向组成 7 人左右的小组，每个组成员围成圆圈而坐。

（2）以每组身高最高的成员为第一位，首先向大家提出一个性格的名词。然后，按照顺时针的方向，每个成员说出这个性格名词并加上一个对该性格的描述。所不同的是，第二位成员开始在描述该性格名词的时候，要先说出自己前面成员的描述词语，以此类推，最后一位成员要说出前面所有成员对该性格名词的描述，再加上自己对该性格名词的描述。

（3）最后，全部集中，请第一位成员向全体成员介绍小组全体成员所选择的性格名词以及整个小组对该名词的描述。

（4）每个成员在活动中要以目光注视其他成员并报以微笑，在其他成员感到困难时，其他成员应及时提醒，形成一个温馨的、相互支持的氛围。

3. 讨论分享：

（1）性格的描述词里面是优点占多数，还是缺点占多数？

（2）在描述过程中你觉得最难的地方在哪里？

活动（二）：画面具

1. 时间：20 分钟。

2. 操作：

（1）由带领者向团体成员介绍典型的气质类型，介绍性格的相关定义，展示一个性格面具样本，提供可供选择的性格卡片。

（2）团体成员按照活动（一）的小组围圈坐好，每组成员派一名代表抽取性格词语的卡片。

（3）绘画：请小组成员分组讨论抽取到的性格词语的特点有哪些。尝试着用彩铅将对该性格的印象画在面具卡纸上。

3. 谈论分享：

（1）请小组派一名代表分享该面具象征的是什么性格，为什么要这样设计？

（2）其他同学展示的性格面具符合你对该性格的印象吗？你有更好的建议吗？

活动（三）：心理戏剧开演了

1. 时间：25 分钟。

2. 操作：

（1）每组成员选一名代表戴上画的性格面具，扮演该种性格。

（2）剩下其余的同学根据老师提供的线索，编写一个简短的心理剧本，在该心理短剧中体现该性格在场景下的人物活动反应。

（3）互相交换编写的台词，让其他不同性格的人来演绎该剧本。

（4）结束总结：每个性格都有其优势和长处，有其适合的应对场所，也有相应的破坏性。

心理知识拓展

（一）人格定义

人格又称个性，是个人带有倾向性的、本质的、比较稳定的心理特征（兴趣、爱好、能力、气质、性格等）的总和。一个人的人格表现在知、情、意等心理活动的各个方面，包括个人的认知能力的特征、行为动机的特征、情绪反应的特征、人际关系协调的程度、态度和信仰的体系、道德价值的特征等。一般来说，人格是在一定的社会历史条件下，通过社会实践活动形成和发展起来的。一个人的人格是他过去整个生活历程的反映。人格的形成也和人的生物遗传因素有关，因为人与人的个别差异从婴儿诞生的第一天起就有所表现。作为区别人与人的不同特征的人格，正是在这种先天生物学差异的基础上，在某种社会文化环境的影响下，通过不断的社会性内化过程而逐渐形成起来的。

（二）人格的特点

人格是人类独有的、由先天获得的遗传素质与后天环境相互作用而形成的，能代表人类灵魂本质及个性特点的性格、气质、品德、品质、信仰、良心，以及由此形成的尊严、魅力等。人格的特征主要有四个，分别是人格的独特性、统合性、功能性、稳定性。

1. 独特性

一个人的人格是在遗传、环境、教育等因素的交互作用下形成的。不同的遗传、生存及教育环境，形成了各自独特的心理特点。人与人没有完全一样的人格特点。所谓"人心不同，各如其面"，就是指人格的独特性。但是，人格的独特性并不意味着人与人之间的个性毫无相同之处。在人格形成与发展中，既有生物因素的制约作用，又有社会因素的作用。人格作为一个人的整体特质，既包括每个人与其他人不同的心理特点，又包括人与人之间在心理、面貌上相同的方面，如每个民族、阶级和集团的人都有其共同的心理特点。人格是共同性与差别性的统一，是生物性与社会性的统一。

2. 统合性

人格是由多种成分构成的一个有机整体，具有内在统一的一致性，受自我意识的调控。人格统合性是心理健康的重要指标。当一个人的人格结构在各方面彼此和谐统一时，他的人格就是健康的。否则，可能会出现适应困难，甚至出现人格分裂。

3. 功能性

人格决定一个人的生活方式，甚至决定一个人的命运，因而是人生成败的根源之一。当面对挫折与失败时，坚强者能发奋拼搏，懦弱者会一蹶不振，这就是人格功能的表现。当人格功能发挥正常时，表现为健康而有力，支配着人的生活与成败；当人格功能失调时，就会表现出懦弱、无力、失控甚至变态。

4. 稳定性

人格具有稳定性。个体在行为中偶然表现出来的心理倾向和心理特征并不能表征他的人格。俗话说，"江山易改，本性难移"，这里的"本性"就是指人格。当然，强调人格的稳定性并不意味着它在人的一生中是一成不变的，随着生理的成熟和环境的变化，人格也有可能产生或多或少的变化，这是人格可塑性的一面，正因为人格具有可塑性，才能培养和发展人格。人格是稳定性与可塑性的统一。

活动二 我原来是这样

活动目标

1. 加大学生对自我性格的探索。
2. 提高学生对性格多样性的理解程度。
3. 加深班级同学的相互了解。

活动对象

大学生。

活动准备

1. 场地：相对宽敞的活动场地。
2. 资材：A4 纸、黑笔、彩铅、马克笔。

活动时间

70 分钟。

活动过程

活动（一）：动物大聚会

1. 时间：30 分钟。
2. 操作：

（1）团体领导者根据参加活动的总人数将成员分成 8 人左右的小组，每个小组组成一个"动物园"。

（2）将每张 A4 纸对折平分为 4 份，每位成员发一张，每组一盒水彩笔。

（3）每位成员思考：假如用一种动物来代表你自己，你会选择哪一种动物？请大家迅速把这种动物用水彩笔大大地写在分发的卡片纸上。

（4）每位成员都写完后，全体成员同时在小组内亮出代表自己的动物。

（5）小组内交流分享。

3. 讨论分享：

（1）我是什么动物？为什么用这种动物代表自己？我这只动物在这个小动物园里感觉如何？

（2）这个练习带给你什么样的觉察、启发？通过这个小小动物园，你对自己、对小组的成员、对这个团体，有哪些发现和思考？

4. 活动总结：

这是一个促进自我探索的练习。一个小小的动物园，我们可以讨论的有很多。很多小组中每个人选的动物都不一样，大家所选的动物往往和自己的一些愿望、想法、过去、性格、期待有关。

代表自己的动物是现实的你，还是理想中的你？如果是现实中的你，那你满意吗？如果是期待中的你，那当前你在现实中有什么问题，使自己做不到那样一个理想期望的你？你觉得你可以做一些什么样的努力，使自己朝向一个理想的我？这个活动可以引发思考和讨论的问题有很多。

活动也可以让成员们认识到每一个人的独特性，每个人都是独一无二的。即使是相同的动物，但是每个人描述出来的都不一样。同时，也让我们看到我们在这个过程中是怎样去评价自己的，怎么去期待我们自己，甚至还可以看到生活中自己的某种关系。

活动（二）：背后留言

正所谓"当局者迷，旁观者清"，我们对于自己的人格了解往往不够全面。正如马来西亚的一句谚语所说："天上的繁星数得清，自己脸上的煤烟却看不见。"由于人们习惯于从主观上审视自身，对于自己的评价难免有所局限。在成长的道路上，我们穷尽一生都在认识自我、追求自我以及实现自我，然而这个过程还需要他人的评价来整合自我认知，使之更加真实和客观。

1. 时间：30 分钟。
2. 操作：

（1）团体领导者根据参加活动的总人数将成员随机分成 6～8 人的小组，为每位成员分发一张 A4 纸和一支中性笔，并请每位成员在 A4 纸的左上方写上自己的姓名。

（2）领导者根据小组人数在活动场地的前方摆放相应数量的桌椅，并播放舒缓的背景音乐。

（3）领导者邀请一个小组的所有成员上前，将写有自己姓名的 A4 纸分别放置在桌前并背朝桌子入座，在未收到领导者转身指令前不要回头看。

（4）领导者邀请在场所有其他小组成员根据自己的意愿为该小组成员在其 A4 纸上留言。留言内容可以是该成员的优点、对该成员的期待或最想说的话，写完后不用签名。如果不想给某位成员留言，也可以不写。

（5）其他小组成员对该小组的留言结束后，领导者询问本小组成员，是否有人特别想为本小组的某位成员留言，如果有，可以举手示意并绕到桌子前为本组其他成员留言，留言完回到原来的座位上，再由下一位想为本小组成员留言的成员来留言。

（6）对该小组成员的留言全部结束后，领导者示意小组成员转身收回自己的 A4 纸，并邀请下一组的成员入座接受其他小组成员的留言，如此反复直至所有人都有被留言的经历。

（7）在整个留言活动环节，全体成员保持安静，不做任何交流。

3. 讨论分享：

（1）可以分享大家给你的留言吗？大家眼中的你与你所认识的自己是一致的吗？哪些评价让你感到新颖，而且又确实符合自己？

（2）看到大家给你的留言，你有什么样的感受？

(3) 在这些留言中，有没有你从未注意，而在他人心目中亮眼的优势或特长？

(4) 如果你没有收到评价，或者收到评价很少，你觉得可能的原因是什么呢？

(5) 通过这个活动体验，你还有哪些感受和发现？

4. 注意事项：

(1) 本活动具有一定的开放性，需要成员之间彼此熟悉。在不同的团体中，活动的效果会呈现出差异。如果成员平时关系比较融洽，活动效果会更好。

(2) 为达到活动的初衷和效果，领导者需在活动开始前强调每位成员要秉持严肃、真诚、客观、负责任的态度进行该活动。

(3) 若团体中出现明显的男女界限，领导者要及时打破界限，进行有效的疏通引导。

(4) 如果经费充足，可以用漂亮的贺卡纸替代A4纸。

心理知识拓展

最早的两种描述人格的方法就是，通过有限的几种截然不同的类型对个体进行分类，以及在不同的特质上对个体用等级的方法进行评定。对自己或他人的行为进行分类看来似乎是一种天生的倾向。我们来介绍一下心理学家所形成的对类型和特质进行分类的理论。

我们通常依据不同的特点对人们进行分类，包括大学的类别、专业、人的性别和种族。一些人格理论家也将人们归入不同的各自相异的类别中，也就是人格类型（Personality Types）。人格类型是全或无的现象，而不是程度的问题：如果把一个人归类为某一类型，那该个体就不能被归类于该理论中的其他类型中去。许多人喜欢在日常生活中使用人格类型，因为这能帮助他们将理解他人这种复杂的过程简单化。

气质类型

早期的类型理论之一是由公元前5世纪的一位创建了内科学的希腊医生希波克拉底提出来的。他认为人体含有4种基本的体液，每种体液与一个特定的气质类型（一种情绪和行为的模式）相对应。个体的人格是由体内何种体液占主导所决定的。希波克拉底将与人格气质对应的体液依据以下方案进行配置：

◆ 多血质：快乐，好动。
◆ 黏液质：缺乏感情的，行动迟缓的。
◆ 胆汁质：易激怒，易兴奋。
◆ 抑郁质：悲伤，易哀愁。

虽然希波克拉底提出的这个理论没有经受住现代社会的考验，但它的确流行了几个世纪，影响一直延续到中世纪。

（一）多血质

多血质的神经特点：感受性低；耐受性高；不随意反应性强；具有可塑性；情绪兴奋性高；反应速度快而灵活。

多血质的心理特点：活泼好动，善于交际；思维敏捷；容易接受新鲜事物；情绪情感容易产生也容易变化和消失，容易外露；体验不深刻等。

多血质的典型表现：多血质又称活泼型，敏捷好动，善于交际，在新的环境里不感到拘束。在工作学习上富有精力而效率高，表现出机敏的工作能力，善于适应环境变化。在集体中精神愉快、朝气蓬勃，愿意从事合乎实际的事业，能对事业心向神往，能迅速地把握新事物，在有充分自制能力和纪律性的情况下，会表现出巨大的积极性。兴趣广泛，但情感易变，如果事业上不顺利，热情可能消失，其速度与投身事业一样迅速。从事多样化的工作往往成绩卓越。

多血质适合的职业：导游、推销员、节目主持人、演讲者、外事接待人员、演员、市场调查员、监督员等。代表人物：韦小宝、王熙凤。

（二）黏液质

黏液质的神经特点：感受性低；耐受性高；不随意反应低；外部表现少；情绪具有稳定性；反应速度慢但灵活。

黏液质的心理特点：稳重，考虑问题全面；安静，沉默，善于克制自己；善于忍耐。情绪不易外露；注意力稳定而不容易转移，外部动作少而缓慢。

黏液质的典型表现：这种人又称为安静型，在生活中是一个坚持而稳健的辛勤工作者。由于这些人具有与兴奋过程相均衡的强抑制，所以行动缓慢而沉着，严格恪守既定的生活秩序和工作制度，不为无所谓的动因而分心。黏液质的人态度持重，交际适度，不做空泛的清谈，情感上不易激动，不易发脾气，也不易流露情感，能自治，也不常常显露自己的才能。这种人长时间坚持不懈，有条不紊地从事自己的工作。其不足是有些事情不够灵活，不善于转移自己的注意力。惰性使他因循守旧，表现出固定性有余，而灵活性不足。从容不迫和严肃认真的品德，以及性格的一贯性和确定性。

黏液质适合的职业：外科医生、法官、管理人员、出纳员、会计、播音员、话务员、调解员、教师、人力人事管理主管等。代表人物：鲁迅、薛宝钗。

（三）胆汁质

胆汁质的人又称为兴奋型（不可遏制），属于兴奋而热烈的类型。他们感受性低，而耐受性、敏捷性、可塑性均较强；不随意的反应高，反应的不随意性占优势；反应速度快但不灵活；情绪兴奋性高，抑制能力差；外倾性明显。在日常生活中，胆汁质的人常有精力旺盛、不易疲倦，但易冲动、自制力差、性情急躁、办事粗心等行为表现。

优点：积极进取，不怕困难，热情高涨，直率豪爽，有魄力。

缺点：急躁、暴躁和焦躁，行事鲁莽，易因小事而大发脾气，产生对立情绪，萌生报复心理，办事不考虑后果，事后又后悔，但"虚心接受，坚决不改"。在遇到不如意时，甚至会欺负无辜来发泄不满。代表人物：张飞、李逵、晴雯。

这一类人长期处于紧张亢奋的状态而容易产生神经衰弱、癔症等心理疾病，以及头痛、失眠、胸闷、消化不良等心理身体疾病。

（四）抑郁质

抑郁质的神经特点：抑郁质的人神经类型属于弱型，他们体验情绪的方式较少，稳定的情感产生也很慢，但对情感的体验深刻、有力、持久，而且具有高度的情绪易感性。

抑郁质的心理特点：抑郁质的人为人小心谨慎，思考透彻，在困难面前容易优柔寡断。

抑郁质的典型表现：抑郁质的人一般表现为行为孤僻、不太合群、观察细致、非常敏感、表情腼腆、多愁善感、行动迟缓、优柔寡断，具有明显的内倾性。

抑郁质适合的职业：职业多面手、专长多、能力强，精于调整、调和各类关系，有经营管理、分析设计和规划能力，会推销商品。适合做经济规划、统计、设计、商业推销、节目主持、相声演员等。代表人物：林黛玉。

活动三 拥抱我的性格

活动目标

1. 通过活动客观地认识自我性格，学会根据自己的性格特点在日常生活中做出调整，为自己在变化的环境中定向、定位。
2. 看到自身性格中的优点。
3. 懂得性格的两面性，接纳性格中负性的一面。

活动对象

大学生。

活动准备

1. 场地：相对宽敞的活动场地。
2. 资材：A4 纸、笔。

活动时间

60 分钟。

活动过程

活动（一）：优势糖葫芦串

1. 时间：10 分钟。
2. 操作：
（1）团体领导者根据参加活动的总人数将成员分成 8~12 人的小组。
（2）小组成员围坐成一圈。用黑白配（手心手背）的方式决定谁最先做自我介绍，其余成员按顺时针或逆时针的方式依次介绍。

（3）每位成员在介绍自己名字的时候，同时说一个自己身上的优点。自我介绍的表达统一为：大家好，我是×××，我的优点是×××，并随机做出一个动作。

（4）相邻的两组同学结成对子，互相熟悉对方小组的名字优点和动作，将两组同学分别排成一竖排。

（5）两组成员回答与之对应的对方小组相应同学的名字优点和动作，如果回答不上来则需提供该名同学性格中一个另外的优点。

3. 交流分享：

谈谈你对这个活动的感受。

活动（二）：16个小人你是谁

1. 时间：25分钟。

2. 操作：

（1）团体领导者首先讲解人格分类的相关知识，随后出示16PF（16种人格因素问卷）测验链接，引导同学们完成测验。

（2）将相同人格测验结果的团体成员组成一个小组，大家讨论彼此的性格是否有差异。

（3）小组讨论人格特质小人的典型优点和典型缺点，一些缺点会不会在某种场合下化为优点，如何克服该类特质的缺点。

3. 讨论分享：

（1）你认为这个人格分类是合理的吗？

（2）通过这个分类你是否更能理解自己一些情况下的行为？

活动（三）："天使"与"魔鬼"

1. 时间：25分钟。

2. 操作：

（1）团体领导者先引导大家在小纸条上写上曾经令自己讨厌的自己性格上的某一个方面和相关的事件，随后折叠起来，和其他成员的小纸条混合在一起。

（2）每位成员随机抽取其中一张小纸条（有可能巧合抽到自己写的），并围绕纸条上写的问题展开讨论。假设小组人数为9人，首先由抽取纸条的人读出纸条上的问题，然后让他左边的4位成员（代表"天使"）和他右边的4位成员（代表"魔鬼"）交替发言，天使必须给予这个事件正面的解读或评价，而"魔鬼"则相反。在"天使"与"魔鬼"的激烈争辩结束之后，要求"当事人"（抽到纸条的人）总结出自己将如何应对此事，并判定出"天使"与"魔鬼"中胜利的一方。

（3）游戏最后比较"天使"与"魔鬼"谁获胜的次数更多。

3. 讨论分享：

（1）纸条抽取人刚听到纸条内容的时候最先出现的心情是什么？

（2）当你写的纸条被抽取讨论后，你对自己遇到的事情的看法是否发生了变化？哪个发言最为打动你？

（3）这个活动带给你哪些启示？你有哪些发现？

心理知识拓展

人格的特质类型

对特质的类型描述理论认为可以把人划分为不同的类型,这些类型是独立的、不连续的,就像第一胎出生的孩子和以后出生的孩子一样。与此不同,特质理论推崇连续的维度,如智力和友谊等。

特质(trait)是持久的品质或特征,这些品质或特征使个体在各种情况下的行为具有一致性。比如,某一天你可能会通过归还一个捡到的钱包来证明你的诚实,而另一天你可能会通过在考试中不作弊来证明这一点。一些特质理论家认为特质是引起行为的先决条件,但更加保守的理论家仅仅将特质作为描述性维度,该维度简单地总结被观测到的行为模式。

下面让我们来看一些比较著名的特质理论。

(一)阿尔波特的特质理论

根据阿尔波特的理论,特质使行为具有一致性,这是因为它们将一个人对于各种刺激的反应联系并统一起来。特质可能作为一个中介变量,使一系列刺激和反应产生联系,而这些刺激和反应最初看起来可能彼此间几乎没有联系。

阿尔波特确定了3种特质:首要特质、核心特质和次要特质。首要特质影响一个人如何组织生活。比如,对特雷莎修女来说,首要特质可能是为了他人的利益自我牺牲。但并不是所有的人都会发展出这样明显的首要特质。核心特质是代表一个人主要特征的特质,如诚实和乐观。次要特质是有助于预测个人行为的特定的、个人的特征,但次要特质对于理解个体的人格帮助要小得多。对于食物和衣着的偏好是次要特质的例子。阿尔波特感兴趣的是探索使一个人成为独立个体的这3种特质的独特组合,他支持使用个案研究的方法来检验这些独特的特质。

(二)卡特尔16种人格因素

卡特尔(Raymond Cattell)使用阿尔波特和奥波特的形容词表作为他的研究起点,想要揭示出一些数量适宜的、基本的特质维度。通过研究,他提出了人类人格的16因素。卡特尔将这16因素称为根源特质,因为他相信这16因素是表面行为的潜在根源,而这一根源就是我们通常所说的人格。卡特尔的16因素包含了重要的行为范畴,如有保守的和开放的,信赖的和怀疑的,以及放松的和紧张的。虽然这样,现代特质理论辩称,比16种更少的维度也可以包括人格中最重要的特性。

(三)艾森克特质理论

艾森克(Hans Egsenck)根据人格测验的数据推出3个范围很广的维度:外向性(内源导向性的或外源导向性的),神经质(情绪稳定或情绪不稳定的),精神质(善良的、体贴的或有攻击性的、反社会的)。

（四）五因素模型

艾森克理论的许多观点得到了研究证据的支持。但是，近年来，多数人的意见认为五因素可以最好地描述人格结构。如表4-1所示，五因素模型包括五个维度，这五个维度非常宽泛，因为在每个维度中都包含许多特质，这些特质有各自独特的内涵，但都有一个共同的主题。

表4-1 五因素模型

因素	双极定义
外向性	健谈的、精力充沛的、果断的/安静的、有保留的、害羞的
和悦性	有同情心的、善良的、亲切的/冷淡的、好争吵的、残酷的
公正性	有组织的、负责的、谨慎的/马虎的、轻率的、不负责任的
情绪性	稳定的、冷静的、满足的/焦虑的、不稳定的、喜怒无常的
创造性	有创造性的、聪明的、开放的/简单的、肤浅的、不聪明的

（五）迈尔斯—布里格斯类型指标

迈尔斯—布里格斯类型指标是由美国作家伊莎贝尔·布里格斯·迈尔斯和她的母亲凯瑟琳·库克·布里格斯共同制定的一种人格类型理论模型。

该指标以瑞士心理学家卡尔·荣格划分的8种心理类型为基础，从而将人格的心理类型理论付诸实践，经过20多年的研究后，编制成了迈尔斯—布里格斯类型指标。迈尔斯在人格的优势功能和劣势功能、主导功能和从属功能等概念的基础上，进一步提出功能等级等概念，并有效地为每一种类型确定了其功能等级的次序，又提出了类型的终生发展理论，形成4个维度，该类型指标介绍如表4-2所示。

表4-2 迈尔斯—布里格斯类型指标介绍

维度	类型	相对应类型英文及缩写	类型	相对应类型英文缩写
注意力方向（精力来源）	外倾	E（Extrovert）	内倾	I（Introvert）
认知方式（如何搜集信息）	实感	S（Sensing）	直觉	N（Intuition）
判断方式（如何做决定）	思考	T（Thinking）	情感	F（Feeling）
生活方式（如何应对外部世界）	判断	J（Judgment）	感知	P（Perceiving）

4个维度如同4把标尺，每个人的性格都会落在标尺的某个点上，这个点靠近哪个端点，就意味着个体有哪方面的偏好，具体类型如表4-3所示。如在第一维度上，个体的性格靠近外倾这一端，就偏外倾，而且越接近端点，偏好越强。

表4-3 具体类型

代码	名称	代码	名称	代码	名称	代码	名称
ISTJ	物流师型人格	ISFJ	守卫者型人格	INFJ	提倡者型人格	INTJ	建筑师型人格
ISTP	鉴赏家型人格	ISFP	探险家型人格	INFP	调停者型人格	INTP	逻辑学家型人格
ESTP	企业家型人格	ESFP	表演者型人格	ENFP	竞选者型人格	ENTP	辩论家型人格
ESTJ	总经理型人格	ESFJ	执政官型人格	ENFJ	主人公型人格	ENTJ	指挥官型人格

模块五　人际交往

我们从咿呀学语到离开家进入幼儿园的那一刻起,就开始学习与人交往、融入集体生活的社会化过程了。因此,每个人都是生活在集体中的社会人,并不是一个孤立的自然人。

作为"00后"的你准备好认识新同学、新朋友、新老师了吗?我们该如何实现和谐交往,与家人、老师、同学、朋友愉快相处呢?如何通过有效的人际交往使自己更好地生存发展,逐渐提高自己的人际交往能力,并克服在人际交往中容易被忽略但又明显影响交往效果的心理问题,是大学生走向成熟道路上的考题,这就要求每个人都必须交出合格的答卷。人际交往能力对于我们适应未来社会至关重要,让我们一起探索与体会交往的快乐吧。

活动一　有你真好

活动目标

1. 锻炼克服困难的信心,活跃氛围。
2. 增进同学彼此之间的了解,增进友谊。
3. 在活动中了解自己在人际交往中的特质,找到更多的朋友,在班级中找到支持系统。

活动对象

大学生。

活动准备

1. 场地:相对宽敞的活动场地。
2. 资材:海绵垫、A4纸、记号笔。

活动时间

60分钟。

活动过程

活动(一):突围闯关

1. 时间:10分钟。
2. 操作:

（1）分组，每组15人左右，让男女同学交叉站立，手拉手围成一个"包围圈"。

（2）老师讲解游戏规则：假定你被人包围了，情况十分危急，要求你尽快想办法冲出包围圈。可采取钻、跳、推、拉、诱骗等任何方式，以不伤害人为原则，力求挣脱突围，冲出包围圈；其他同学必须要尽力不让被围者逃出；若圈内的同学从某两个同学手中挣脱，则这两个同学要进入圈内作为被围者。

（3）老师可通过随机抽学号的方式，让一名同学站在包围圈中央开始游戏。倘若被围的同学一时冲不出"包围圈"，可增加两名同学到圈内作为被围者。

3. 讨论分享：

（1）你在活动过程中遇到的挑战和困难是什么？

（2）你在努力克服这些困难的时候有什么样的情感变化？

4. 注意事项：

（1）注意安全。场地选择铺有海绵垫的地面或草地，移去危险器物。

（2）身体欠佳者，如患有哮喘、心脏病等，不宜参加此游戏活动。

活动（二）：画手找朋友

1. 时间：15分钟。

2. 操作：

（1）每人把自己的右手按到纸上，手腕贴着纸的边缘部分，用油性笔画出手的轮廓。

（2）在5个手指的轮廓空白处，依照从大拇指到小指的次序请学员填写以下内容：

大拇指：你的星座。

食指：你的梦想。

中指：你喜欢的偶像。

无名指：你的兴趣和爱好。

小指：你最喜欢做的事情。

（3）在你的小组中寻找填写内容相同的两个大拇指进行连线；接着是相同内容的食指、中指、无名指和小指，但内容相同（比如都是"A"）的不同手指之间不允许连线。

（4）每人数一数自己手上的线头数，并将这个数字填在手掌上，签上你的名字。

活动（三）：有你真好

1. 时间：20分钟。

2. 操作：

（1）领导者发给每位同学一张卡片，请同学们在卡片上画一棵大树，这棵大树代表朋友树。

（2）接着同学在树上画树叶，每片叶子代表一个朋友，他可以是曾经的朋友，也可以是现在你想认识的朋友。记住，中间那片叶子代表自己。

（3）在每片叶子的背面写上朋友的优点和认识过程，还有为什么要和他成为朋友。

（4）请同学们去找朋友，并让朋友在画好树的卡片上签名。

3. 讨论分享：

（1）自己的朋友树上共有几个朋友？

(2) 你去找朋友签名时,你的感受是怎样的?

(3) 同学来找你为他的朋友树签名时,你有什么感受?

活动(四):请帮助我

1. 时间:15分钟。

2. 操作:

(1) 所有学生站着围成一个圈。

(2) 领导者让大家在所有同学里选出一个人,这个人对你来说很像你的一个亲人或者好朋友,他令你感到很熟悉、很安心。将你的手搭在他的肩膀上。

(3) 所有同学都选择完毕,你可以对被选择的同学说我选择你,是因为×××。

(4) 领导者跟大家说,现在你遇到了困难,请找到你最想求助的人,将手搭到他的肩膀上,对他说:"我遇到了困难,你愿意帮助我吗?"

(5) 被选择的同学看着对方的眼睛,告诉他:"好的,我一定尽力。"

3. 讨论分享:

(1) 当你去寻找令你产生熟悉感的那个人时,你想到了谁?

(2) 当自己被别人选中为求助对象时,你有何感触?

心理知识拓展

(一)大学生常见的人际交往困扰

1. 不愿交往

不愿交往是大学生人际交往中的常见问题。不愿交往的原因主要有两类:一是自我中心、孤芳自赏,认为周围人都不如自己,很少顾及他人的感受,对周围的人和事漠不关心;二是由于自卑、害羞、多疑和敏感等,从小不善言辞,总认为与人交往是比较麻烦的事情,对他人缺乏必要的信任与理解,怕别人瞧不起自己,不愿与人沟通交流。现实生活中有一部分人,由于性格过于内向,或是成长环境的影响,导致他们在现实中缺乏交往的愿望和兴趣。也有一部分人特别敏感,尽管内心具有与人交往的愿望,但不肯或不能接受别人伸出的"橄榄枝"。现实生活中,大学生是选择坚持独来独往的生活方式,还是勇于突破自我,最关键的是需要正视自己的内心,做出适合自己的人际交往选择,必要时也可以求助专业人士。

2. 不敢交往

在大学的人际交往,特别是与异性的交往中,有些同学会面临不敢与人交往的困扰。他们虽然有强烈的与人交往的愿望,希望自己能有些知己朋友,但由于性格、家庭背景和生活环境等多方面因素导致一些同学缺乏交往的勇气和信心。有部分同学在人际交往中会特别紧张,脸红心跳,甚至面红耳赤,不敢正视对方;有的人与人交谈时显得语无伦次,词不达意;有的人在一对一的交往中表现正常,但十分恐惧群体交往,甚至在人多的场合根本说不出话来,严重者可能导致社交恐惧症。有些人因为一次自己想象中的嘲笑,担心不被人接纳,就再也不敢与周围同学交流。面对这样的情况,大学生应该树立自信,正视自己,勇敢地迈出与人交往的第一步,这样才能拥有良好的人际关系。

3. 不懂交往

在现实的人际交往中，有些大学生不敢轻易相信别人，对他人怀有很深的戒备心理，也不知道如何与人推心置腹，向别人表达自己的真实想法，久而久之就难以与周围的人建立良好的人际关系。还有同学对人际交往带有浓重的理想色彩，以友谊的理想模式来要求生活中的人际关系，总希望别人主动关心自己，而自己却总是处于被动地位。部分大学生在面对学业挫折和现实人际交往失败的双重打击下，选择了通过虚拟的网络来提高自己的自信心和满足自己的人际交往需求。还有部分大学生因为不懂交往而陷入人际关系的误区，他们虽然在网络交往中可以游刃有余、如鱼得水，但是虚拟的人际交往始终无法替代现实中的人际交往，特别是在需要帮助的时候，网络上的朋友也很难提供实际的帮助。所以大学生要学会人际交往的方式和方法，要从现在起，理解交往的意义，掌握交往的技巧，为建立良好的人际关系奠定基础，避免沉迷于虚拟的人际交往而无法自拔。

4. 不善交往

人际交往是一门学问，更是一门艺术。很多大学生愿意与他人交往，希望多一些朋友，却不善于与他人交往，他们在人际交往中缺乏必要的人际交往技巧和方法，导致结果往往事与愿违。人际交往过程中，很多学生或多或少面临着各种问题，由于交往方法欠妥、交往能力有限、人格缺陷或交往心理障碍等，在交往中既不了解自己，也不了解别人，导致交往失败。比如，有些同学在交谈的过程中显得过于生硬、木讷、刻板，不知如何表达；有些同学不注意沟通的技巧、方式和原则，显得过于殷勤热情；有些同学不注意区分时间和场合，乱开玩笑，不懂给人留面子，对别人不够尊重；还有些同学言语粗鲁伤了他人自尊心，这些都是不善与人交往的具体表现。因此，大学生要学会人际交往的基本技巧和技能，做到互相尊重，相互理解，才能一步步建立起融洽的人际关系。

（二）良好人际关系的调适

1. 克服羞怯心理

首先，要加强意志锻炼。要纠正自己的一些不正确的观念，要树立自信心。在一些特殊场合，能够正确而及时地调整自己的心理状态，如多参加社团活动、演讲比赛等锻炼自己。其次，不要把别人的评价看得过重，不必过分在意别人的注意，也不必顾虑别人会如何品评自己。有些人还没有说话就先紧张，由于害怕讲话出现差错，担心得到否定评价，结果常常是恶性循环，导致他们在苦闷的旋涡中越陷越深。再次，进行自我暗示，自我鼓舞。要反复提醒自己，反复安慰、鼓励自己，克服羞怯心理。最后，要善于表现自己的优势。全面、客观地认识自己，发现自己的优势，扬长避短。总之，要努力做到言行举止大方、得体，增加自信，轻松应对社交场合。

2. 审视自己，化解信任危机

在与时俱进的今天，我们更要遵守道德规范，坚持诚实、守信，树立正确的价值观、道德观，时刻以道德的准则来规范自己的行为，努力赢得对方的信任。一方面要严格要求、诚实守信。对待朋友、同事不应欺骗，而是要坦诚相待。另一方面还要学会分享，理解他人。与人分享会拉近彼此的距离。我们要善于与人分享，分享喜悦、忧愁等，要严格要求自己，宽容对待他人，要善于学习别人的长处，更要敢于包容别人的错误。在生活、学习中要积极地去理解他人，在别人需要帮助的时候无条件地贡献出自己的力量。

3. 克服自卑心理

在与他人的交往中，我们要正确评价自己。善于发现自己的优点，不要贬低、否定自己，对自己和他人的优缺点进行客观评价。不要与他人比较自己无法改变的短板（如外貌、身高），而要改善可以通过自己改变的劣势（如学业成绩、社会经历），要注意发扬自己的优点，将自卑的压力转变为努力的动力，从自卑中超越自我。另外，要树立恰当的追求目标，逐步增强自信，走向他人，展示自己的勇气。只有积极地同周围人相处，学习别人的长处，逐步开拓自己的眼界，才能增强自身的见识与能力，才能从根本上克服自卑心理。

4. 克服嫉妒与猜疑心理

嫉妒和猜疑只会蒙蔽我们的双眼，害人害己。我们树立正确的交友观念，真诚待人，亲近他人，关爱他人，互利共赢。古人云"以诚感人者，人亦诚而应"，以嫉妒和怀疑一切的心理交往，必然会导致自己在与人交往中苦不堪言，失去朋友，孤独伤感。在交往中，只要我们彼此抱着诚心善意、宽以待人、相互理解、接纳、信任的态度，将善良、真诚传递给他人，就会收获属于自己的亲密友谊。

活动二　建立信任

活动目标

1. 通过游戏体验信任他人的力量，学会在合作中信任他人。
2. 了解人与人之间信任的意义，尝试运用合适的方法去获得他人的信任。
3. 勇于信任别人，同时也让自己成为可信、可靠之人。

活动对象

大学生。

活动准备

1. 场地：相对宽敞的活动场地。
2. 道具：眼罩、粗棉绳一根、纸、笔。

活动时间

70 分钟。

活动过程

活动（一）：盲人雕塑师

1. 时间：15 分钟。

2. 操作：

（1）所有人报数，报单数的同学上前一步，报双数的同学站在单数的同学身后成为一组。

（2）报双数的同学每人用眼罩将眼睛蒙住，报单数的同学站在和其一组的同学对面做高难度的姿势，摆好后，蒙住眼睛的同学上前摸，不允许言语交流。

（3）蒙住眼睛的同学清楚姿势后，站在旁边保持同样的姿势。

（4）报单数的同学将报双数的同学的眼罩摘下，并检查姿势是否正确。

（5）然后交换角色，再进行一次。

3. 讨论分享：

（1）想象和蒙上眼之前看到的差异大吗？其他人当时的想法如何？

（2）游戏最有价值之处是什么？

活动（二）：盲　　行

1. 时间：25分钟。

2. 操作：

（1）现在请大家围成一圈，然后"1、2，1、2"报数。

（2）请报"1"的人站到圈子中间来，把眼睛蒙住当盲人，眼睛蒙好后，请就地转3圈。

（3）现在请报"2"的人当拐杖，当拐杖的人去认领一位盲人，最好是你不熟悉的，带着他沿着领导者选定的路线走。

（4）请记住，整个旅途不许说话，只能用手势、动作帮助"盲人"体验各种感觉。

（5）第一条路线结束后，互换角色，"盲人"做"拐杖"，"拐杖"做"盲人"，再沿着第二条路线走一遍。

（可以找几个人做观察者，观察"盲人"和"拐杖"的情况，同时负责安全和衔接。）

3. 讨论分享：

（1）当"盲人"的感觉怎么样/做拐杖的感觉怎么样？

（2）拐杖是如何通过身体语言帮助盲人的？

（3）帮助他人的感觉如何？

4. 注意事项：

（1）不许有语言交流，遇到任何问题只能通过非语言交流。

（2）走完所有规定路线。

（3）出现任何问题都不能摘掉眼罩。

（4）不准嬉笑打闹，严格按照要求完成活动，安全第一。

（5）严格完成自己的角色要求，不要替代他人。

活动（三）："地雷"阵

1. 时间：20分钟。

2. 操作：

一个团队彼此间的信任是最重要的。那么，你所在的团队有着怎样的信任度？如何提升人与人之间的信任感？做完了这个游戏，你就知道了。用绳子在一块空地上圈出一定范围，撒满各式玩具（如娃娃、球等）充当"地雷"。学生两人一组，一人指挥，另一人蒙住眼睛，听着同伴的指挥通过"地雷"阵，过程中只要踩到任何东西就要重新开始。指挥者只能在线外，不能进入"地雷"阵中，也不能用手扶伙伴。

3. 讨论分享：
（1）请问各位在通过"地雷"阵的时候有什么感觉？
（2）平时你在跟其他人互动时是否需要刚才所讲的想法、做法？
（3）若再有一次机会，还可以加强些什么？

4. 注意事项：
（1）不可用尖锐或坚硬物充当地雷。
（2）不可在湿滑地面进行。
（3）须注意两位蒙眼者是否对撞。

心理知识拓展

（一）影响人际信任的因素

1. 自我概念

自我概念是指个人对自己的看法，如觉得自己是美丽、聪明的，或害羞、没有指望的，无论这些看法是否正确、是否与别人的看法一致，都将影响个人以后的行为和生活，也会影响个人和他人的关系。

2. 自我坦诚

人际关系只有在人与人之间发生关联之后才能产生，因此除对自己、对别人有一个适当的概念之外，还需进一步地开始与人互动，经由彼此的自我坦诚，让对方知道你，让你知道对方。经过自我坦诚，我们才能与别人进行有效沟通。

3. 个人特质

（1）真诚。人们喜欢以真心待人的人，不喜欢富有心机、欺骗和算计别人的人。

（2）温和。一个亲切、温和、面带微笑的人，通常比一个冷淡、漠然、面无表情的人更让人乐于亲近。

（3）能力。我们通常喜欢聪明、有能力或有才能的人，主要原因是跟有能力的人在一起，对我们比较有利。他们可能帮我们解决问题，想出新点子，让生活更有趣、更容易等。

（4）外表吸引力。研究发现，在其他条件都相似的情况下，一个外表较具吸引力的人，比外表较不具吸引力的人更受人喜爱。

（5）其他令人愉快的人格特质。拥有开朗、心地善良、不自私、关怀体贴等特质的人也较令人喜爱。

4. 两人间的情境因素

（1）接近性。人际关系的发展是以接触为基础的，只有彼此相当接近，才能在需要的时候适时地提供支持和帮助，维持感情。接近性使人们彼此接触的机会增加，熟悉的可能性增加,因而导致相互吸引。

(2) 熟悉性。熟悉可以减少我们之间的不确定性,使我们较为安心。

5. 两人特质之间的关系

(1) 相似性。彼此之间的态度、价值观以及人格特质的相似性是影响友谊的重要因素。

(2) 互补性。需求上的互补,即一方所需要的正是另一方所能提供的,或一方所缺少的正是另一方所具备的,也都可能导致彼此间的吸引。

(二) 如何增进彼此的信任

1. 要有一颗信任别人的心

信任他人是高尚的,而被人信任是幸福的。信任是大到整个社会、小至人际关系能够良性运行的必要条件。没有信任,整个社会的良性运行系统就会被打破,人际关系就难以理顺。缺少信任和理解的社会是可怕的社会,一如遇到不慎跌倒的老人,没有人敢出手相扶的尴尬境地。因此,作为一个社会公民,我们有必要深思增进信任、促进理解这样一个命题。

2. 实事求是,无愧于心

要想获得别人的信任,只有尊重事实,承认事实,不扭曲、不歪曲事实,才能取信于人。

3. 合作共赢,换位思考

当今社会是一个高度融合与竞争的社会,既要竞争又要合作,合作与竞争并存。通过合作可以相互取长补短,提升综合竞争力,从而实现共赢。

4. 沟通到位,制度保障

没有良好的沟通,不仅很难获得彼此的信任与理解,甚至在某种情况下还会酿成悲剧。在沟通过程中,需要说什么、怎么说、什么时间说、什么地点说、对谁说都要事先考虑清楚,考虑清楚才会最大可能地说清楚,说清楚了才会让别人最大可能地理解。

最后,信任与理解作为一种高尚的情感体验,我们每个人都有权利渴求和获得,也有义务去增进与维护。

活动三 团队合作

活动目标

1. 团队成员之间可以密切合作。
2. 使团体成员感受团结的力量,体会集体的温暖,强调成员间互相合作的精神。
3. 通过团体活动、沟通、交流、分享,增强团体成员的归属感、集体荣誉感,凝聚起强大的合力。

活动对象

大学生。

活动准备

1. 场地：室外较空旷平坦的场地。
2. 资材：气球、秒表。

活动时间

70 分钟。

活动过程

活动（一）：我们是最棒的团队

1. 时间：10 分钟。
2. 操作：
（1）让所有参加游戏的人围成一圈，等待领导者喊游戏开始。
（2）游戏开始后，每个人先双手拍左边人的肩膀一下，并且喊"1"，然后拍右边人的肩膀一下，并且喊"1"，然后再弯腰拍手一下，并且喊"我"。
（3）再拍左边人的肩膀两下，同时喊"1、2"，接下来拍右边人的肩膀两下，同时喊"1、2"，然后再弯腰拍手 2 下，同时喊"我们"。
（4）以此类推，拍 3 下喊"我们是"，到第 8 下喊完"我们是最棒的团队"后，举手攥拳喊"耶"，并跳起来。
（5）如果人数较多，可以 10 人一组，两组进行比赛。
（6）用时最短者获胜，最后所有人围成一个大圈，挑战结束。

活动（二）：单脚运球

1. 时间：30 分钟。
2. 操作：
（1）团体领导者为各小组发放相应数量的气球，气球吹气大小由小组成员自己控制。
（2）领导者宣读规则：成员们吹完气球后，排成一横排，全体成员手臂挽手臂。每个成员分别伸出一条腿夹住球，即从左往右的第一名成员右腿与第二名成员左腿夹住一个气球，第三名成员右腿和第四名成员左腿夹住一个球，以此类推。预备姿势准备好之后，正式开始计时，小组全体成员列成一横排向前进，需保持气球始终在成员两腿之间，所有气球顺利到达终点算作完成活动任务。
（3）前进过程中，如果有气球掉落或破裂，小组需要从起点重新开始，亦可采取加时的办法，每掉落一次气球，在完成时间上加时 10 秒，气球破一个，加时 20 秒。
3. 讨论分享：
（1）在活动进行前，你们组内是否统一了夹气球的姿势？
（2）你认为在整个活动中，是什么驱使活动进展顺利？小组运用了哪些策略？
（3）你们组内的合作是否紧密？是什么驱使你们团结统一？
（4）这个活动给你哪些启示？

4. 注意事项：

活动前给每个小组预留充分的讨论、练习时间，以保证活动取得更佳成绩。

活动（三）："蜈蚣"大翻身

1. 时间：30分钟。

2. 操作：

（1）各组按纵队排好。每位成员把双手搭在前面成员的左右肩膀上组成一条"大蜈蚣"，练习"蜈蚣"跑动，时间2分钟。

（2）接下来做"蜈蚣"翻身比赛，各组成员手拉手一字排开，要求全体成员在不松手的情况下，第一个成员依次从第二、第三名成员的拉手处，第三、第四名成员的拉手处……一直到队伍最后两位成员的拉手处钻过去，第二名成员、第三名成员……跟随前面的成员一直钻完所有的拉手处。

（3）统计每一组的完成时间，用时最少的小组获胜。

（4）活动进行过程中，如果发生"蜈蚣"断开的情况，小组要重新开始游戏。

3. 讨论分享：

（1）你认为要保证翻身又快又好，关键的因素有哪些？

（2）这个活动给你哪些启示？

4. 注意事项：

（1）选择操场等大场地，以保证足够大的活动空间。

（2）领导者介绍完游戏规则后，要为各个小组预留充分熟悉规则、交流讨论、模拟练习的时间。

（3）强调安全事项，尤其要注意手腕安全。

心理知识拓展

（一）合作的含义

合作是个人与个人、群体与群体之间为达到共同目的，彼此相互配合的一种联合行动方式。

成功的合作需要具备的基本条件主要有：一致的目标。任何合作都要有共同的目标，至少是短期的共同目标。统一的认识和规范。合作者应对共同目标、实现途径和具体步骤等，有基本一致的认识；在联合行动中合作者必须遵守共同认可的社会规范和群体规范。相互信赖的合作气氛。创造相互理解、彼此信赖、互相支持的良好气氛是有效合作的重要条件。具有合作赖以生存和发展的一定物质基础。必要的物质条件（包括设备、通信和交通器材工具等）是合作能顺利进行的前提，空间上的最佳配合距离，时间上的准时、有序，都是物质条件的组成部分。

（二）合作的类型

按合作的性质，可分为同质合作与非同质合作。同质合作，即合作者无差别地从事同一活动，如无分工地从事某种劳动。非同质合作，即为达到同一目标，合作者有所分工，如按工艺流程分别完成不同工序的生产。

按照有无契约合同的标准，合作分为非正式合作与正式合作。非正式合作发生在初级群体或社区之中，是人类最古老、最自然和最普遍的合作形式。这种合作无契约上规定的任务，也很少受规范、传统与行政命令的限制。正式合作是指具有契约性质的合作，这种合作形式明文规定了合作者享有的权利和义务，通过一定法律程序，并受到有关机关的保护。

按合作的参加者分，有个人间的和群体间的合作等。就合作本质而言，双方具有平等的法人地位，在自愿、互利的基础上实行不同程度的联合。

（三）合作的意义

合作的意义在于它能够促进个人和团队的发展，提高工作效率，增强创新能力，以及推动社会的进步。

首先，合作有助于个人和团队的发展。通过与他人合作，我们可以学习到不同的知识、技能和经验，从而弥补自身的不足。在团队中，每个成员都有自己的专长和优势，通过互相配合和协作，我们可以共同完成任务，实现共同的目标。这种合作的过程不仅锻炼了我们的沟通和协调能力，还培养了我们的团队精神和合作意识。

其次，合作能够提高工作效率。在合作中，我们可以根据各自的能力和专长进行分工，实现资源的优化配置。通过协同工作，我们可以减少重复劳动和浪费，提高工作效率。同时，合作中的互相支持和帮助也可以减少工作中的阻力和困难，使工作更加顺利地进行。

再次，合作还能够增强创新能力。在合作中，不同的观点和想法可以相互碰撞、交融，激发出新的创意和解决方案。这种创新不仅有助于解决当前的问题，还能够推动我们的思维和行动方式向前发展。

最后，合作对于社会的进步也具有重要意义。在社会发展的各个领域，合作都是推动进步的重要力量。通过合作，我们可以共同应对挑战、解决问题，推动社会向前发展。合作还有助于增进不同文化、不同国家之间的交流和理解，促进世界的和平与发展。

模块六　邂逅爱情

爱情作为一个亘古不变的话题，总是被人拿出来讨论。什么是爱情？这是每个人都会问的，尤其是处在青年时期的大学生们，他们处在人格发展中亲密对孤独阶段的关键期，开始尝试和自己喜欢的人建立一段亲密关系，品尝爱情的甜蜜和苦楚。关于爱情从何而来，进化论、学习论、社会学论、精神性爱论、生化论、依附论等众说纷纭。生物学研究认为多巴胺、催产素等生物因子调控着爱情，尾状核和壳核等涉及快乐和奖赏的脑区与爱情的发生有关。许多心理学家认为爱情的产生符合人的生存进化规律，即拥有这种感情的人能获得更多的温暖与保护，更好地生存下来。也有心理学家认为爱情与人格的缺陷或完善有关。爱情观的跨文化研究则证实了集体主义文化与个人主义文化的差异会对亲密关系的发展产生影响。让我们一起走进爱情的奇妙世界。

活动一　问世间情为何物

活动目标

1. 了解爱情的来源。
2. 了解心理学上爱情的构成。
3. 培养学生表达爱的能力。

活动对象

大学生。

活动准备

1. 场地：可移动桌椅的多媒体教室。
2. 资材：A4纸、彩铅、彩笔，每人10张树叶状的纸片、1张树状纸板图。
3. 多媒体：轻缓抒情、欢快类音乐。

活动时间

60分钟。

活动过程

活动（一）：几个人来的

1. 时间：10 分钟。
2. 操作：

（1）团体领导者告诉大家这是一项需要迅速做出反应的活动，请大家集中注意力，按公布的游戏规则完成。

（2）所有成员围成一个大圆圈，团体领导者随机规定从圆圈中的一位成员开始，并规定后续游戏进行的方向（顺时针或逆时针）。

（3）当团体领导者喊"几个人来的？"之后，开始的那位成员迅速蹲下并喊出"1 个人来的"，然后立刻站起；紧接着这位成员旁边的 2 位成员（顺时针或逆时针）要迅速蹲下并同时喊出"2 个人来的"，然后起立；接着这 2 位成员后面的 3 位成员要迅速蹲下并同时喊出"3 个人来的"并起立，以此类推直到 6 位成员蹲下同时喊"6 个人来的"并起立。6 为喊的数字的上限，然后下一位成员蹲下并喊出"1 个人来的"，循环类推。

（4）活动过程中反应迟钝或出错的成员，可以让其接受其他成员提出来的小挑战，比如做青蛙跳或俯卧撑 10 下，然后活动再从该成员处开始下一轮。

3. 讨论分享：

（1）活动开始前你觉得这个任务容易吗？

（2）活动练习阶段你看到了什么？有什么发现？

（3）你的所想和所做一致吗？

4. 注意事项：

（1）成员着装要便于下蹲，注意安全。

（2）活动开始之前可安排试玩时间。在活动过程中，可以向成员说明这个任务难度较大，按要求做，完不成是正常的。

活动（二）：编织美丽的花

1. 时间：30 分钟。
2. 操作：

（1）让成员在事先准备好的 5 片树叶状纸片上写上自己最喜欢的异性形象与行为特征，一片纸上写一个特征。

（2）让成员在写好后将这些纸片贴到准备好的树状纸板图上。

（3）让成员说一说贴到树上的自己喜欢的异性的特征。

（4）男生代表总结男生最喜欢的女生的 5 个特征，请每位女生将这 5 个特征写到剩余的 5 片树叶上，并贴在另一面。

（5）女生代表总结女生最喜欢的男生的 5 个特征，请每位男生将这 5 个特征写到剩余的 5 片树叶上，并贴在另一面。

（6）同学反思自己的行为，还有什么需要改进的。

3. 注意事项：

注意了解性格内向同学的情绪和感受。

活动（三）：画出心中的我和 TA

请闭上眼睛，想象一下 10 年后自己和爱人的形象，那时你将在哪里、跟谁在一起、在做什么等，把这些画面画出来。

1. 时间：20 分钟。
2. 操作：

（1）先画出想象中 10 年后的自己的样子。

（2）如果有的话请画出 10 年后你的伴侣可能的样子，如果没有请画出你心中理想型伴侣的样子。

（3）构建一个你认为最想要或者会常常发生的场景，画出来。

（4）画完之后给你的作品起个名字吧，然后请在小组内部讲述你的作品。

3. 注意事项：

注意整个氛围应当是放松的，大家彼此之间交流要友善。

心理知识拓展

（一）恋爱小知识

恋爱是指一对异性之间产生强烈的喜欢、爱慕，发生爱情、建立爱情关系直到结婚的过程。这是恋爱发展的一般规律。

青春期是指人体从童年向成年过渡的人生关键时期，一般是 10~18 岁。在这一时期，人的生理和心理都会发生显著的变化。青春期又分为 3 个阶段：青春前期（10~12 岁）、青春中期（13~15 岁）、青春后期（16~18 岁）。

（二）大学生恋情的特点

1. 自主性强

在恋爱问题上，个性突出，重感情、易冲动，不受传统习俗的局限。

2. 动机简单化

许多大学生在恋爱过程中没有考虑到婚姻，他们恋爱只是因为爱和被爱的需要。

3. 耐挫力弱

大学生陷入恋爱之中以后，往往不善于控制自己的情感，任感情随意放纵，缺乏理智的驾驭能力，对恋爱对象过分依赖，稍有波折就痛苦万分。一旦恋爱受挫，则会情绪失控，无法自拔，对学习和生活造成很大影响。

4. 不稳定性

当前大学生谈恋爱，往往重外表、轻内在；在恋爱方式上，往往重形式、轻内容；在恋爱行为中，往往重过程、轻结果，重享乐、轻责任。这种恋爱问题上的不成熟性，加之他们在就学期间经济上尚未独立，在恋爱过程中感情和思想易变，缺乏妥善处理恋爱中情感纠葛的能力，极易造成恋爱的周期性中断，或对恋爱对象的选择举棋不定。

5. 盲目性

一些大学生谈恋爱只是为了排遣内心的烦闷与孤独,有的是为了面子(如认为别人都在谈恋爱而自己没谈就很没面子),也有的同学只是为了好玩和好奇,还有的甚至是为了炫耀,一旦达到目的就见异思迁、草草收场,根本不是为了真正的恋爱甚至婚姻。这种盲目性常常使他们的恋爱没有方向,甚至走入误区,最后对彼此都造成一定的影响。

6. 偏激性

大学生恋爱在遇到波折(如对方感情转移、争吵、分离等情况)时,易产生偏激行为(如恶性报复、离家出走、患忧郁症,甚至自暴自弃、自杀等)。再加之大学生恋爱发生于青春期末期,是心理的躁动时期,此时被一种朦胧的性爱意识所主导,且由于其缺乏必要的性知识和理智,自我约束力也比较弱,双方一旦失去理智,就极有可能超越防线,初尝禁果,发生性关系,更难以承担这种关系造成的怀孕、堕胎的严重后果。这与大学生心理不成熟、情感不稳定、行为缺乏自控性有关。

活动二 爱的有效表达

活动目标

1. 树立正确的爱与被爱观念。
2. 提高学生获得爱的能力。
3. 深入探索学生自身的爱情价值观。

活动对象

大学生。

活动准备

1. 场地:相对宽敞的活动场地。
2. 资材:爱情价值拍卖单。

活动时间

60 分钟。

活动过程

活动(一):爱的抱抱

如果让你用左手和右手同时做不同的动作,是不是觉得很困难?下面就让我们来试一试,要相信自己能够做到哦!如果做到了,你会觉得自己很有能力、很开心、很刺激,大家一起来参与吧!

1. 时间：15 分钟。
2. 操作：
（1）团体领导者告诉大家这是一个非常轻松愉快的游戏，让大家在游戏中放松自己，去享受拥抱。
（2）先给所有人一个固定的标价，前几次游戏男生每人代表 5 角钱，女生每人代表 1 元钱。后几次游戏男女生标价互换。
（3）所有成员围成一个圆圈，男女位置顺序打乱，不要出现男生扎堆或女生扎堆的现象。全体成员随着音乐跑动起来。
（4）音乐暂停，团体领导者喊出一个价格，所有成员迅速自由组合抱在一起，男女生标价相加的和必须是团体领导者喊的价格。
（5）组合错误的抱团或落单的成员可由抱团成功的小组或团体领导者向他们提出一个小要求或小挑战。
3. 注意事项：
（1）提醒成员在抱团的过程中注意安全，不可出现强制拉人现象，防止摔倒或因拉扯受伤。
（2）变式：可以将成员的标价换成几只手或几条腿，如女生代表 1 只手 3 条腿，男生代表 3 只手 1 条腿，团体领导者喊出几只手几条腿，所有成员迅速自由组合抱在一起。
（3）关注表演节目同学的感受。
4. 交流分享：
每个人从小到大都被父母的"爱"包围着，大家都有一个渴望，渴望被理解、渴望被尊重、渴望被"爱"护，在这个游戏中你对于如何获得"爱"和"归属"有什么感悟？

活动（二）：爱情价值大拍卖

如果你有 1 000 万元，你愿意用多少钱来丰富你的爱情生活？你了解自己的爱情观吗？通过下面的体验，让我们来深入地探索一下吧！

1. 时间：30 分钟。
2. 操作：
（1）分发爱情价值拍卖清单，每位成员的清单上面都罗列了许多项关于爱情的拍卖品。给大家 3 分钟时间考虑，在纸上写下自己的排序并预估竞价金额。
（2）领导者向成员说明游戏规则："现在我们要开始拍卖这些爱情价值，由我来主持。每个项目的底价为 100 万元，从第一个项目开始喊价，每次至少加价 50 万元。每个项目我喊 3 次同样的价钱之后，若无人出更高价，就宣布成交。"
（3）拍卖规则：
①总资金 1 000 万元。
②每个项目底价为 100 万元。
③从第一个项目开始，想购买者就开始喊价，但每次加价至少 50 万元。
④每个项目喊过 3 次同样价钱后，若无人出更高价，就宣布成交。
（4）开始进行拍卖，让成员彼此竞标，并把每个项目的得标价格记录于爱情价值拍卖

单上，如表 6-1 所示。

表 6-1 爱情价值拍卖单

爱情观	次序	预估竞标金额	得标者出价
有富足的金钱			
温柔而体贴			
身体健康			
外表与身材好			
有自己的空间			
浪漫			
有内涵或才华			
有新鲜感、多变化			
平淡而踏实			
心灵的交流			
常常要黏在一起			
兴趣相投			
容易沟通			
彼此信任			
彼此有所成长			
亲密接触			
有安全感			
有责任感			
诚实可靠			
幽默			

3. 讨论分享：
（1）小组分享一下你为什么进行这样的排序。
（2）每个人的爱情观是一样的吗？你现在的爱情观和初、高中时有变化吗？
4. 注意事项：
注意维护课堂纪律，防止学生因情绪激动而大声喧哗。

活动（三）：爱的对对碰

1. 时间：25分钟。
2. 操作：
（1）拿出一张A4纸对折两半，在左边写上我表达爱的方式，写上至少10条。
（2）右半部分写上我接受爱的方式，写上至少10条。
（3）展开对折部分看看自己表达爱的方式和接受爱的方式是否一致。

（4）请在团体内找到关系较好的同学，看看你们表达爱和接受爱的方式是否相互对应。

（5）在小组内部寻找陌生的同学看看你们爱的表达及接受方式是否有能相互对应的。

3. 分享交流：

（1）这个活动对你日常生活中建立亲密关系有什么提示吗？

（2）你的爱的给予和接受通道经过该活动后有扩展吗？

心理知识拓展

（一）爱情的含义

爱情是男女之间基于一定的客观物质条件及共同的人生理想和生活情趣，而在各自内心形成的对彼此最真挚的仰慕，并渴望对方成为自己终身伴侣的强烈、持久、稳定和专一的感情。爱情是人类最美好、最深沉的感情之一，是人类颇富魅力的社会现象。

（二）爱情的真谛

1. 爱情的本质

爱情是人类特有的现象，是人类高度文明的体现。爱情的本质是基于一定的自然基础之上，并受社会物质和文化因素制约的互相爱慕的情感。

2. 爱情的内容

爱情的根本目的是渴望对方成为自己的终身伴侣。爱情的两个本质属性是自然属性和社会属性。

（1）爱情的自然属性主要表现在以下三个方面。

第一，爱情是以人的不同性别为自然基础的。爱情一般是发生在男女之间的爱的感情，是以人的不同性别这个自然条件为基础的。

第二，爱情的发生是以生理发育成熟为自然前提的。建立在一对男女之间的爱情是在男女的生理发育成熟之后发生的。男女发展到一定年龄，性机能发育成熟，就会产生爱的需求，开始考虑爱情、婚姻问题。

第三，爱情是以实现异性之间的生理结合为目的的。爱情是一对男女渴望双方结为终身性伴侣的强烈的感情。任何成熟而又健全的人，都有追求异性、实现与异性生理结合的需要。爱情是建立在这种生理需要的自然基础上的。正是在这种意义上，才有一个词叫作"性爱"。

（2）爱情的社会属性主要表现在以下三个方面。

第一，爱情是一种社会关系。爱情是一对男女之间的社会关系，并且这种关系是相互的、双向的。

第二，爱情具有丰富的社会内容。在人的爱情中，除自然成分外，更多的是社会内容，如思想品德、文化修养、实际才能等，都是爱情的重要内容。爱情是男女双方在思想、情感、趣味、气质等方面的和谐统一，是人类的一种高级的精神生活。

第三，爱情的表达方式具有社会性。人的爱情是在理智的支配下，通过各种社会活动来进行的。例如，相互交谈、互赠礼物、拥抱接吻等。

（三）爱情的特征

1. 相异性

爱情一般是在异性之间产生的，狭义的爱情专指异性恋，不含同性恋。

2. 成熟性

爱情是在个体身心发展到相对成熟阶段时产生的情感体验，幼儿没有爱情体验。

3. 高级性

爱情是一种高级情感，不是低级情趣。

4. 生理性

爱情有生理基础，包括性爱因素，不是纯粹的精神上的恋爱。

5. 利他性

爱情的基本倾向是奉献。衡量一个人对异性有无爱情、强度如何，可以通过"是否发自内心，帮助所爱的人做其期待的事情"这个指标来衡量。

（四）爱情理论

爱情理论非常丰富，在这里选取斯腾伯格的爱情三角理论加以介绍。

1. 爱情三角理论

心理学家斯腾伯格认为爱情是三角形。三角形的三个边分别是亲密、激情和承诺。

（1）亲密：两人之间感觉亲近、温馨的一种体验。简单说来，就是能够给人带来一种温暖的感觉体验。

（2）激情：是一种"强烈地渴望跟对方结合的状态"。性的需要，是引起激情的主导形式。

（3）承诺：由短期的和长期的两方面组成。短期方面就是要做出爱不爱一个人的决定；长期方面则是做出维护这一爱情关系的承诺，包括对爱情的忠诚、责任心。

2. 三种成分构成八种爱情关系组合

（1）无爱：三种成分均无。

（2）喜欢：只包括亲密成分。

（3）迷恋的爱：只存在激情成分。

（4）空爱：只有承诺的成分。

（5）浪漫之爱：结合了亲密与激情。

（6）友谊之爱：包括亲密和承诺。

（7）愚昧之爱：激情加上承诺。

（8）美满的爱：包含亲密、激情和承诺三种成分。

（五）爱情发生原则

在心理学上，爱情、友情、喜欢都属于人际吸引范围，而爱情是人际吸引的更高形式。爱情发生的一般原则主要有以下几个。

1. 时空接近原则

时空接近是友谊形成的重要因素，而其他影响人际吸引的因素也必然以时空的接近为先决条件。如果其他条件相同，则人们倾向于喜欢邻近的人。人与人在地理位置、空间距离上越接近，越容易形成密切的关系。因为距离近，使相互接触和交往的机会增多，双方更容易了解熟悉。时空的接近是相互吸引的一个重要条件，但不是充分必要条件。

2. 外貌吸引原则

外貌之所以能成为影响人际吸引的一个重要因素，是因为爱美是人类的一种普遍需要。美丽的外貌能使人产生愉悦的情绪，构成一种精神酬赏，从而容易对交往的对象产生好感。另外，外貌的美丑可以产生晕轮效应，即由一点推及其他。所以，美丽的外貌可以使人认为这个人还具有其他一系列的较佳品质，反之亦然。通常认为，在人际交往的初期，外表的作用较大；随着相互了解的加深，外貌就不再具有十分重要的作用了。研究表明，随着交往时间的增长、双方了解的程度加深，外貌因素的作用也会越来越小，人际交往的吸引力将会从外在的容貌逐渐进入人们内在的品质。

3. 态度相似原则

在人际交往过程中，双方若能意识到彼此的相似性，则容易互相吸引，产生亲密感，减少疏远感。实际的相似性是重要的，但更重要的是双方感知到的相似性。实验证明，在初期阶段，空间的距离是决定谁与谁交友往来的重要因素，但是到了后期，彼此之间态度、价值观与人格特质的相似，超越了空间距离而成为建立友谊的基础。结果表明，彼此间态度越相似，吸引力就越大。

4. 需求互补原则

当双方的需要正好互补时，就会产生强烈的吸引力。研究表明，互补因素可增进人际吸引，特别是在异性朋友或夫妻之间。对短期的伴侣来说，推动吸引力的因素是相似的价值观念，而驱使长期伴侣发展更密切关系的动力是需求的互补。由此，择偶过滤假说指出，两个不相识的男女要结成终身相托的伴侣，必须经过几道过滤关卡：时空距离的接近；人身的因素，主要指当事人的社会经济地位、教育水平、信仰等；态度与观念的相似；需求的互补。

5. 喜欢回馈原则

人们会以"表达喜欢"酬赏喜欢自己的人，而不喜欢以"拒绝"处罚不喜欢自己的人。一些心理学的研究表明，一般人相信他所喜欢的人也喜欢他。正所谓"爱人者，人恒爱之"，这就是喜欢的回馈反应。假如自己"以为"某一个人喜欢自己，那么自己自然会回报以相对的喜欢，产生喜欢的回馈反应。

6. 熟悉性原则

人们交往的次数越多，越容易具有共同的经验、共同的话题和共同的感受，因而越可能建立密切的关系。尤其对素不相识的人来说，交往频率在形成人际关系的初期起着重要的作用。但是，交往频率与喜欢程度的关系呈倒 U 形曲线，即过低与过高的交往频率条件下彼此喜欢的程度都不高，而中等交往频率条件下，彼此喜欢的程度较高。

7. 能力崇尚原则

一般聪明能干的人总比平凡庸碌的人讨人喜欢，然而一个人能力的胜任程度与他被人喜欢的关系却有一定的限度。一个极聪明的人，由于容易使其他人产生自卑感，往往令人敬而远之，从而降低吸引力。一位德高望重并偶有过失或遭遇挫败的人，常常会比一个完美无缺的人更受人喜欢、爱戴。

活动三 泥土中的花

活动目标

1. 了解爱情当中可能产生的负面情绪。
2. 学会如何处理争执和分歧。
3. 调整心态，正确地看待爱情的产生和消退。

活动对象

大学生。

活动准备

1. 场地：相对宽敞的活动场地。
2. 资材：A4纸、彩笔、用挂历或旧报纸卷成的一根纸棒。

活动时间

60分钟。

活动过程

活动（一）：棒打糊涂仙

1. 时间：10分钟。
2. 操作：
（1）请全体同学站成一圈，选一个执棒者站在圈中间。每一名同学给自己取一个代号。
（2）由他面对的人开始大声喊出一位同学的代号，执棒者马上跑到那个被叫的同学面前，被叫的人马上再叫出另一位同学的代号，如果叫不出来，就会受当头一棒，然后由他执棒。
（3）以此类推，如果一个人被打3次，就要为大家表演节目。

活动（二）：挥挥手告别

1. 时间：25分钟。
2. 操作：
（1）团体成员每人在空白纸上写出10条在恋爱中或者亲密关系里你最无语的、能让你情绪比较激动的场景或者时间。

（2）请男女双方配对进行角色扮演，一人扮演纸条中制造问题的人，一人扮演解决问题的人，请先采用"无理取闹式"的人设，对问题打破砂锅问到底。

（3）接下来请大家让理智占据自己的头脑，来表达纸条中的问题，并进行解决。

（4）双方互换角色重复上述两个步骤。

（5）请大家在纸条上写出你们双方认可的解决方法，如果有两人解决不了的，可以请小组同学帮忙。解决完后对这些问题纸条挥手告别。

3. 讨论分享：

（1）当你在扮演无理取闹人设的时候，你们双方的感受是什么？

（2）体验下来，你觉得遇到问题应当怎么解决？

（3）在相处过程中如何做到不责备、不躲避？

活动（三）：守护天使

1. 时间：25分钟。

2. 操作：

（1）小组成员在纸条上写上自己的姓名学号和想实现的一个心愿，所有纸条混在一起进行抽签。

（2）接下来的20天内你就是自己抽到的这个人的"守护天使"，游戏期间，你需要想尽一切办法，完成你守护的人的心愿，但不要让他知道，如果被他知道，则守护失败。

（3）结束后，被守护人要给守护天使一个大大的拥抱。

3. 分享交流：

（1）作为被守护者，你在这20天内的心路历程是什么样的？

（2）作为守护者，你在这20天内的心路历程是什么样的？

（3）是给予还是收获更能让你快乐？

4. 注意事项：

（1）在写自己心愿的时候不要写不合实际、过于夸张的、需要巨大消耗的心愿。

（2）在实现同学心愿的时候，一定要秘密进行。

（3）活动结束后的分享格外重要。

心理知识拓展

（一）罗密欧与朱丽叶效应

同学们有没有好奇，为什么受阻挠的爱情更坚不可摧？

莎士比亚的经典名剧《罗密欧与朱丽叶》中罗密欧和朱丽叶相爱，但由于双方家族是世仇，他们的爱情遭到了极力阻碍。但压力并没有使他们分手，反而使他们爱得更深，直到殉情。这样的现象我们称为"罗密欧与朱丽叶效应"。

罗密欧与朱丽叶效应，就是当出现干扰恋爱双方爱情关系的外在力量时，恋爱双方的情感反而会加强，恋爱关系也因此更加牢固。心理学家德斯考尔等人在对爱情进行科学研究时发现，在一定范围内，父母或其他长辈干涉儿女的感情，反而会加深青年人之间的爱情。也就是说，如果出现干扰恋爱双方爱情关系的外在力量，恋爱双方的情感反而会更强烈，恋爱关系也会变得更加牢固，但其婚姻最终却经常是以悲剧收场。这种情形不仅发生在男女的爱情之间，也发生在许多其他地方。越难获得的事物，在人们心目中的地位越重要，价值也会越高。学者们尝试以阻抗理论来解释这种现象。他们指出，当人们的自由受到限制时，会产生不愉快的感觉，而从事被禁止的行为反而可以消除这种不悦。所以才会出现当别人命令我们不得做什么事时，我们会反其道而行之的现象。

（二）爱情博弈实验

麻省理工学院著名经济学家 Dan Ariely（丹·艾瑞里）做了一个关于爱情的小实验。

实验员找来 100 位正值青春年华的大学生，男女各半。然后制作了 100 张卡片，卡片上写了 1～100 总共 100 个数字。单数的 50 张卡片给男生，双数的 50 张卡片给女生。但他们并不知道卡片上写的是什么数字。实验员将卡片拆封，然后贴在大学生们的背后。实验规则如下。

1. 男女共 100 人，男生为单数编号，女生为双数编号。
2. 编号为 1～100，但学生们不知道数字最大的是 100，最小的是 1。
3. 编号贴在背后，自己只能看见别人的编号。
4. 大家可以说任何话，但不能把对方的编号告诉对方。
5. 实验要求：大家去找一个异性配对，两人加起来的数字越大，得到的奖品就越高，奖金就会归他们所有。
6. 配对时间有限。

这个实验设置很简单，就是要男女都能找到适合自己的异性，争取能凑到最大的总和。实验是有奖金的，奖金金额为编号总和的 10 倍。比如，83 号男生找到了 74 号女生配对，那么两人可以获得 (83+74)×10 = 1 570 美元的奖金。但如果 2 号女生找到了 3 号男生配对，那么两人只能拿到 50 美元。

实验开始：由于大家都不知道自己背后的数字，因此首先就是观察别人，分数高的男生和女生很快被大家找出来了。例如，99 号男生和 100 号女生。这两人身边围了一大群人，大家都想说服他们和自己配成一对。就如同在恋爱中谁都想和最好的对象配对。但人类的一夫一妻制决定了人不可能同时和 N 个人配对，因此他们（高分者）变得非常挑剔，他们虽然不知道自己的分数具体是多少，但他们知道一定是比普通人的要高。

为什么？

看看围在自己身边的众多追求者就知道了，从这些追求者殷切的眼神中就能够看出来。追求者太多，哪有时间去一一好言相劝？只能高冷一点把不合格的拒之门外才是最佳策略。

那些碰壁的追求者迫于无奈只能退而求其次，原本给自己的目标是一定要找 90+ 的人配对，慢慢地发现 80+ 也可以了，甚至 70+ 或者 60+ 也凑合着过了。但那些数字太小的人就很悲催了，他们到处碰壁，到处被拒、被嫌弃。

实验结束后一名被试者表示，在参加了这场游戏之后，他对人生都有了不同的理解……因为他在短短几小时里就感受到了人间的冷暖——他们背后的数字太小了（基本是个位数），要找一个愿意和自己配对的人简直是难上加难。最后他们想出来的办法无外乎两条路：一个是找个差不多的凑合凑合算了，比如5号和6号两人配成一对，虽然奖金只有110美元，那也好过没有。二是和对方商量，如果你愿意和我配对，那么拿到奖金的时候就不是对半分，我愿意给你更多，如三七分或四六分等，或者事后再请你吃饭，虽然请客吃饭花的钱肯定多过奖金数额，但是找不到人配对实在是太没面子了。（在现实中就有交易婚姻，交易条件包括房子、财产或其他物质等，还有代际婚姻、假婚姻等。）经过了漫长的配对过程，眼看时间就要到了，还有少数人没有成功配对，这些人没办法了，只能赶紧地草草找人完成任务。因为单身一人的话是拿不到奖金的……最后的倒数阶段，没有配对的都胡乱找了个人。当然也有坚持不配对，单身结束游戏的大学生。

心理学家发现，绝大多数人的配对对象其背后的数字都非常接近自己的数字，比如55号男生，他的对象有80%的可能性是50～60号的女生，俩人数字相差20以上的情况罕见。

好玩的是，100号女生的配对对象竟然不是99号男，也不是97或95，竟然是73号男生，两人相差了27！为什么会相差这么多？原来100号女生被众多的追求者冲昏了头，她采取的策略是"捂盘惜售"（因为她并不知道100是最大值，也不知道自己就是100号），她还在等待更大数字的男人，等到大家都配对完毕，她终于开始慌了。于是她在剩下的男生里找了一个数字最大的，就是那位73号幸运儿。她最后也尝试过去找90+的男生，但是人家都已经有女伴了，让他们抛弃现有的女伴跟她配对并不现实，何况已经配对的他们不会为了这点钱而损坏自己名声。

这场心理学实验完全就是人类恋爱行为的实验简化版。

我们每个人在遇到一个异性的时候，出于本能就会开始评价对方的价值，这完全是下意识的。但人类的价值非常难评估，没有谁会把数字贴在自己的背后，人们还往往会故意夸大自己的价值。夸大的手段或工具则多种多样。我们在生活中所遇到的人也远远超过了100个，那是一个更加复杂的环境，这让我们做出决定的难度成倍增加。正因为选择的难度很大，因此人类进化出了一些很简单的指标。比如，我们更倾向于基于别人的判断来决定自己的判断。实验让我们知道，如果爱情是一场精确的匹配游戏，那么最重要的是你自身的价值有多高（即背后的数字大小），而你采取什么办法去恋爱可能都是次要的。但现实和这个实验有个很重要的不同，那就是人类社会实在太复杂了，一个人的价值并不是那么容易就能体现出来的，而且我们近很难去判别一个人的价值。还有一点就是，我们每个人眼中的价值标准都不一样，所以我们可以看到多元的爱情。当你看到社会的价值倾向时，你看到的就是大多数人的标准。但大多数人的就一定是正确的吗？他们自己也许都不知道该用什么样的标准来对待爱情。

其实，作为理性的经济人，这可能没错。婚姻本质就是一种利益交换，就像经济学里所有东西都可以量化，用等额的货币来替代。然而，婚姻的神奇之处在于，这种利益交换有时候是不对等的，而让它不对等的原因，是我们所说的变量。这个变量叫"感情"。

一个教经济学的老教授，曾经给学生讲过爱情的经济学："姑娘，有一天一个百万富翁向你求婚，他愿意给你一切，这本来是一件非常美好的事情。算一下，你以为自己赚了100

万元。但同时又有一个千万富翁看上你了，那么你与百万富翁结婚的机会成本就是 1 000 万元。也就是说，如果你嫁给了百万富翁，那么你会亏损 900 万元。"

这是经济学。

老教授接着说："我非常庆幸，我的太太经济学没有学好，那时候她非常漂亮我却没有钱，但她还是嫁给我了。"

这是爱情。

同学们是选择被这些思潮所裹挟，还是有自己的爱情观，完全取决于同学们自己。

模块七　学无止境

大学，是我们在进入社会前最重要的一站。在这里，可以自由地学习，可以独立地思考，可以接触各个学科最前沿的理论和思想，这是一种享受，也是大学学习生活的本质。在这里，学习的概念不仅仅指课堂上和教科书里的内容，还包括很多其他方面，如泡图书馆、做实验、参加丰富多彩的课外活动及各类竞赛，参与各种集体和社团活动，聆听各类讲座、讲坛，进行社会调查等。与此同时，你还可以和同学、师长广泛交往，互相切磋、互相交流。子曰："三人行，必有我师焉。"学习的时间如此充裕，学习的内容如此广泛，学习的方式如此多样，大学生们尽可在知识的海洋里畅快遨游，在求学的路途中感受大学的魅力……

活动一　我的学习风格

活动目标

1. 了解同学的学习风格。
2. 尝试根据自己的学习风格制定行之有效的学习方法。

活动对象

大学生。

活动准备

1. 场地：可移动桌椅的多媒体教室。
2. 资材：学习归因表。
3. 多媒体：电影《哈利·波特与魔法石》"分院帽"视频片段。

活动时间

90 分钟。

活动过程

活动（一）：怪　兽

1. 时间：5分钟。
2. 操作：
（1）全班同学分两组，每组12～15人。
（2）每组同学必须连接在一起成为一个整体，创造出一只"怪兽"，这只"怪兽"有13只脚在下，4只手在上。

活动（二）：魔法学校的"分院帽"

1. 时间：15分钟。
2. 操作：

观看电影《哈利·波特与魔法石》片段，该片段讲述了影片主人公所在的魔法学校根据学生的内在特质，将他们分到四个不同学院的情节，而完成分院工作的就是一顶会说话的分院帽。

3. 谈论分享：
（1）通过看视频，请你说说你的学习风格。
（2）观察自己学院的学生有什么样的学习特质。

活动（三）：我的学习风格和方法

1. 时间：30分钟。
2. 操作：
（1）进行所罗门学习风格测试。
（2）将学生分成4个小组。
（3）按测试结果，为自己制定一套合适的学习方法，制作"我的学习风格及方法"列表。
（4）小组内交流，展示自己的学习风格及学习方法列表。

活动（四）：合理归因

1. 时间：40分钟。
2. 操作：
（1）领导者以某名学习遇到困难的学生的故事作为导入，故事可由领导者创编。参考故事如下：

小A同学从小学习一直很优秀。可是进入大学以来，发现周围比她优秀的同学越来越多。第一次考试，她考得很不理想，成绩排名在班上倒数。她非常沮丧，自感学习压力很大，任务繁重。当看到同桌每次做作业都比她快时，就觉得自己比较笨，学习能力不行，对自己未来的学习有点失去信心。

（2）小组讨论分享：小A该怎么办？你想对小A说什么？
（3）领导者给每位学生发放学习归因表，如表7-1所示，学生结合自身实际思考影响自己学习的原因，在符合自己的情形后面打"√"。

表 7-1 学习归因表

序号	成绩不理想的原因	符合情况	序号	成绩不理想的原因	符合情况
1	课程内容枯燥		11	喜欢打手机游戏	
2	班级学风差		12	心情容易波动，影响了学习	
3	老师的教学方法不适合自己		13	学习方法存在问题	
4	讨厌任课老师		14	能力差，智力平平	
5	父母不督促自己的学习		15	恒心、毅力不足	
6	父母无法指导自己的学习		16	自己不够努力	
7	考试难度大		17	身体不好影响了对学习的投入	
8	运气不好，考试前生病了		18	学习兴趣缺乏	
9	运气不好，考了很多没复习到的内容		19	学习基础不好	
10	家里环境差，无法学习		20	学习目标不清晰	

（4）每位同学统计 1~10 条中自己打勾的数量和 11~20 中自己打勾的数量，并在所选的内容中再次选出最重要的 5 点原因，并将这 5 点原因按照对自己学习成绩的影响程度进行排序。如果还有其他原因影响学习，可以写到表格下面。

3. 讨论分享：

（1）对比自己前 10 条和后 10 条中的勾选，你有什么发现？

（2）影响你学习成绩的 5 点主要原因是什么？

（3）你的归因对自己以后的学习会产生什么样的影响？

（4）什么样的学习归因方式，会对自己的学习产生积极的影响？

心理知识拓展

（一）学习风格

学习风格是指人们在学习时所具有的或偏爱的方式，换句话说，就是学习者在研究和解决其学习任务时，所表现出来的具有个人特色的方式。它是我们每一个人在长期的学习过程中逐渐形成的。进入大学以后，我们要尽快掌握一些与在中学时不同的学习规律，以此对自己的学习风格做一个反思和调整，并制定相应的学习方法，这样可以帮助我们更好地适应学校的学习任务，取得良好的学习成绩。

（二）学习风格的特点

1. 独特性

学习风格是在学习者个体神经组织结构及其机能的基础上，受特定的家庭、教育和社会文化的影响，通过个体自身长期的学习活动形成，具有鲜明的个性特征。

2. 稳定性

学习风格是个体在长期的学习过程中逐渐形成的，一经形成，即具有持久稳定性，很少随学习内容、学习环境的变化而变化。但是学习风格的稳定性并不表明它是不可以改变的，它仍然具有可塑性。

3. 兼有活动和个性两种功能

人的个性，诸如能力、气质和性格等对学习的影响和作用往往是间接的，而学习风格是学习者惯常使用的、有所偏爱的学习策略和学习方式，它直接参与学习过程，一方面使学习过程得以顺利进行，另一方面使学习过程和学习结果受个性的影响。

（三）学习风格的分类

学习风格可从感知方式、认知方式、个性特点三方面进行分类，具体如表 7-2、表 7-3、表 7-4 所示。

表 7-2 感知方式

类型	学习者的特点	应选择的学习策略
A. 视觉型	喜欢图形、图表、图片等；喜欢阅读	使用卡片、录像和其他的视觉辅助用具
B. 听觉型	喜欢听讲座、录音带和谈话等	创造机会听讲座，参加讨论
C. 动觉型	喜欢通过借助别人的演示来学习；喜欢通过绘画和模仿来学习语言	寻找实践的机会理解语言和文化（如通过非言语交际的方式交流）

表 7-3 认知方式

类型	学习者的特点	应选择的学习策略
A. 整体型	善于抓住大意，即使遇到不认识的词语或不懂的概念，也能很好地与别人进行交流	学会理解听力或阅读材料的大意；不懂得细节并不妨碍理解整体意义
B. 细节型	需要通过具体的例子才能完全理解；注意具体的事实和信息；善于记忆新词和短语	意识到关注细节对理解很重要；练习"填充缺失信息"等活动
C. 综合型	善于发现和归纳要点；喜欢猜测意思，预测结果；能够很快发现事物间的相似点	学会归纳大意、猜测意思和预测结果，发挥整合信息的能力
D. 分析型	喜欢思考和分析；喜欢做对比分析和排除法的练习；对社会情感因素不敏感；关注语法规则	做分析性的练习，参与逻辑分析和语言对比的任务；寻找一本好的语法书帮助学习
E. 尖锐型	在记忆的过程中善于发现项目之间的差异；分开储存项目，分别提取项目，能够区分语音特征、语法结构和词义的细微差异	在最开始接触学习材料时，留出足够的时间
F. 齐平型	分块记忆材料，往往忽略它们之间的差异而更多地注意相似点；在社交情境中经常为了提高流利程度而忽略差异；经常混淆记忆，把新的经历与以往的经历结合	多进行交际，不必在意语言和结构的细微差异；注意某些好的表达方式

续表

类型	学习者的特点	应选择的学习策略
G. 演绎型	喜欢由一般到具体的方式，把结论应用到实践中；愿意从规则和理论入手，而不是从具体的例子入手	利用语法和其他规定了解规则的学习材料；找到能给自己解释规则的学习伙伴
H. 归纳型	喜欢由具体到一般的方式，从具体的例子而不是从规则和理论入手	通过直觉学习规则，不关心具体细节
I. 场独立型	能够同时注意语言的细节和整体，而不受它们的干扰；善于同时处理多个语言部分	参加需要多种检测手段的任务
J. 场依赖性	需要一定的情境来帮助理解信息，因此只关注语言的某一部分或方面；同时处理语言的多方面特征会有一定困难	参加一次只关注几个概念的活动或任务
K. 冲动型	加工材料的速度快，但准确性低；愿意冒险和猜测	创造一些即兴表达的机会
L. 思考型	加工材料的速度慢，但准确性高；避免冒险和猜测	参与"冒险性"的活动，如口语比赛等

表 7-4　个性特点

类型	学习者的特点	应选择的学习策略
A. 外向型	对外部世界感兴趣，积极，善于交际，性格外向，通常兴趣广泛	参加一系列社交的、互动的学习任务（如游戏、对话）
B. 内向型	对内部世界感兴趣，能够集中注意力，善于理解概念；兴趣较少，但是精通，善于自我反思	参与独立完成的任务（如自学、阅读或使用计算机学习）或者是与另一个比较熟悉的学习者一起完成活动
C. 随机—直觉型	喜欢学习抽象的概念和建构模型，面向未来；爱推测可能性，喜欢随机的方式	参与面向未来的活动，如推测可能性
D. 具体—程序型	喜欢按部就班地学习，严格按指令办事，有很强的感性和程序性，面向现在	按步骤完成任务，在完成每个步骤后从同伴、老师那里得到反馈信息
E. 封闭型	愿意做决定和采取行动；能制订并且遵守计划；有很强的控制力；对歧义的容忍度低；经常为了尽快找到答案而妄下结论；重视时间期限	事先计划，确定时间期限；接受特定的指导，多问问题
F. 开放型	善于收集信息；通常在广泛地获取信息和经验的基础上才下结论；认为学习是愉快的；有很强的灵活性，对歧义的容忍度高；不关心规定的时间期限	寻找、发现学习的机会和收集信息的机会

活动二　唤醒学习动机

活动目标

1. 认识学习动机的重要性。
2. 了解自己的学习动机状况。
3. 正确认识、对待学习，反思、改变不合理的学习动机，建立积极稳定的学习动机。

活动对象

大学生。

活动准备

1. 场地：可移动桌椅的多媒体教室。
2. 资材：A4 纸、笔、8 个装有任务条的气球。

活动时间

80 分钟。

活动过程

活动（一）：大冒险

1. 时间：15 分钟。
2. 操作：
（1）所有同学分成 4 组，每个小组约 10 人。
（2）将 8 个气球置于教室不同高度的位置，气球内装有不同的任务条，在气球上写出完成任务所得的分值，任务可以是文化知识、音乐、常识和历史等，例如：
对同宿舍的某位同学真诚地说一句"你很棒，我们都喜欢你"。
做一个大家都满意的鬼脸。
左手拉右耳，右手拉左耳，从桌子底下钻过。
唱一首歌，直到大家都鼓掌。
说出京杭大运河途经的中国五大水系。
（3）将气球按任务的难易程度置于教室不同高度，任务越难、位置越高、分值越大，分为 1、2、3、4 不同的分值等级，小组成员应不借用任何工具把气球取下来，即为完成任务。
（4）完成任务者得分，否则扣除相应分值，每个小组基础分为 10 分。
3. 讨论分享：

（1）在这个游戏中，你的感觉如何？

（2）你是怎样选择任务的？你们小组的任务完成得如何？

活动（二）：为谁而来

1. 时间：30分钟。

2. 操作：

情景一：一群调皮的孩子经常在一位老人家门前嬉闹，叫声连天。

老人：唉，这么多天过去了，还是这么吵，真是让人难以忍受啊！怎么说他们都不听，看来得想个更好的办法让他们换个地方去玩耍。（略沉思，转身从柜子里拿出一些糖果）

老人：（走出家门，微笑）孩子们，因为你们在这里玩耍，让这儿变得很热闹，我觉得自己年轻了不少呢，我分给每个人10颗糖果以表达对你们的谢意。（分给每个孩子10颗糖果）

孩子们：（惊喜）谢谢您，明天我们会再来的！（摆摆手兴高采烈地离开，商定明天一定再来）

情景二：第二天，孩子们如约而至，一如既往地嬉闹。

老人：（再出来，依旧微笑）孩子们，谢谢你们又来了，不过……不好意思啊，我没有太多的糖果了，今天只能给每个人5颗糖果了。（从兜里掏出糖果分给孩子们）

孩子甲：（召集大家围成一圈，低声讨论）5颗糖果，比昨天少好多呢。

孩子乙：就是，整整少了一半呢。

孩子丙：我觉得还可以吧，之前都没有给过呢。

众孩子：（点点头）也是，算了，5颗就5颗吧。

众孩子：（转过身面对老人）谢谢爷爷。（兴高采烈地离开）

情景三：第三天，孩子们依旧来了，只不过不再专心地玩耍，早早地开始朝着老人家门口张望。

老人：（非常开心）哈哈，你们终于来啦，我真开心。不过……我实在没有糖果给你们啦，1人1颗表达对你们的谢意吧。（掏出糖果分给孩子们）

孩子甲：（勃然大怒）一天才1颗糖果，知不知道我们多辛苦！

孩子乙：（非常不满）就是，我们花费这么大力气在这里玩，报酬却越来越少了！

众孩子：就是，就是！

孩子丙：我们以后再也不会来这里玩了。

众孩子：对，我们以后再也不来这里玩了！（气愤地离开）

老人：（望着孩子们离开，微笑）这回终于得到安宁啦。

3. 讨论分享：

（1）孩子们到底为谁而玩？

（2）老人利用孩子们的什么心理达到了自己的目的？为什么能够成功？

（3）从这个故事中你得到了什么启示？

（4）你经历过类似的事情吗？

活动（三）：你说我说

小时候，我们对所有的事情都充满了好奇：为了自己的快乐我们学得兴高采烈；我们不让大人抱，要自己走；我们不让妈妈喂饭，自己抢着往嘴里送……从呱呱坠地到即将成人，我们学会了很多本领。现在，我们能够独立思考，有了自己的思想，但学习起来却不像小时那样快乐了。怎么扭转这种糟糕的状况呢？

1. 时间：35分钟。
2. 操作：

问题一：我们到底为什么而学呢？

请同学们根据自己的想法，按照重要程度排序，最重要的在上面，依次写在白纸上。综合学生所写，教师将白纸排列成阶梯状。例如：

（1）想提高学习成绩——分数。
（2）想改变自己的命运——命运。
（3）想得到老师和家长的表扬——赞美。
（4）想自己独立承担一些事情——能力。
（5）想帮助更多的人——充实。
（6）想使自己的心情变得更好——快乐。
（7）想拿全国技能大赛冠军——荣誉。
（8）想以后有很多的钱——富有。
（9）想长大后做一番大事业——成就。

问题二：哪些因素决定我们的学习动机？

学习活动是由一定的学习动机所引起的，而学习动机是直接推动和维持我们学习进程的主动因素。那么影响你学习动机的因素有哪些呢？

问题三：激发和培养学习动机的方法有哪些？

通过分析影响动机的因素，你是否感觉到产生内在学习动机的最重要因素是心理因素（需求、求知欲、兴趣等），是学习活动本身使我们感到满足，而不是考试加外力促使我们学习的呢？所以，我们一定不要与"要我学"的外部动机较劲甚至产生逆反心理，而是想方设法调动"我要学"的内部动力，从而产生持久学习的力量。那么，激发和培养学习动机的方法有哪些？

3. 讨论分享：

（1）谈一谈自己现阶段的想法定位在哪个层次。
（2）影响你学习动机的因素有哪些呢？同学们可以从家庭、学校、班级、教师、个人以及社会几个方面进行研讨。
（3）激发和培养学习动机的方法有哪些？

心理知识拓展

（一）学习动机的含义

学习动机是学生学习活动的主观意图，是推动学生进行学习的内在力量。苏联心理学家列昂捷夫说："学生学习的自觉性是和动机分不开的。事实上，有正确学习动机的学生才有主动性，学习劲头大，能克服困难，提高学习效果。"学习动机虽不是提高学习效果的唯一心理因素，却是极其重要的因素。有的心理学家提出，学习动机正确与否，要以时代的道德标准来判断。

心理学家布鲁纳将人的动机分为外部动机和内部动机两种类型。外部动机是指学习的动机来自学习活动以外，由外界事物激发产生的动力作用，比如，学生为了得到父母或老师的嘉奖而学习。内部动机是指学习的动机来自学习者本身，是由个体的内在需要而引起的，比如，理想、兴趣或好奇心等。

（二）学习动机的表现

1. 良好的学习动机

一切从集体、社会、国家利益出发的学习动机都是正确的。在与社会需要相适应的动机的促使下，学生就会产生学习的自觉性，激发起强烈的求知欲、稳定的兴趣和高度的社会责任感，因而能专心致志、勤奋学习、刻苦钻研。

2. 不当的学习动机

一切从自私的、利己的目的出发的学习动机都是不正确的。学习动机太弱往往会造成学习动力不足，进行的是无目标的学习，为学习而学习，甚至是厌倦或逃避学习。但学习动机也并不是越强越好，如果学习动机和奖励动机过强，过分地看重结果，往往会给自己带来过大的心理压力，长此以往，不仅不利于学习效率的提高，而且容易导致生理或心理疾病。另外，如果学习动机是想找一种轻松而工资又高的工作，那么在顺利的情况下很可能会勤奋学习，但在逆境中就容易情绪低落、意志消沉、半途而废。

3. 激发学习动机的建议

那么，怎样激发自己的学习动机呢？我们有如下建议。

（1）树立正确的学习目标。古人云："凡事预则立，不预则废。"在学习中，光确定目标还远远不够，要知道，只有合理的、符合自己实际情况的目标才能指引学生更好地学习。

（2）注重学习兴趣的培养。兴趣是人积极地探索、认识某种事物的倾向，有了这种倾向，人们就会优先注意这种事物，并积极地去了解它。兴趣是最好的老师，只有对学习内容感兴趣，才会产生强烈的求知欲望，自动地调动全部感官，积极主动地参与到学习过程之中。

（3）营造良好的学习氛围。学习动机不仅与自己的意志品质有关，而且会受到客观环境的影响。针对学习动机不足的外部原因，要通过多方努力改善外部环境和外部条件。比如，成立学习小组，营造良好的学习氛围，使学校环境更有利于学习，通过相互监督和激励的形式更好地学习。

活动三　突破思维定式

活动目标

1. 体验思维定式，了解思维习惯。

2. 通过头脑风暴积极思考、大胆倡议、科学选择，克服思维定式，激发创造力。

活动对象

大学生。

活动准备

1. 场地：相对宽敞的活动场地。
2. 资材：可乐瓶、A3/A4 纸、线、笔、固体胶棒。

活动时间

70 分钟。

活动过程

活动（一）：寻找我的快乐组合

1. 时间：5 分钟。
2. 操作：
（1）事先准备好与成员人数相等的纸条，按照打算划分的小组数目在每张纸条上写下与小组数目相等的几种不同的话。
（2）让成员每人抽取一张纸条，由同学自愿起来读自己抽到的纸条上的话，抽到写有同样话的同学为同一小组成员。
（3）最后，将全班同学分为若干小组（每组 6～8 人），让同学们感受由个人到团体的内心变化，并感受团体的形成。

活动（二）：走出舒适圈

伸出双手握拳，握拳的方式会反映人的思维习惯。右手拇指在上显示接收信息时优先使用左脑，主理性、语言、计算、分析，男性居多；左手拇指在上则是右脑思维，主感性、直觉、想象，女性居多。你的习惯是怎样的呢？

1. 时间：10 分钟。
2. 操作：
（1）请你伸出双手，掌心相对，十指相扣，握成拳状，保持约 5 秒。
（2）仔细观察是哪只手的拇指在上面？
（3）尝试换一下手指的位置，保持 5 秒，感受和之前不同的地方。
3. 讨论分享：
（1）说一说改变的感受，为什么有这样的感受呢？
（2）怎样适应新的握拳方式呢？什么因素可以协助改变？

活动（三）：用途无限

1. 时间：25 分钟。

2. 操作：

（1）和同伴一起，领取一个可乐瓶、A4纸和笔。

（2）在5分钟内讨论可乐瓶可以有多少种用途，将讨论结果记录在纸上。

3. 交流分享：

说一说可乐瓶的用途有哪些，并将其用途进行分类。

4. 注意事项：

（1）在头脑风暴中，要激发学生想象出可乐瓶各种各样的用途，不要有过多的约束和顾虑，在充分想象的基础上再做合理的选择。

（2）在整理用途时，要注意归类总结，尽可能总结出丰富的用途和类别，而不要只停留在一种类别中的多种答案上。

活动（四）：创意无穷

1. 时间：30分钟。

2. 操作：

（1）每组发一根粗线。

（2）根据想象力创造出一个图形。

（3）将所有人的图形汇集到A3纸上，同时利用画笔、固体胶棒，共同创作出一幅画。

（4）为画作编一个故事。

3. 讨论分享：

（1）小组代表分享小组所编的故事。

（2）创作这幅画的灵感来源于哪里？

心理知识拓展

（一）思维定式

思维定式也称"惯性思维"，是由先前的活动造成的一种对活动的特殊的心理准备状态，或活动的倾向性。在环境不变的条件下，思维定式使人能够应用已掌握的方法迅速解决问题。而在情境发生变化时，它则会妨碍人们采用新的方法。消极的思维定式是束缚创造性思维的枷锁。

（二）思维定式的基本作用

1. 积极作用

思维定式对于问题解决具有极其重要的意义。在问题解决过程中，思维定式的作用是：根据面临的问题联想起已经解决的类似的问题，将新问题的特征与旧问题的特征进行比较，抓住新旧问题的共同特征；将已有的知识和经验与当前的问题情境建立联系，利用处理过的类似旧问题的知识和经验处理新问题，或把新问题转化成已解决的熟悉的问题，从而为新问题的解决做好积极的心理准备。

2. 消极作用

思维定式对问题解决的作用既有积极的一面也有消极的一面，它容易使我们产生思想上的惯性，养成一种呆板、机械、千篇一律的解题习惯。当新旧问题形似质异时，思维的定式往往会使解题者步入误区。大量事例表明，思维定式确实对问题解决具有较大的负面影响。当一个问题的条件发生质的变化时，思维定式会使解题者墨守成规，难以涌出新思维、做出新决策，造成知识和经验的负迁移。

（三）打破思维定式，培养创造思维方法

1. 排除"功能固定"的作用

思维定式对解决问题的影响突出表现在"功能固定"上。"功能固定"是指当一个人了解到某物体的作用时，很难看出它还有其他的作用，特别是最初看到的它的功能，对问题的解决影响更大。

2. 激发学生的主动思维和创造性

学习的积极态度，主要源于对学习的需要和动机，强烈的求知欲是学生创造性学习不可缺少的内部力量，可以激发学生的主动思维和创造性。在强烈的求知欲驱使下，学生才能开动脑筋，积极主动地去学习、追求新知识，探索解决问题的新途径、新方法。

3. 培养学生的发散思维

在创造思维活动中，发散思维发挥了主导作用。发散思维具有灵活性、独特性和流畅性。灵活性能使学生突破习惯思维的限制，使人产生新的构思，提出新的方法。而独特性能够使思维产生新的成分，对问题提出独特的见解。流畅性能够使人的思维在较短的时间内产生较多的联想。

4. 激发学生的创造想象力

创造思维需要创造想象力的参与，这对于各种创造活动都极为重要，也是学生的创造性活动所必需的。学生应主动参与社会生活实践活动，观察社会与自然现象，丰富和发展自己的想象力。

5. 引导学生积极参加各种创造活动，并正确评价有创造力的学生

老师要用现代教育和创造思维的理论武装自己，改变传统的教育观念。学生是受教育者，是教育的对象，他们的创造思维在很大程度上需要老师开展各种活动才能得以激发。只要作为教育活动领导者的老师通过各种途径采取有效的方法，有目的地培养学生的创造思维活动，就能够更好地培养出具有创造性思维的学生，为国家培养创新型人才做出更多的贡献。

模块八　情绪表达

大学生的情绪具有丰富性、不稳定性、掩饰性、冲动性等特点，容易受到外部因素影响，产生不健康的情绪，从而对心理健康构成威胁。本模块旨在通过一系列的团体活动，帮助大学生认识情绪，体验快乐，学会管理情绪。要树立正确的观念，通过情绪认知能力、合理化表达以及合理化宣泄等有效途径的学习，最终实现大学生的自我情绪管理，为今后更好地适应社会生活和职业岗位奠定基础。

活动一　认识情绪

活动目标

1. 了解生活中的不同情绪是在哪些情况下引起的。
2. 能够清楚识别自己的情绪，有控制情绪的意识。

活动对象

大学生。

活动准备

1. 场地：可移动桌椅的多媒体教室。
2. 资材：情绪卡片、情绪歌曲伴奏、A4 纸、签字笔。

活动时间

70 分钟。

活动过程

活动（一）：你演我猜

1. 时间：30 分钟。
2. 操作：
（1）领导者事先准备好写有几种常见情绪的卡片，如"喜悦、狂喜、生气、忧伤、紧张、惊讶、厌恶、羞耻"等。
（2）每组派一名成员上台抽取一张情绪卡片。

（3）各小组按照抽取的情绪卡片，排练一个哑剧（时间不超过3分钟）。表演哑剧时，所有成员不允许说话，只用表情、肢体动作来表演抽到的情绪。

（4）表演完毕后，其他小组成员来猜表演的是什么情绪。

（5）成员共同讨论每种情绪的作用是什么，如何才能发挥其积极的意义，每组派一名代表上台分享小组讨论的结果。

3. 讨论分享：

（1）每种情绪会有哪些外在表现？

（2）情绪在长久的进化中，有其存在的价值和意义。负面的情绪，如紧张、愤怒等，有什么作用？怎样调节负面情绪？

活动（二）：歌曲串烧

1. 时间：20分钟。

2. 操作：

（1）领导者念指导语："咱们一起认识了各种各样的情绪，下面通过大家记忆中的美好旋律来进一步加深对情绪的认识。我会给大家播放几段歌曲片段伴奏，请熟悉的同学举手演唱，每演唱正确一段得一分，要求是必须按照歌曲中的情绪词语来表现你的表情和动作。看一下哪个小组最后得分最多。"

（2）领导者依序播放伴奏片段，由成员们举手、演唱、表演。如果某些片段没有人会演唱，领导者可播放原唱。

（3）演唱并表演正确次数最多的小组获胜。

3. 讨论分享：

（1）古往今来，人们都很关注情绪，有哪些情绪是在文艺作品（诗词、歌曲）中出现次数最多的？

（2）在日常生活中，你喜欢听什么情绪基调的音乐？

活动（三）：回忆日常情绪

1. 时间：20分钟。

2. 操作：

（1）每位学生在纸上写出20种情绪，从中选出10种自己经常出现的情绪。

（2）在这10种常用情绪中看一下正向情绪和负向情绪各有多少。

（3）从负向情绪中选出3~5种，写一下自己经常在什么情况下会出现此种情绪，并写出自己常用的解决方法。

（4）小组成员讨论，针对负面情绪，大家都会采取哪种方法解决，挑选出比较合理的方法形成小组观点。

（5）每组派一名代表，分享介绍小组讨论结果。

3. 讨论分享：

（1）在刚才的活动中，你想到了什么？有什么感受？

（2）你是否找到了恰当的情绪表达方式？是否学会了识别他人的情绪？你想要有什么样的改变？

心理知识拓展

（一）情绪

情绪是客观事物是否符合人的需要、愿望、观点而产生的体验，是人的需要得到满足与否的反映。当客观事物或情境符合主体的需要和愿望时，就能引起积极的、肯定的情绪和情感，如喜、爱等；当客观事物或情境不符合主体的需要和愿望时，就会产生消极、否定的情绪和情感，如怒、悲、惧等。

（二）情绪的组成要素

心理学家伊扎德指出，情绪是由每个人独特的主观体验、外部表现和生理唤醒3个要素构成的。

1. 主观体验

主观体验是个人对不同情绪和情感状态的自我感受，就是说喜、怒、哀、惧等每一种情绪都给人带来不同的感受。

同一事物在不同的情境中会使人产生不同的感受，即使在相同的情境中，由于每个人的知识、经验、需要、追求的目标、认知评价等各方面的差异，也会产生不同的情绪。例如，同样是考试得了90分，有的同学觉得自己发挥非常好，可能会兴奋不已；但有的同学觉得90分比以往分数虽然提高了一点，但其他人分数提高得更多，可能会因此懊恼。

2. 外部表现

情绪具有独特的外部表现形式，即表情。表情是表达情绪状态的身体各部分的动作变化模式，是一种独具特色的情绪语言，它以有形的方式体现出情绪的主观体验，成为人际间感情交流和相互理解的工具之一。表情主要包括面部表情、姿势表情、语调表情。

面部表情是以面部肌肉活动为主的情绪表达方式，如愁眉苦脸、眉飞色舞、眉目传情等，都是人们在情绪活动状态时的面部表现。

姿势表情是以身体动作为主的情绪表达方式，如高兴时的手舞足蹈、前仰后合、载歌载舞；紧张时的手足无措、坐立不安；惊恐时的双肩紧缩、瑟瑟发抖；愤怒时的咬牙切齿、捶胸顿足；喜欢时的拍手叫好、深情拥抱；厌恶时的摇头否定、摆手拒绝。

语调表情是以语气、语调变化为主的情绪表达方式，如爽朗的笑声、痛苦的呻吟，紧张时尖锐而急促的声音；平静时平缓而沉着的语音；悲痛时悲切、深沉而惋惜的语调。

3. 生理唤醒

情绪产生时必然伴随着显著的生理变化，这种现象叫作生理唤醒。它涉及一系列生理活动过程，如神经系统、循环系统、内外分泌系统等活动，这些生理活动使得我们产生独特的情绪体验。20世纪80年代，艾克曼等研究人员让被试者用面部肌肉来表达愉快、发怒、惊奇、恐惧、悲伤或厌恶等情绪，同时给他们一面镜子以辅助他们确定自己面部表情的模式，要求他们把每一种表情保持10秒，并对他们的生理反应情况进行测量。结果表明，各种面部表情的生理反应存在明显差异。例如，保持发怒的表情时，被试者的皮肤温度会上升；保持恐惧的表情时，被试者的皮肤温度则会下降。

（三）情绪的类型

根据情绪的表现形式，情绪分为喜、怒、哀、惧、爱、恶、惊七种。

根据情绪的内容，情绪分为基本情绪和复合情绪。伊扎德用因素分析的方法提出人类的基本情绪有 11 种，即：兴趣、惊奇、痛苦、厌恶、愉快、愤怒、恐惧、悲伤、害羞、轻蔑和内疚。复合情绪则是由基本情绪的不同组合派生出来的。例如，焦虑由恐惧、内疚、痛苦、愤怒组成；抑郁由恐惧、害羞、内疚、痛苦、厌恶、愤怒、轻蔑组成。

根据情绪的强度、速度、持续时间和外部表现的不同，情绪可分为心境、激情、应激。心境是指人比较平静而持久的情绪状态，例如，喜者见之则喜，忧者见之则忧。激情是指一种强烈的、爆发性的、为时短促的情绪状态，例如，范进中举后的狂喜。应激是指人对某种意外的环境刺激所做出的适应性反应，例如，飞机在飞行中，发动机突然出现故障，驾驶员会迅速与地面联系着陆。

活动二　换个视角看世界

活动目标

1. 通过热身活动让同学们身体活跃、心情愉快。
2. 帮助我们看到事情积极的一面和消极的一面，增加自己内心的积极力量，唤醒心中的巨人。

活动对象

大学生。

活动准备

1. 场地：相对宽敞的活动场地。
2. 道具：A4 纸、笔、秒表。

活动时间

70 分钟。

活动过程

活动（一）：推手游戏

1. 时间：5 分钟。
2. 操作：

(1) 全体同学分成两组。

(2) 第一组围成圆圈作为外圈，相邻同学间两臂之隔。第二组每名同学在第一组中选一个搭档，站在距他（她）一臂之隔的对面，形成内圈。

(3) 面对面的两人都伸出胳膊，四掌相对。在整个游戏过程中，不允许接触搭档的其他部位。

(4) 每对搭档的任务是在20秒内尽量让对方失去平衡，以移动双脚为准。未移动的一方获胜。如果双方都失去平衡，均失败。若触摸到对方身体的其他部位，则失败。

(5) 结束一场推手游戏后，内圈同学顺时针方向移动到下一位同学的位置，与对面的新对手进行游戏，直到回到原点。

3. 注意事项：

不要用力过猛，保证安全。

活动（二）：交换心灵

1. 时间：40分钟。

2. 操作：

(1) 领导者给每位成员发一支中性笔、一张白纸条。成员在白纸条上写下最近让自己产生负面情绪的事情，尽量具体。

(2) 成员甲乙两两结对（可随机自选，也可由领导者采用抽签的方法决定），面对面坐在一起，相互交换纸条。

(3) 成员甲根据纸条上的内容扮演结对成员乙的角色，向结对成员乙倾诉对方所遭遇的烦心事。此时要注意抛弃自己的角色，体会结对成员乙的苦恼，演绎好结对成员乙的角色。结对成员乙要认真倾听，安慰扮演自己角色的成员甲。时间为5分钟。

(4) 5分钟后，成员乙扮演成员甲，重复步骤（3）。

(5) 相互反馈：同伴遭遇烦心事后产生的情绪有哪些？同伴是否充分体会到你的心情？

3. 讨论分享：

(1) 通过同伴的角色扮演，你对自己有什么发现？

(2) 这个活动带给你的启发是什么？

4. 注意事项：

(1) 负面情绪事件要写具体，这样同伴才好根据情况进行角色扮演。

(2) 活动人数若为奇数，领导者可以加入凑一对，或者邀请多出的成员做观察员。

(3) 强调活动的保密原则。

心理知识拓展

（一）大学生情绪的特点

1. 丰富性与复杂性

大学生情绪体验丰富多彩，并随着各种需要和兴趣的扩展、环境变化以及自我意识的不断发展，而表现为更加多样、深刻、细腻和复杂，并更加带有社会内容的情感体验。从自我意识的发展角度，大学生出现较多的自我体验、自我尊重的强烈需要，这样就相应地产生了多种多样的情绪体验，如自尊、自信、自满、自负、自傲、自卑等。而且，大学生通过各种方式了解社会，学习生活的道德规范，对自己的身份、角色、志向、价值等问题有更深的思考，部分确立了道德感、理智感、美感等与社会内容相关的高级情感。同时，大学阶段是需要做出许多重大选择的时期，大学生常常会呈现出一种矛盾和复杂的情绪状态。例如，他们希望自己具有独立性和希望依赖于他人的两种情绪同时存在；对自己既不满，又不想承担责任；既希望得到他人的理解，又不愿意接受他人的关心等。

2. 心境化与波动性

情绪的心境化是大学生情绪的重要特点。中学生的情绪往往受制于外界情境，随着情境的变化，情绪反应来得快，消失得也快；而大学生对自己的情绪具有了一定的控制能力，情绪逐渐趋于稳定，趋向于心境化。但是，与成年人相比，大学生情绪具有强烈性、爆发性和易激动的特征，情绪的波动性比较大，容易从一个极端走向另一个极端。他们可能会因为一次成功而豪情万丈、唯我独尊，也可能因一次偶然失败而斗志全无、悲观失望。

3. 冲动性与理智性

大学生的情绪特点还表现在情绪体验上具有特别强烈和富有激情的冲动性与爆发性。大学生兴趣广泛，对外界事物都比较敏感，再加上年轻气盛，因而在很多情况下大学生的情绪容易被激发，犹如暴风骤雨般强烈。一旦爆发，自己都难以控制，甚至表现为很强的盲目狂热和冲动性。在处理同学关系、师生关系的矛盾时，在对待学业生活中的挫折时，常常易走极端，给自己及他人带来伤害。同时，与中学时代相比，大学生的情绪自我控制能力有所提高，大部分情况下，他们在情绪冲动后都能理性地思考问题，对自己的情绪和行为进行自我约束和控制。

4. 掩饰性与内隐性

随着年龄增长，大学生自我控制和调节情绪的能力逐步提高，大学生情绪表现出掩饰性与内隐性的特征。大学生虽然有时也会喜形于色，但已经不像青少年那样坦率直露，不少大学生常会将自己的情绪加以隐藏和掩饰，体现为外在表现和内在体验并不一致。有些大学生会在某些场合和特定问题上隐藏或抑制自己的真实情绪，比如，在对待异性的态度上，明明感觉良好、希望接近，却表现出淡漠无情、无动于衷的样子。再如，在对待学习的问题上，学习受到表扬后明明内心非常骄傲、得意扬扬，但因为顾及其他同学的感受，往往不会轻易表露出来。这种掩饰性和内隐性源于自我意识的发展和自我控制能力的增强，意识到在特定社会情境中适当表达情绪的重要性，是大学生善于调控情绪的表现。

（二）大学生常见的情绪困扰

1. 焦虑

大学生常见的焦虑有自我形象焦虑、学习焦虑与情感焦虑。自我形象焦虑是由于担心自己不够漂亮、没有吸引力、体态过胖或矮小、粉刺、雀斑等影响自我形象而引起的。这类焦虑主要与错误的自我认知有关，需要通过调整自我认知以重新接纳自我，建立新的自我形象。与学习有关的焦虑如学习焦虑、考试焦虑，在学生的情绪反应中最为强烈，比如，很多同学担心考试不及格，排名靠后，担心拿不到奖学金等。情感焦虑多是因恋爱受挫而引发的自我否定，认为自己不具备爱人与被爱的能力，因过度担心而陷入焦虑。

2. 抑郁

大学生面临着学习、考试、人际交往、就业等各种各样的压力，这可能会导致抑郁情绪。大学生抑郁的主要表现是：情绪低落、郁郁寡欢、闷闷不乐、思维迟缓、兴趣丧失、缺乏活力、反应迟钝，干什么都提不起精神，对生活缺乏信心，体验不到生活的快乐，并伴有失眠和食欲减退等一系列症状。长期的抑郁会给个体身心带来严重伤害，使大学生无法有效地学习与生活。

3. 愤怒

大学生精力充沛、血气方刚，情绪表达具有好激动、易动怒的特点，有时情绪难以控制。有的大学生因一言不合而暴跳如雷；有的因人际协调受阻而怒不可遏、恶语伤人；有的因别人的观点或意见与自己相左而恼羞成怒；有的因一时的成功、得意而忘乎所以；有的因暂时的挫折与失败而悲观绝望、痛不欲生。这些情绪对大学生的影响往往是极其有害的，容易导致极端行为的发生。

4. 嫉妒

嫉妒是因他人在某些方面胜过自己而引起的不快甚至是痛苦的情绪体验。嫉妒是自尊心的一种异常表现，在大学生群体中普遍存在。具体表现为当看到他人的学识能力、品行荣誉甚至穿着打扮超过自己时，内心所产生的不平、痛苦、愤怒等感觉，以及挑剔、造谣、诬陷等行为；当别人身陷不幸或处于困境时则幸灾乐祸，甚至落井下石，在人后恶语中伤、诽谤。嫉妒是人本质上的弱点，严重时会扭曲人的心灵，并带来较大的危害。嫉妒往往妨碍人与人之间正常、真诚地交往，不仅容易引发身心疾病，也会影响个体的发展。

5. 自卑

自卑是个体在社会比较过程中由于认知歪曲所形成的对自我价值的消极评价，并由此产生自我否定的态度及与之相应的轻视自己的消极情绪体验，即对自己评价过低，自己瞧不起自己。自卑感几乎人人都有，只是程度不同而已。适度的自卑能激发人发奋努力，取得成就；过度的自卑会使人丧失信心，忽视自己的优势，怀疑自己的能力，限制潜能的发挥，甚至还会自暴自弃、自我封闭。对大学生来说，自卑往往是由于自己对自身的生理、学识、个性以及家庭或就读学校条件的不满而引起的。

活动三　宣泄不良情绪

活动目标

1. 感受情绪宣泄对调节消极情绪的影响和作用。
2. 感受自身情绪的释放，体验身体、情绪的舒适感。

活动对象

大学生。

活动准备

1. 场地：相对宽敞的活动场地。
2. 资材：A4 纸、笔、垃圾桶、计时器。

活动时间

60 分钟。

活动过程

活动（一）：放松冥想

1. 时间：15 分钟。
2. 操作：
（1）关闭灯光，所有学生放下手中正在做的事情，手机调成静音，摘掉眼镜、领带、丝巾、手表等妨碍身体充分放松的物品。
（2）所有学生舒适地坐在椅子上，如果有垫子，最好躺下来。
（3）伴随着舒缓的冥想音乐，选择舒适的姿势，闭上眼睛，放松肌肉，跟随音乐和领导者的指导语进行冥想。
（4）冥想结束，伸个懒腰，缓缓地睁开眼睛，和位于你左右的同学做一个微笑示意。
3. 讨论分享：
（1）做冥想时，你是否能全身心地跟随领导者的指导语去做？
（2）冥想结束，是否感觉全身放松，情绪得到舒缓？

活动（二）：情绪垃圾桶

1. 时间：35 分钟。
2. 操作：
（1）发给每位同学一张 A4 纸，同学将有过的烦躁、忧愁等消极情绪和情绪感受写在 A4 纸上。
（2）采用某种方式（乱涂乱画、揉成团、撕成碎片……），将写满消极情绪内容的纸销毁。
（3）将销毁的纸丢进事先准备的垃圾桶中，象征把那些消极的情绪也随之丢弃。
3. 讨论分享：
（1）你通常采用什么方法宣泄消极情绪？
（2）将消极情绪扔到垃圾桶后，你有什么感受？

活动（三）：压压你的怒气

1. 时间：10 分钟。

2. 操作：

（1）全体同学分成4组，每组7~8人。

（2）奇数（1、3）组站立并围成圆圈作为外圈，相邻同学间一臂之隔。偶数（2、4）组同学与奇数（1、3）组同学对齐，坐在奇数组对面的椅子上作为内圈，一共形成两个环形。

（3）内圈的同学，请闭上眼睛回想一件曾经令你十分气愤的事情，体会当时的感受，在心中再现两遍。

（4）外圈同学伸出双手按压对面同学的双肩15秒，休息5秒；内圈同学在这5秒的时间里顺时针移动到下一位同学的位置坐好，外圈同学接着按对面同学的双肩，直至内圈同学轮转一圈回到原位置。

（5）外圈同学与内圈同学互换位置，重复以上活动。

3. 讨论分享：

当有人按压你的肩膀时，你有什么感受？

心理知识拓展

情绪宣泄的方法

情绪宣泄有多种方法，如倾诉、哭泣、运动、冥想、文娱活动等。需要注意的是宣泄要合情合理，遵守道德约束，做到既不伤害自己的身心，也不伤害别人的身心，暴饮暴食、酗酒、吵架等方法是不可取的。下面介绍几种可取的情绪宣泄方法。

1. 倾诉

分享会使你的痛苦减半，通过找信赖的人或把一个物体假想成倾诉的对象等方式，将心中的恐惧、痛苦、烦闷、苦恼、担忧等说出来，可以减轻心理的负担。例如，有的人对着大树发感慨，有的人在危急悲愤时大声呼喊，都是一种倾诉。

2. 哭泣

找个地方独自一人或对着你依赖的对象痛哭。哭泣被心理学家称为"自然的安全阀"，是上天赋予我们的情感表达方式。所以当你遭遇情绪困扰时，请别羞于哭泣，但也别夸大哭声。眼泪本身就是身体给我们处理情绪问题的有力武器，因为它能迅速、直接地帮你排除"精神毒素"。许多人在痛哭一场后，痛苦和悲伤的心情就能减轻许多。

3. 运动

研究证明，体育运动如跑步、做操、游泳、打球、骑车、登山、跳舞、打沙袋等能释放激动情绪带来的能量，促进血液循环及消化系统的新陈代谢，使大脑得到充分的氧气和营养物质，使大脑皮层的兴奋和抑制恢复平静，从而达到改善不佳心情的目的。这就是一些学校设立心理宣泄室的原因，有需要的学生可以在里面打沙袋、打橡胶人等。

4. 呼吸和冥想

呼吸和冥想在心理教学、瑜伽、太极等方面应用较广。一般认为呼吸和冥想相结合的方法治愈能力较好，所以冥想训练要随之做一些呼吸练习。科学研究表明，控制呼吸能够有效管理情绪，将吸入的空气从胸部慢慢沉到腹部，腹部膨胀，再慢慢呼出，神经就会得到放松，消极情绪便会得以消除。

5. 文娱活动

书法、绘画、歌唱等都是很好的文娱活动，这些活动不仅能使人得到艺术上的高雅享受，而且能怡情养性、增进健康。比如，书法与气功、太极拳相似，运笔时气沉体松，可使人心情舒畅，乐此不疲。绘画中的临摹，也可以凝神静气，提升美感。这里值得注意的是，歌唱最好选择积极乐观的题材，医学证明，经常欣赏优美动听的音乐或歌唱可以止痛、解毒、消除紧张情绪，并治疗神经衰弱和失眠。

活动四　拥抱健康情绪

活动目标

1. 了解获取快乐和幸福的方法，理解表情和内心感受的相互影响。
2. 拥有积极、热情的心态和健康的情绪，促进自我更好地发展。

活动对象

大学生。

活动准备

1. 场地：相对宽敞的活动场地。
2. 资材：A4 纸、笔。

活动时间

60 分钟。

活动过程

活动（一）：快乐三件事

1. 时间：20 分钟。
2. 操作：
（1）全体学生在宽敞的空间随意漫步，感受教室内有趣和美好的部分。
（2）跟遇见的同学微笑、点头示意。
（3）5 分钟后，找其他同学两两分享今天遇到的 3 件高兴的事情，可以是吃了一顿美味的早餐，也可以是遇见了老朋友……
（4）每个人都要找 3 个其他成员分享 3 件高兴的事情，而且不能重复，跟每名同学说的都是不同的事情。

3. 讨论分享:

(1) 在熟悉的空间里,你是否能发现以前没有留意到的美好事物?

(2) 当有人主动跟你微笑示意时,你有何感受?

活动(二):镜中快乐

1. 时间:10分钟。

2. 操作:

(1) 领导者指导语:心理学研究表明,当我们模仿着某种心情,往往能帮助我们真的获得这种心情。每天早上起床后对着镜子中的自己笑一笑,大声说出"今天是美好的一天",往往会为我们带来一天的好心情。使自己脸上露出很开心的笑容,挺起胸膛,深吸一口气,然后哼一段歌曲或者吹一小段口哨,记住自己快乐的表情,为自己带来积极的情绪。

(2) 学生拿出各自的手机,打开前置摄像头,摄像头即是镜子。面对"镜子"做出各种愉快的表情,记住自己的表情,时间为2分钟。

(3) 学生两两分组,一个学生做出各种愉快的表情,另一个学生作为镜子模仿他的各种表情。时间为2分钟左右,然后互换角色。

3. 讨论分享:

(1) 看到手机里出现的自己的笑脸,你有什么感受?

(2) 在努力做出愉快表情时,你的情绪有变化吗?

活动(三):"疯狂"动物园

1. 时间:15分钟。

2. 操作:

(1) 领导者指导语:情绪具备两重性。正面情绪如乐观、幽默、兴奋,可以在一定程度上激发人的创造力,而负面情绪如痛苦、恐惧、焦虑,则会影响人的创造力和潜力的发展。下面这个游戏将会让你感受到积极情绪的魅力,锻炼你的幽默能力,缓解精神压力,帮助你更好地解决问题,培养乐观的情绪。

(2) 每个成员根据自己姓氏汉语拼音的首字母决定自己要模拟的动物叫声,详情如表8-1所示。

表8-1 根据自己姓氏汉语拼音的首字母决定自己要模拟的动物叫声

你姓氏汉语拼音的首字母	动物名称
A~F	猫
G~L	牛
M~R	羊
S~Z	鸭

(3) 在团体中挑选一名自己不太熟悉的成员作为自己的伙伴。领导者宣布游戏开始后,每个成员和自己的伙伴需要盯着彼此看,同时两人大声模拟自己对应的动物叫,叫声至少持续15秒钟。

（4）领导者可以重复几次，每次可适当延长动物叫声的持续时间。
3. 讨论分享：
（1）在模仿动物叫的时候你心里有什么感受？
（2）从一开始的尴尬到后来的满堂欢笑，你又有哪些体会？

活动（四）：欢笑进化

1. 时间：15分钟。
2. 操作：
（1）团体领导者向成员说明接下来会玩石头剪刀布的游戏。
（2）团体领导者示范以下动作和表情：

"不笑"——双手背在背后，面部表情严肃。

"微笑"——不能发出声音，真诚地微笑，左手做"八"字动作放于下巴处。

"嘻嘻笑"——左右手食指分别放于左右腮帮处，嘴巴可以吐气，发出"嘻嘻"声。

"哈哈笑"——嘴里发出"哈哈哈哈哈哈"的声音，哈哈笑时发出的"哈哈"声比"嘻嘻"声大，左右手掌打开置于左右耳侧并摇晃上身。

"喔喔笑"——嘴里发出"喔喔喔喔喔喔"的声音，摇头晃脑，上身前后左右摇晃幅度明显，双手可置于胸前。

"仰天长笑"——嘴里发出"哇哈哈哈"的声音，挥动双臂随上身上下摇晃，上身弯腰时双手拍击大腿。

（3）全体成员随机在团体里找一个同伴和他猜拳。首先开始的动作和表情为"不笑"，猜拳赢了进化为"微笑"；继续找同等级的同伴猜拳，猜拳赢了进化为"嘻嘻笑"；始终找同等级的同伴猜拳，进化到"仰天长笑"。

（4）进化到"仰天长笑"后，仍找同等级的同伴猜拳，赢了之后就可以坐下来了。

（5）从进化到"微笑"开始，在每一种笑的状态下保持15～20秒动作和表情才能再找同级别的同伴猜拳。

（6）每一级猜拳输的人后退一级后继续猜拳。如在"嘻嘻笑"级别猜拳输的人后退到"微笑"状态，继续进化。

3. 讨论分享：
（1）描述你参加这个活动的心情。
（2）这个活动给你哪些启示？
（3）你认为可以怎样来调节和管理自己的情绪？

心理知识拓展

（一）健康情绪的标准

1. 积极情绪占主导

这就是说，大学生可以有如愤怒、焦虑等消极情绪，但更多的应是高兴、热情等积极情绪，具有自然、愉悦、稳定的心境，能够悦纳自己、悦纳他人。

2. 情绪表达适当

这要求大学生能充分表达自己的情绪，并能表现出与环境协调一致的，符合自身年龄、身份、文化特点的情绪反应。也就是说，不过分压抑或过分放纵自己的情绪，无论是快乐还是悲伤都适度表达，既不是仅用一两种情绪表达方式，也不是表达幼稚或老成的情绪，更不是表达出相反的情绪。

3. 情绪冲动时能控制

这要求大学生在遇到突发事件时，能控制自己的情绪表达方式和强度，不要造成"一失足成千古恨"的后果。

4. 不良情绪能合理宣泄

谁都会有不良情绪，大学生也是如此。长期压抑对心理和生理发展都不利，所以需要宣泄。宣泄及时、合理，符合社会道德、法律等要求，才能真正地转移和摆脱不良情绪。

（二）健康情绪对大学生的影响

1. 健康情绪有助于身心健康

现代医学证明，健康的情绪能使人笑逐颜开，提高供氧能力，有助于消化；健康的情绪能消除神经紧张，使人体各部分机能发挥正常的作用；健康的情绪能使体内化学物质处于平衡状态，增强对疾病的抵抗力，从而延年益寿。

2. 健康情绪有助于认知能力的发展

健康情绪可以提高感知的敏锐性和感知活动的强度，可以使记忆深刻、牢固；可以提高思维的强度，可以丰富想象力，促使灵感的产生。

3. 健康情绪有助于良好人际关系的建立

健康情绪体验有利于大学生之间互相了解，彼此产生共鸣、消除隔阂、增进团结，在人际交往中起到良好的纽带作用。

4. 健康情绪有助于高尚品德的培养

健康情绪与品德发展有密切关系。苏霍姆林斯基说："没有情感，道德就会变成枯燥无味的空话，只能培养出伪君子。"研究表明，健康情绪有利于大学生塑造良好的人格，提高道德判断力，形成良好的道德行为习惯。

5. 健康情绪有助于提升个人情商

一个人的智商（IQ）和情商（EQ）对他在事业上成功的贡献比例约为1∶2，这让我们清楚了情商的重要性，更使人关注情感和情绪。拥有健康情绪，能恰当地表达稳定、积极的情绪，并能控制情绪，会无形中提升大学生的情商，进而使其容易获得他人的理解、支持，促进学业、事业的成功。

（三）培养健康情绪的方法

1. 及时觉察自己的情绪

人一定会有情绪，压抑情绪反而会带来不好的结果，学会体察自己的情绪是健康情绪养成的第一步。例如，我怎么了？生气了？无助了？疲倦了？当觉察到自己的情绪时，会意识到接下来的问题：我怎么办会好一些？会积极一些？经过思索，我们会更了解自己，会找到控制情绪和保持乐观的思路。

2. 合理表达自己的情绪

合理地表达情绪，背后反映出来的是在法律和道德规范下的正确的、合情合理的情绪认知，这不仅可以抒发自己内心的感受，还可以让别人更了解你，增进彼此的关系，促进健康情绪的养成，提升情商。

3. 以正确的方式调节情绪

当遇到消极情绪时，要学会运用改变认识（如多角度看问题）、积极暗示（如畅想美好的未来）、及时缓解（如调整呼吸、按摩）、转移情境（如到风景优美的地方）、适当宣泄（如倾诉、运动、哭泣）、寻求专业的心理援助（如找心理老师或心理医生）等方法去调节情绪。

4. 学会增添快乐和情感升华

多增添一些兴趣、爱好、幽默等，是自我情绪自救和获得快乐的方法，也是分享快乐的前提，而分享、友善、助人等，是情感升华的方法。情感升华要做到把快乐分享给他人，要倾注关爱之心，助人为乐，这样不仅自己的从善心理能够得到满足，还会得到他人的尊重、信任、称赞，荣誉感也会得到满足，获得更多快乐。

模块九　放下焦虑

焦虑到底是什么呢？理论上，焦虑是一种常见的情绪状态，是对亲人或自己生命安全、前途命运等的过度担心而产生的一种烦躁情绪，其中含有着急、挂念、忧愁、紧张、恐慌、不安等成分。它与危急情况和难以预测、难以应付的事件有关。在生活中，焦虑可能是在参加考试时，原本头脑中能倒背如流的知识点却在那一刻变成一片空白；焦虑可能是在假期的最后一天，突然发现开学要考试而你甚至没有带课本回家；焦虑也可能是你不小心删除了文档，所有的努力都付之东流；甚至旁边同学的一句"你作业写完了吗？"都会让人觉得焦虑不安，感觉生活失去了希望……

不过，不必担心，焦虑是人的一种正常的负面情绪，焦虑并不等于焦虑症。负面情绪的产生是一件很正常的事情，你有，我有，他有，大家全都有。只有当这种负面情绪持续时间比较长，致使自己的生理、心理都出现不健康状况时，才有可能患上某种精神方面的病症。接下来，让我们一起走进焦虑这种情绪。

活动一　为什么会焦虑

活动目标

1. 了解焦虑的来源。
2. 了解自身焦虑情绪的程度。
3. 认识焦虑的遗传性、创伤性。

活动对象

大学生。

活动准备

1. 场地：可移动桌椅的多媒体教室。
2. 资材：A4 纸、彩铅。
3. 多媒体：轻缓抒情类音乐。

活动时间

60 分钟。

活动过程

活动（一）：大风吹小风吹

1. 时间：10 分钟。
2. 操作：

（1）所有成员围坐成一圈。

（2）团体带领者喊"大风吹"时，成员要问"吹什么"，团体带领者回答："吹×××的人"（团体带领者回答的内容是在场成员所具有的一些共同特点，如"吹戴眼镜的人"）。符合×××条件的人要立刻离开自己的座位，在场地中找另一个新的座位坐下。最后一个坐下的成员要回答团体带领者或班级成员提出的一个私人问题。

（3）坐下来的成员要随机选左右手的成员彼此介绍自己，组成2人或3人小组，介绍内容包括自己的姓名、兴趣爱好。时限：每人1分钟。

（4）团体带领者接着喊"小风吹"，成员问"吹什么"，团体带领者回答："吹×××的人"。此时，符合×××条件的成员坐在座位上不动，所有不符合条件的成员要马上离开自己的座位，在场地中找另一个新的座位坐下。最后一个坐下的成员要回答团体带领者或班级成员提出的一个私人问题。

（5）重复步骤（3）。

（6）团体带领者改变×××的内容，重复以上步骤，以达到打乱成员彼此的位置、促进成员与不熟悉的成员交流的目的。

3. 讨论分享：

（1）谈谈你对这个活动的感受。

（2）指令发出的时候你紧张吗？在紧张什么内容？

4. 注意事项：

（1）活动开始前提醒成员注意安全问题，避免在跑动的过程中受伤。

（2）团体带领者或班级成员提出的私人问题要尽量避免导致回答者尴尬或难堪。

活动（二）：我的焦虑程度

通过紧张的氛围让成员体验焦虑的感觉，利用团体力量找到更多应对焦虑的方法。

1. 时间：30 分钟。
2. 操作：

（1）完成焦虑自评量表（SAS）。

（2）团体带领者宣读游戏指导语：等会儿每个人会抽到一张纸条。有的纸条上有红心标识，有的纸条上有黑心标识。如果你的纸条上有黑心标识，你将会被邀请坐到场地中间的椅子上。

坐到中间椅子上的成员要回答带领者事先准备好的一系列很私人化的问题。同时，其他成员也可以向坐在中间椅子上的成员提问。

所有成员都收到纸条后，同时打开纸条，但不能向他人暴露自己的纸条。

（3）分发纸条：

其实每张纸条上都有黑心标识，这样每名成员都以为自己即将到场地中间被刁难，这会造成所有成员某种程度上的焦虑。这时带领者正式告诉大家：每张纸条上都有黑心标识。

3. 分享交流：

（1）当你看到纸条时，你有什么感觉？

（2）过去自己是否有过同样或类似的感觉？然后发生了什么？

（3）当你感到紧张、焦虑的时候，你的身体、饮食和睡眠会有哪些反应？

（4）向你的成员分享以往你应对紧张焦虑的成功经验。小组记录本小组成员应对焦虑的有效方法。

4. 注意事项：

（1）注意在一开始的抽纸条环节，带领者尽量表演逼真，不能让成员发现这是"骗局"。

（2）活动的重点放在后面的分享与讨论环节，在带领者依次给出交流讨论的问题后，成员们对焦虑情绪有了更多的觉察，比如，紧张时有屏住呼吸、心跳加速、发抖、手心出汗、尿频等一系列身体反应，焦虑也会给我们的睡眠和饮食带来不同程度的影响。

（3）当我们关注自己以往应对焦虑情绪的成功经验时，会发现每个人都有积极的资源，都或多或少有应对焦虑的有效方法。尤其是大家在小组中分享时，会发现原来每个人都有被焦虑困扰的时候，便对自己会出现的焦虑情绪更加接纳了，同时不同成员应对焦虑的办法对其他成员管理好自己的消极情绪也有积极的借鉴作用。

活动（三）：战斗逃跑和木僵

1. 时间：20分钟。

2. 操作：

（1）发给每组一张白纸，给大家10分钟头脑风暴的时间，让每组成员充分讨论，写出尽可能多的应对焦虑的畏惧反应。

（2）收集大家的焦虑反应，将畏惧反应进行分类：将进攻的畏惧反应分为战斗模式，将退缩的反应分为逃跑模式，将呆滞的反应分为木僵模式。

（3）回想在你遇到突发事件或危急关头时，你是否会迅速做出反应？那是一段什么样的经历？你当时的感受如何？你能否清晰地回忆之后的情形？如果可以，请阐述一下之后发生了什么。

3. 分享交流：

（1）每个人应对焦虑的反应模式是一样的吗？

（2）这些反应模式会给你带来什么样的结果呢？

心理知识拓展

（一）战斗或逃跑反应（Fight – or – Flight Response）

1929年，美国心理学家怀特·坎农（Walter Cannon，1871—1945）发现机体经一系列的神经和腺体反应将被引发应激，使躯体做好防御、挣扎或者逃跑的准备。

请想象以下场景：

一只鹿正要穿过一条公路，突然，不远处一辆车向这头鹿的方向驶来，鹿瞬间慌了神，僵硬地停在了原地，一动不动地盯着车的方向。虽然车没有撞到鹿，但为什么会出现这样的情况呢？鹿为什么不选择快点跑走而是停住呢？

"战斗或逃跑"代表了我们祖先在环境中面临危险时的选择。他们要么打架，要么逃跑。无论哪种情况，压力的生理和心理反应都使身体为应对危险做好准备。

"战斗或逃跑"被认为是生理反应，当我们感到威胁时，下丘脑会引发战斗或逃跑反应。丘脑在皮层处理信息之前就会向杏仁体发送信号，准备额外的能量来逃避威胁，增加心率和呼吸，并激活汗腺。但它也是会由心理所驱使的一系列生理反应。有些人会对公开演讲感到恐惧，这也通常会造成生理症状，如心率提高、呼吸加速，以至于难以思考和组织语言。

皮层是高层思维产生的地方，这就是为什么我们甚至在有时间思考原因之前就感到恐惧。虽然恐惧是一种不舒服的感觉，但它对我们自身产生了保护，因为它让我们有机会采取行动消除危险。因为在这个时候，我们身体的反应告诉我们需要去弥补这种恐惧。有些人试图分散自己对恐惧的注意力，例如，在舞台上时，想象台下的观众都是水果蔬菜，或者凝视着一个点，不与观众进行眼神交流，去缓解紧张。

在怀特·坎农之后的几年里，许多生理学家和心理学家发展并完善了他的工作，从而定义了现在所谓的战斗、逃跑和僵住。

战斗：积极面对任何感知到的威胁。

逃跑：逃离危险。

僵住：无法移动或采取行动应对威胁，呆呆地"冻"在原地。

由于焦虑是恐惧的症状，因此很容易看到杏仁体和焦虑之间的联系。当我们想到潜在的威胁时，我们的身体会变得焦虑。有时，即使没有真正的威胁，我们也会以这种方式做出反应。焦虑症就是一个很好的例子。

（二）战斗或逃跑反应的优缺点

1. 优点

战斗或逃跑反应体现在我们如何应对压力以及我们环境中的危险，当我们受到威胁时，这种反应会让身体准备好战斗或逃跑，让你的身体为行动做好准备，你就能更好地应对压力。这种情况产生的压力实际上是有益的，使你更有可能有效地应对威胁。这种类型的压力可以帮助你在有压力的情况下表现得更好，比如，在工作中或在其他场合的学习中。有些专家认为，当企图伤害他人的冲动转化为保护他人的冲动时，逃跑或逃跑反应甚至会带来好处。当战斗或逃跑反应由负面情绪引发时，这可能是有益的，例如，愤怒和害怕。在威胁到生命的情况下，战斗或逃跑反应在你的生存中起着至关重要的作用。通过让你做好战斗或逃跑的准备，战斗或逃跑反应使你更有可能在危险中幸存下来。

2. 缺点

虽然战斗或逃跑反应是自动发生的，但这并不意味着它总是准确的。有时，即使没有真正的威胁，我们也会以这种方式回应。这是因为战斗或逃跑反应可以由真实和想象的威胁引发。恐惧就是面对感知到的威胁时，战斗或逃跑反应可能被错误触发的好例子。

经常处于"战斗或逃跑"的状态，比如，面对反复的压力，也会对你的健康有害。慢性压力会增加你患以下疾病的风险：

慢性疲劳

抑郁

肠胃问题

头痛还有偏头痛

心脏病和中风

高血压和胆固醇水平

代谢紊乱（如糖尿病和肥胖症）

免疫功能差

生殖和性功能障碍

恶化的呼吸问题（如与哮喘有关的问题）

一些研究表明，身体对抗或逃跑的欲望会增加一个人患癌症的风险，焦虑性障碍使他们更容易受到这种类型的心理健康状况的影响。

活动二　小焦虑大作用

活动目标

1. 加速新生班级成员的相互了解。
2. 提高新生班级的集体归属感与荣誉感。
3. 加强新生班级的凝聚力。

活动对象

大学生。

活动准备

场地：相对宽敞的活动场地。

活动时间

60 分钟。

活动过程

活动（一）：解开千千结

如果让你用左手和右手同时做不同的动作，是不是觉得很困难？下面就让我们来试一试，要相信自己能够做到哦！如果做到了，你会觉得自己很有能力、很开心、很刺激，大家一起来参与吧！

1. 时间：20分钟。

2. 操作：

（1）小组成员围成圆圈。

（2）活动可以分两轮进行。

第一轮，小组成员每人举起自己的右手，去握住自己正对面那位成员的右手（例如，如果小组成员有10人，每个人对面的那个人是自己站立的位置顺时针或逆时针接着往下数的第5个人）。每个人的左手握住其他任意一个人的左手，但不能是同一个人的左手。这样组成一个相互交错的结。小组成员在不松开手的情况下，要想办法把这个错综复杂的结解开。团体带领者可以提示结解开后是一个大的圆圈或八字环。

第二轮，围圈站好后，每位成员记住自己左右手分别是谁，然后在轻快的音乐中，各成员在刚刚围起来的圈内自由走动，带领者观察组内成员，待其位置顺序打乱后音乐停止，小组成员在所在位置不动，将左手伸出去拉原来位置左边人的左手，右手拉原来位置右边人的右手。小组成员在不松开手的情况下，想办法把这个错综复杂的结解开。

（3）小组成员可以讨论解决策略。

（4）在青少年群体中，如果遇到结实在解不开的情况，可以允许成员临时使用一到两次"魔法棒"，魔法棒点到的手结可以暂时松开一下，调整后再重新拉手。

（5）如果各小组解结很顺利，可以将2个或多个小组合并，围成一个更大的圆圈，形成更复杂的结并解开。

3. 讨论分享：

（1）在活动刚开始时，面对一个个错综复杂的结，你认为能解开吗？是否觉得任务很难甚至不可能完成？有什么样的感觉和体验？

（2）在解结过程中，你的想法发生了什么变化？

（3）当结最后解开时，你的心情如何？

（4）第一轮活动的成功对第二轮活动有什么影响？

（5）该活动对你的学习、生活有什么样的启发？

4. 注意事项：

（1）提醒成员注意安全。在解结的过程中不要用力拉扯，以免导致他人手腕受伤。如果有人手臂近期有伤，可作为活动的观察员或"魔法师"，帮助其他小组成员解结。

（2）如果活动在学生中开展，可以根据学生的年级来确定小组人数。低年级每组人数可确定6人或8人，高年级群体可在10人或10人以上。小组人数越少活动难度越低。

（3）若要使用魔法棒，应提醒成员慎重思考在哪两位成员拉手处使用。

(4) 当某小组成员结解不开而出现情绪波动时,带领者要给予成员鼓励与支持,说明结解不开是正常的,有可能出现解不开的情况,不要灰心,可以再试一次。

活动(二):压力退退退

1. 时间:20 分钟。
2. 操作:
(1) 分组:6~8 人一组为宜,若是 10 人以内的小团体则不必分组。
(2) 带领者进行简短的说明:我们每天都在思考和经历很多事情,有些事情在我们身边发生,我们可以控制;而有些事是我们不能控制的。对于后者,我们没办法也没必要去管。因此,我们要记住的是,能解决的事情不必担心,不能解决的事情担心也没有用。对于那些已经过去或尚未发生的事情,以及不在我们控制范围内的事情,我们要学会放下。带领者可以用关注圈和影响圈(见图 9-1)来说明:

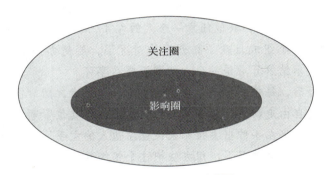

图 9-1 关注圈和影响圈

我们担心的事情可以放在"关注圈"内,但这些事情中,只有少部分是我们能够真正控制的,所以可以将其放在"影响圈"内。

(3) 指导成员做一段深呼吸,尽量帮助成员完全放松下来。然后,引导成员思考自己目前的生活状态:
①想想你最关心、最关注的事情都有哪些?
②最令你担心的事情有哪些?
③这些事情中哪些是你能够控制的,而哪些是你不能够控制的?

带领者向每个成员发一张 A4 纸,邀请成员在纸上画出关注圈和影响圈,并在相应的位置上写下最近一段时间内的压力事件。请成员们注意,写这些事情时留意一下这些事件应该放在"关注圈"还是"影响圈"中。

(4) 带领者引导成员写下在小组内讨论的内容,分享写下这些事情时的感受。
(5) 邀请成员到大组中来分享自己对活动的感受。
(6) 带领者总结。

4. 注意事项:
(1) 带领者要注意引导成员看看写下的事情是否确实是"关注圈"和"影响圈"内的,有时成员会把不能控制的事情写入"影响圈"。

（2）带领者要确保成员都清楚"关注圈"和"影响圈"的含义。不要把自己的价值观强加给成员，成员写出的"关注圈"和"影响圈"中的事情在带领者觉得有困惑时要及时询问原因，可以适当邀请成员进行分享，只要成员说得合理即可。

（3）向全体成员强调保密原则、不评价原则。

活动（三）：焦虑大拷问

1. 时间：20 分钟。
2. 操作：

（1）识别你在焦虑情况下的行为：

一般情况下人们表现焦虑感的途径，主要有为以下 6 种形式。

①数数，列举清单。

②重复检查随身物品。

③不停地洗手、不停地擦拭物品。

④按照数字顺序、字母顺序或者颜色摆放东西。

⑤专注于特定词语、短语或句子。

⑥咒骂或歇斯底里地喊叫（也称多发性抽动症）。

你在行为层面上有几种焦虑的不同反应模式。

（2）挑选在上面的表现形式中最有感触的两个焦虑事件，将成员分成两组，每组针对一个问题进行表演，剩下的人针对表演中的人物该如何沟通或做出什么样的反应写出剧本，最后表演。可以表演成功处理冲突的场景，也可以表演因不恰当处理而导致不良后果的场景。鼓励成员自由发挥，必要时可以加注旁白等，最后请成员分享感受。

（3）团体领导者讲解正常的焦虑与焦虑症的区别，如表 9-1 所示，区分正常的焦虑和焦虑症行为。

表 9-1 正常的焦虑与焦虑症的区别

正常的焦虑	焦虑症
真实的危机感	极端的危机感
	过分担忧
	夸大事件后果
	沉思、固执己见、不知所措
合理的忧虑与担忧	极度担忧
	害怕失控、疯癫、不知所措
	害怕"精神失常"
与威胁有关的夸张想法	总是宣扬灾难
	总是"黑白思维"（长期）
	长期持有夸张思维

续表

正常的焦虑	焦虑症
身体反应： 心悸 肌肉紧绷 呼吸急促 情绪紧张 汗流不止 血液涌上心头	身体反应： 心跳持续加速 胸闷、无力、肌肉疼痛、头疼 气喘吁吁、头晕目眩、感觉不真实 恶心、总想去卫生间、腹泻 一直冒汗 面色惨白无血色、起红斑

心理知识拓展

（一）焦虑量表自测

焦虑是心理咨询门诊中较为常见的一种情绪障碍，焦虑自评量表于1971年编制，用于评定病人焦虑的主观感受及其在治疗中的变化。焦虑自评量表适用于具有焦虑症状的成年人，具有广泛的应用性。因此焦虑自评量表常作为咨询门诊中了解焦虑症状的自评工具。

（二）焦虑自评量表

1. 前期准备

（1）在开始评定以前，一定要把整个量表的填写方法及每个问题的含义都弄明白，然后做出独立的、不受任何人影响的自我评定。其评分标准为："1"表示没有或很少时间有；"2"表示小部分时间有；"3"表示相当多时间有；"4"表示绝大部分或全部时间都有，如表9-2所示。

（2）评定的时间范围是自己过去一周的实际感觉。

（3）评定时，应让认真阅读每项题目，注意其中表达，焦虑自评量表中存在反向项目，如不能理解会直接影响统计结果。

（4）评定结束时，应仔细检查一下评定结果，不要漏评某一项目，也不要在相同一个项目上重复评定。

2. 焦虑自评量表内容

表9-2 焦虑自评量表

	题目		得分		
1	我觉得比平常容易紧张和着急	1	2	3	4
2	我无缘无故地感到害怕	1	2	3	4
3	我容易心里烦乱或觉得惊恐	1	2	3	4
4	我觉得我可能要发疯	1	2	3	4
5	我觉得一切都很好，也不会发生什么不幸	1	2	3	4
6	我手脚发抖打颤	1	2	3	4

续表

题目		得分			
7	我因为头疼、头颈痛和背痛而苦恼	1	2	3	4
8	我感到容易衰弱和疲乏	1	2	3	4
9	我能心平气和,并且安静坐着	1	2	3	4
10	我觉得心跳很快	1	2	3	4
11	我因为一阵阵头晕而苦恼	1	2	3	4
12	我晕倒发作或觉得要晕倒似的	1	2	3	4
13	我呼气、吸气都感到很容易	1	2	3	4
14	我手脚麻木和刺痛	1	2	3	4
15	我因为胃痛和消化不良而苦恼	1	2	3	4
16	我常常要小便	1	2	3	4
17	我的手脚常常是干燥温暖的	1	2	3	4
18	我脸红发热	1	2	3	4
19	我容易入睡,并且一夜睡得很好	1	2	3	4
20	我做噩梦	1	2	3	4

3. 焦虑自评量表得分计算

（1）正向评分题（题目1、2、3、4、6、7、8、10、11、12、14、15、16、18、20），依次评为1、2、3、4分。

（2）反向评分题（题目5、9、13、17、19），依次评为4、3、2、1分。

（3）20个项目得分相加即得粗分（X），经过公式换算,即用粗分乘以1.25以后取整数部分,就得标准分（Y）。

按照中国常模结果,焦虑自评标准差的分界值为50分,其中50～59分为轻度焦虑,60～69分为中度焦虑,69分以上为重度焦虑。

需要我们注意的是：

对于焦虑症状的临床分级,除参考量表分值外,主要还应根据临床症状特别是要害症状的程度来划分,量表总分值仅能作为一项分辨指标而非绝对标准。

任何心理自评量表都只能作为一个参考,不能作为诊断结论！同学们如果测出来自己的焦虑指数偏高,则需要就医或者结合专业人士的判断进行分析,进一步筛查是否存在焦虑症,而不是简单地根据一个量表得出焦虑症的结论。

活动三　和焦虑共处

活动目标

1. 探索自己的焦虑特质。

2. 通过活动客观地认识自我，学会自我调适，为自己在变化的环境中定向、定位。
3. 调整心态，保持良好的心理适应能力。

活动对象

大学生。

活动准备

1. 场地：相对宽敞的活动场地。
2. 资材：A4 纸、笔、轻柔的音乐。

活动时间

60 分钟。

活动过程

活动（一）：冥想训练——奇妙橘子

1. 时间：10 分钟。
2. 操作：

（1）团体带领者说："请你轻轻闭上眼睛，下面要进行冥想的体验活动。"

（2）指导语："请你找一个舒服的姿势坐好，慢慢地闭上眼睛，深呼吸，深深地吸气、呼气，深深地吸气、呼气，深深地吸气、呼气……请你感受每一次呼吸时气流从你胸腔滑过的感觉，然后从头到脚放松，放松头部、肩部、胸部、五脏六腑、手臂、手指、臀部、大腿、小腿、脚心、脚趾等，当你觉得哪个部位还没有放松时，请让你的感觉到达那里，让那个部位得到放松。现在开始想象你手中握着橘子，请你看看手中橘子的颜色，用手触摸一下橘子皮，是粗糙的还是细腻的，闻一闻橘子的气味。现在开始想象进入橘子中，橘子变得越来越大，你在橘子里面舒服地躺一会儿。尝尝橘子的味道，在里面睡一觉。"此刻停顿一段时间，让成员休息一会儿，然后接着说："如果觉得舒服了，请你回到现在，下面倒数 5 个数，当数到 1 的时候，请睁开眼睛，回到现在。"

3. 讨论分享：

（1）在冥想中你感受到了什么？

（2）你觉得我们放松了多长时间？

4. 注意事项：

在放松冥想的过程中不要发出嘈杂的声音。

活动（二）：制作焦虑自助卡片

1. 时间：25 分钟。
2. 操作：

（1）每名团体成员自己设计焦虑自助卡，可以采用手绘，也可以使用 WPS（文字处理软件）设计模板进行制作。

（2）主要内容包括我对于焦虑情绪的理解、我的焦虑行为、我的焦虑情景、怎样的方式可以使我放松下来等。

（3）采用色彩、图片等各种方式表达你对焦虑的理解。

3. 讨论分享：

请每名同学轮流分享自己的设计思路，选出最有意思、最有作用的焦虑自助卡片，可适当给予小礼物。

活动（三）：我的焦虑誓言

1. 时间：25分钟。
2. 操作：

（1）想一下，凭你的直觉来填你所面临的主要焦虑有什么。

（2）请按焦虑事件强度大小的顺序，在空白纸上写下5种并记住，且小组朗读；了解自身焦虑的主要表现。

（3）在自己的焦虑事件下写上以下内容：

①焦虑是人之常情，所以我们每时每刻都能感受到。

②焦虑有时间限定，当你强烈地感觉到焦虑时，认为焦虑会永久存在。

③焦虑有助于你的生存和活动，所以你不需要完全消除焦虑，但也不能任由焦虑摆布。

④焦虑是某事将要发生的前兆——但你可以学习如何读懂这些信号。

（4）写下自己伴随焦虑产生的"极端想法""思维误区""灾难宣扬""黑白思维"，告诉自己这些都是焦虑的副产物。

（5）附上制作的焦虑自助卡片。

3. 讨论分享：

小组内部交流分享自己的焦虑誓言。

心理知识拓展

（一）焦虑的概念

焦虑（Anxiety）是人对现实或未来事物的价值特性出现严重恶化趋势所产生的情感反应。与之相反的情感形式是企盼，即企盼是人对现实或未来事物的价值特性出现明显利好趋势所产生的情感反映。

焦虑是指个人对即将来临的、可能会造成的危险或威胁，所产生的紧张、不安、忧虑、烦恼等不愉快的复杂情绪状态。

（二）焦虑的分类

1. 现实性焦虑

与病理性焦虑不同，现实性焦虑所表现的是对现实的潜在挑战或威胁产生的一种情绪反应，而且这种情绪反应是与现实威胁的事实相适应的，是一个人在面临其不能控制的事件或情景时的一般反应。特点是焦虑的强度与现实的威胁程度相一致，并随现实威胁的消失而消失，因而具有适应性意义。它有利于个体动员身体的潜能和资源来应对现实的威胁，逐渐达到应对挑战所需要的控制感及有效地解决问题的措施，直到这种现实的威胁得到控制或消除。因此，现实性焦虑是人类适应和解决问题的基本情绪反应，是人类在进化过程中形成的一种适应和应对环境的情绪与行为反应方式。

2. 病理性焦虑

病理性焦虑是指持续地无具体原因地感到紧张不安，或无现实依据地预感到灾难、威胁或大祸临头感，伴有明显的自主神经功能紊乱及运动性不安，常常伴随主观痛苦感或社会功能受损。

以上概念包括了以下基本特点：①焦虑情绪的强度并无现实的基础或与现实的威胁明显不相称；②焦虑导致精神痛苦和自我效能的下降，因此是一种非适应性的；③焦虑是相对持久的，并不随客观问题的解决而消失，常常与人格特征有关；④表现为以自主神经系统症状为特征的紧张的情绪状态，包括胸部不适、心悸、气短等；⑤预感到灾难或不幸的痛苦体验；⑥对预感到的威胁异常地痛苦和害怕，并感到缺乏应对的能力，甚至现实的适应因此受影响。

（三）如何缓解焦虑情绪

首先，大家可以尝试通过运动和正向对话，从植物神经方面调节我们的恐惧情绪。比如，慢跑、瑜伽都可以增加大脑的多巴胺和内啡肽，让我们平静、放松下来。而通过运动，大脑中积极情绪的回路也会增多，帮助我们抵抗恐惧。

1. 正向对话

焦虑时，头脑中可能会出现很多负面的对话。

你要意识到这些负面情绪的存在，然后尝试用正面、积极的话语来自我对话以鼓励自己。比如，你可以对自己说："这个焦虑情绪虽然让我感觉很不好，但是我有方法处理它！"引导我们的认知往正面方向进行。

2. 腹式呼吸运动

腹式呼吸运动的具体方法如下：先尝试着慢慢吸气（同时心里从1默数到4），让新鲜空气先充满小腹，然后再慢慢扩充到胸部，接着暂停屏住呼吸（从1数到4），最后再慢慢地呼气（从1数到4）。整个过程可以重复几次。

3. 重获控制感

重获控制感，也是帮助我们缓解焦虑的有效方法。

第一种方法是具体化。

当我们感到恐惧，恐惧的对象往往是模糊的、混沌的。具体化，是指你将这个模糊的事物，描述得清晰可见。例如，"我昨天上台演讲，又感觉到焦虑了"，运用具体化的方式让其将时间变得清晰，除时间、地点、人物之外，还有一些细节，比如，你演讲的对象都是谁，一共有多少人，你演讲的内容是什么，为什么要做这个演讲，你在哪一刻开始感觉到焦虑，焦虑的时候你都做了什么、想了什么等。通过这些具体化的方式，去反思和觉察整个事件，让整个事情不再混沌一团。

因此，通过具体化的描述方式，可以对你焦虑的对象和你自己更熟悉与了解，从而让整个局面变得更有控制感。

第二种方法是聚焦。

焦虑的人脑子里一般塞满了各种各样的东西，在一个时间会同时想很多事。当所有事情一起想、一起做的时候，常常会变得焦头烂额。这个时候，你需要对所有你想要做的事情，进行一个优先级的排序。先专注完成一件事，然后再做其他的。在所有任务中选出一个优先级最高的，先去全神贯注地完成这个任务，等完成后，再去做下一个，一件一件地做。这不但会让你在完成任务时有一种成就感，正向激励着自己，还能帮助你大大地缓解焦虑的情绪。

最后，当我们面临一些比较长期、难度较大的任务时，焦虑情绪会更强。那么，缓解焦虑的方法，就是制订计划、拆解目标。制订计划时要从上往下拆解，先定整个项目的大目标，然后将大目标拆分成小目标。明确达到每个大目标和小目标时的衡量指标、截止日期、通过什么方式达到目标等。将大目标拆成小目标，可以使得目标更明确、更可执行，让整个任务感觉更可控，从而缓解焦虑。

模块十　直面挫折

大学生处于身心发展变化很大的阶段，由于在学习、生活和人际等方面的活动过程中遇到障碍或干扰，致使个人动机不能实现，在需要不能满足时就会产生挫折体验。本模块旨在用多种多样的活动帮助大学生学会用积极的心态正确面对挫折，认识挫折的消极性和积极性，正确地应对挫折，适度宣泄、调节情绪和想法、向社会支持求助，将挫折变为动力，以顽强的毅力继续奋斗，或重新调整目标，从而使需要或动机获得新的满足。

活动一　笑对压力

活动目标

1. 感受压力、面对压力，正视压力的存在。
2. 帮助学生在压力面前用积极的理念对抗消极的理念。

活动对象

大学生。

活动准备

1. 场地：可移动桌椅的多媒体教室。
2. 资材：A4 纸、签字笔、黄豆、绿豆、大米、歌曲《蜗牛》。

活动时间

60 分钟。

活动过程

活动（一）：分析压力源

1. 时间：30 分钟。
2. 操作：

（1）每名成员在纸上画一个小人代表自己，然后画出自己的压力源。每一个圆圈代表着一个压力，圆圈中间写上压力事件名称。圆圈大小代表压力的程度大小，与小人的远近代表着事件发生的时间远近。

（2）每名成员都写完后，进行组内讨论，看看大家的压力源有何异同，并探讨压力很大时感受是怎样的，压力很大时身体感觉如何，以及处理这些压力的方法。

（3）探讨完毕后，领导者带领成员进行躯体放松训练，帮助放松身心：

①一只手握住另一只手的手腕，两只手同时转动。

②脚与肩同宽，使劲拍手，直到手掌拍红为止。

③抖动身体的各个部分，从而使身上所有不通的地方都打通，通则不痛。

④两手互搓，直到搓热，然后用手搓腰所在的位置。

⑤领导者现场讲解一些身体上的穴位，如百会穴、足三里、大椎穴等，并示范如何对这些穴位进行按摩。然后成员自己按摩，或者两两互相按摩。

3. 讨论分享：

（1）画出的压力图示，是否能从侧面反映你拥有上进心？

（2）从小组讨论中，可以看出大家拥有很多相同的压力源，所以压力并不可怕。成员都有什么比较好的处理压力的方式值得借鉴？

活动（二）：蜗牛的压力

1. 时间：15分钟。

2. 操作：

（1）全体学生围坐一圈，给每个学生分发一些黄豆、绿豆和大米放在各自的鞋子里。

（2）播放音乐《蜗牛》，学生站起来，把身体向内弯成90°，用手从背后托起椅子，背在背上。

（3）每个人与前面的同学保持距离，防止椅子相互碰撞。保持弯腰的姿势，所有学生按照顺时针方向前行。

（4）领导者指导语："想象我们都是小蜗牛，背着重重的壳，脚下的路也崎岖不平，我们一起用心来感受自己的后背和脚下。"学生按照领导者的指令，不断加快步伐或者放慢步伐。

3. 讨论分享：

（1）背上背着重重的壳，是一种什么感觉？

（2）生活中有没有和我们当下的场景类似的情况？

（3）如果蜗牛脱掉背上的壳会怎么样？

活动（三）："天使"与"恶魔"

1. 时间：15分钟。

2. 操作：

（1）学生组成三人小组，每个人都要轮流扮演自己、"天使"与"恶魔"。

（2）扮演自己的人说出自己觉得有压力的事件；"恶魔"说出使"自己"感到更大压力的话；"天使"则说出令"自己"解除压力的话。每一次都由"恶魔"先说1分钟，再由"天使"对"恶魔"进行驳斥1分钟。

（3）每个学生都轮流扮演3个角色，时间为10分钟。

（4）组内讨论扮演3种角色时的不同感受，3人组到6人组再到12人组，愿意交流感受的学生可以上台分享。

3. 讨论分享：

（1）扮演"天使"有什么样的感受？

（2）扮演"恶魔"有什么感受？

心理知识拓展

（一）压力的含义

压力是个人对外在环境的主观感受和评估，当个人遇到一些比较难处理、无法承担及适应的，或是极具挑战性的情况和事件时容易产生压力。压力不是这些情况和事件本身，而是人对该情况的理解和反应。例如，跑800米对善于跑步的人来说是很轻松的事情，但是对不喜欢运动的人就会产生很大的压力。

（二）压力存在的意义

1. 压力给生活带来乐趣

如果人为减少外界刺激，会发生什么结果呢？看看下面的感觉剥夺实验。从事这项实验研究的是加拿大的科学家。他们把受试者关在恒温、密闭、隔音的暗室内。7天之后，受试者出现感觉被剥夺的病理心理现象：出现视错觉、视幻觉、听错觉、听幻觉；对外界刺激过于敏感，情绪不稳定，紧张焦虑；注意力涣散；思维迟钝；暗示性增强；神经症现象等。对动物的感觉剥夺研究表明，把动物放在完全无刺激的寂静环境中，会损伤动物健康，甚至可能引起死亡。实验证明，生命活动的维持需要一定水平的外界刺激。

2. 环境压力促进人类发展

在个体一生的发展中，每个阶段都需要应付新的压力，没有压力就没有成长。压力是无处不在、不可避免的，也是必要的。

（三）压力的特性

1. 积极压力与消极压力

压力本身没有好坏之分，关键在于它所引发的个体反应。个体对刺激事件的评价是积极的，就会产生积极的压力，个体就能更有效地完成任务，提高自信心和自我评价，增强对环境的适应能力。个体对刺激事件的评价是消极的，就会产生消极压力，不利于个体的身心健康发展，也不利于个体对环境的适应。

2. 压力的累积效应

生活中发生的重大变化，如亲人去世、升学失利、父母离异等，会使人紧张并产生压力。事件越严重，数量（次数）越多，持续时间越长，影响就越大。日常生活中的小烦恼虽然不会立即产生明显的消极影响，但是日积月累，也会增加心理负担。当压力累积到一定程度时，即使只遇到一点微小的刺激，也足以使人崩溃。

3. 压力与工作绩效

如果没有压力，你就达不到完成任务所需的思维、情绪和活动水平；但是如果压力太大，也将干扰任务的顺利完成。压力水平与工作绩效之间存在一个影响变化规律，如图10-1所示。

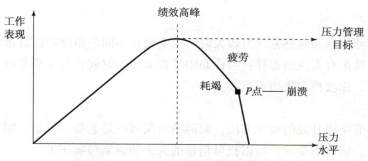

图10-1 压力水平与工作绩效之间存在的影响变化规律

（四）关于压力的8种错误假设

1. 以为没有压力、轻松愉快是理想的生活状态

没有变化、没有挑战本身就是一种压力，真空生活是不存在的。

2. 认为他人是造成工作压力的原因

期望他人来解决你的压力问题是不切实际的，每个人都有自己需要应对的压力。你需要应对压力，因为最终你只能依靠自己来减轻你的心理负担。

3. 认为你能抵制变化

"唯一不变的就是改变。"抵制变化的行为本身就会导致压力，事实证明，这样做比适应变化还要难。很多人墨守旧习，这往往比接受和适应改变耗费更多的精力。

4. 如果自己徒劳无获，就应当更加努力

徒劳无获的解决方法可能不只是努力，而是要去尝试做一些不同的事情，不能用老办法解决新问题。而如果你现在的策略很有用，就一定要坚持下去。

5. 认为压力越小越好

无论你是在寻找压力较小的工作，还是在现有的工作中逃避责任或拖延任务，从长远意义上讲，你都可能正在伤害自己。压力管理的有效方法不是如何逃避环境中的压力源，而是如何应对你可能面临的压力。

6. 认为承担风险通常是不明智的

很多人都在茫然地等待，直到所有的真相都显露出来再做决定。事实上人们都是根据不充足的信息来做决定的，因为没有人是能够准确预知未来的预言家。

7. 认为只要足够努力，就能控制一切

花费大量的精力试图去控制那些无法控制的事情，这样做会带来挫败感以及长时间的压力体验，因为这是一场永远不可能胜利的战役。如果选择跟随潮流而动而不是抗拒它的话，有时你能够获得控制权。就好比冲浪一样，你需要学习怎样驾驭波浪。

8. 未来变幻莫测，令人担忧

变革的加速会导致市场的不确定和现状的不稳定。把大量的精力浪费在担心将来可能出现的变故上，会使你无法全身心投入当前的学习中。

（五）管理压力的有效方法

1. 改变认知

当你对外界环境和刺激感觉压力较大时，应学会从不同的角度加以解读，要多从积极的方面进行思考。就像有人说的那样：当你心中装着太阳的时候，每天都是好日子；当你心中装着魔鬼的时候，你会把白天当成黑夜。

2. 倾诉

倾诉是一种简单而有效的减压方法，倾诉的对象可以是老师、同学、朋友、家人等，当你感觉压力很大、难以承受时，可以找可信赖的人去倾诉来缓解压力。

3. 冥想放松

如果你感到压力较大，那么不妨每天利用休息的时间做10分钟的冥想放松。在冥想放松的过程中不用过于注重技巧的使用，更多的是去体验放松的感觉。每天坚持10分钟，两周之后就可以感受到效果了。

4. 呼吸减压

当你感觉压力较大的时候，可以通过调节呼吸来进行减压。5分钟的深呼吸可以让自己的心跳放慢速度，可以让焦躁的情绪平复下来，可以让自己因压力而颤动、抽搐的肌肉恢复平静。深呼吸过后再去处理工作，这样压力缓解下来了，思路也会变得更加清晰，或许会达到意想不到的工作效果。

5. 运动减压

当你感觉压力较大时也可以通过适当的运动来调节压力。动静协调、张弛有度的运动有利于消除疲劳、激发活力、调节大脑功能。适用的运动方式有游泳、慢跑、跳绳、跳操、散步、打乒乓球等。每天安排半小时左右的时间运动，即可轻松减压。此外，还可以通过放松训练、瑜伽、静坐、催眠、想象等方式来进行减压。

活动二　迎难而上

活动目标

1. 帮助学生积极面对困难，肯定自己。
2. 帮助学生理解生活的阅历是一笔财富，看到自己的力量，也看到自己的不足。
3. 通过学生之间的相互鼓励，获得向上的力量。

活动对象

大学生。

活动准备

1. 场地：相对宽敞的活动场地。
2. 道具：心形便利贴、励志的音乐。

活动时间

60 分钟。

活动过程

活动（一）：掰手腕

1. 时间：15 分钟。
2. 操作：
（1）各位成员在小组内找一名身高体重和自己相似的同伴，组成二人组。
（2）房间内窗帘关闭，灯光变暗。两人面对面做掰手腕的游戏，要求一方将对手掰倒的同时高喊"我最棒"，对手在这个过程中给他制造困难，帮助他体验克服困难的勇气。
（3）一方成功了之后，换另一方来完成相同的任务。
（4）最后，小组内讨论分享活动感受。
3. 讨论分享：
（1）面对体能和自己差不多的对手时，有何感受？
（2）当对手给自己制造困难时，是否有信心一定能成功掰倒对方？
（3）最后高喊出"我最棒"时是什么感觉？

活动（二）：回顾人生阅历

1. 时间：20 分钟。
2. 操作：
（1）伴随轻柔的音乐，所有成员回顾过去，冥想1分钟。
（2）成员在纸上完成四个问题：
①我曾经经历的最大挫折或困难是什么？
②我当时是怎么做的？
③如果时间重新回到过去，我会怎么做？
④从这些挫折中，我得到了哪些收获？
（3）领导者请愿意在台前交流的成员进行分享。
3. 讨论分享：
（1）每一个事件都组成了生命的阅历，使我们成长。回顾过去，有哪些挫折让你感觉到自己很有力量？
（2）将来面对同样的困难，你愿意放开内心的恐惧，去战胜它吗？

活动（三）：互相鼓励

1. 时间：25分钟。
2. 操作：
（1）给每位学生分发一张粉红色心形便利贴，在便利贴上方写上自己的姓名。
（2）学生互相帮忙将便利贴贴在自己背后，请其他学生为自己留言，留言内容主要是鼓励的话语或者是对他的期待。留言可以不署名。
（3）要求留言是真诚的、温馨的，不可以乱涂乱画、开玩笑。
（4）10分钟后，所有人停下来。老师将音乐换成轻柔、和缓的乐曲。学生取下各自的便利贴，用心读同学们的鼓励和期待，收藏这份感动，获得继续努力前行的动力。
3. 讨论分享：
（1）读到其他学生对自己的鼓励话语，你有什么感受？
（2）你对其他学生的鼓励，也可在一定程度上投射自己的内心，你对自己有什么期待？

心理知识拓展

（一）挫折的含义

挫折就是指个体从事有目的的活动过程中，由于遇到无法克服的或自以为无法克服的障碍或干扰，使个人的需要得不到满足时而产生的紧张状态与情绪反应。挫折通常包括以下三种成分。

挫折情境：挫折情境指对人们的需要、动机或目的性活动造成内外障碍或干扰的情境状态或条件。

挫折认知：挫折认知是对挫折情境的知觉、认识和评价，这是导致挫折产生的最重要的因素，其决定了挫折感的性质和强度。

挫折反应：挫折反应是指个体在挫折情境下所产生的烦恼、困惑、焦虑、逃避、愤怒、攻击等负性情绪交织而成的心理感受，即挫折感。

（二）大学生挫折产生的原因

1. 客观因素

（1）自然环境因素。

自然环境因素是指个人不能预料和控制的一切客观因素，如自然灾害、地震、洪水、交通事故、疾病、死亡等。

（2）社会环境因素。

社会环境因素是指个人在社会生活中受到的各种人为因素的限制与阻碍，包括政治、经济、文化、风俗习惯和道德观念等方面。随着科学技术的飞速发展，社会节奏不断加快，生存竞争日益加剧，环境因素给人们带来了更大的紧张感和挫折感。

（3）家庭环境。

过分受到溺爱的孩子，面对困难更易产生挫折感；父母过分管制或放任不管的孩子，部分表现为蛮横无理或漠视社会规范，部分表现出内向、孤僻的性格，不善与人交往；家中亲人遭遇不幸的孩子，从小就失去了温暖；家庭经济拮据的孩子，求学倍感艰难；病魔缠身的孩子，时常心灰意冷；娇生惯养的孩子，缺乏独立生活、自我管理、自我约束的能力，一旦离开父母就无所适从等。这些因素使得一些大学生产生了大学生活不易和求学艰辛的挫折心理。

（4）学校环境。

在迈入大学校门前，每个人心中都描绘了一幅美好的图画，憧憬美好的大学生活。但现实往往并不令人满意，很多新生抱怨："这哪里是大学，还不如高中的环境。"一是抱怨校园设施落后，住宿、进餐、洗澡等后勤保障不能满足大学生的需求，增加了他们的不满情绪。二是抱怨教学内容与管理方式滞后。部分高校的教学内容滞后于现代社会的变化与发展，知识观念陈旧，教学方法和手段落后于现行人才培养的需求，使大学生产生强烈的不满和受挫情绪。

（5）就业环境。

高校不断扩招，大学生就业率越来越低，市场就业压力进一步加剧。在就不了业就意味着失业的同时，许多毕业生不愿去边远地区，害怕离开大城市。这一矛盾使得许多大学生心有余悸，进而影响学业，形成挫折心理。

2. 主观因素

（1）生理因素。

生理因素是指个体与生俱来的身体、容貌、健康状况等先天素质的限制。例如，其貌不扬的同学很在意别人对自己容貌的负面评价；身材矮小的男生不愿与高个子男生比较；身体素质较差的学生选修体育课很难达标；长期生病缺课的同学面对考前复习更加紧张焦虑。对自身生理因素不满的同学，容易产生自卑情绪，在人际交往、学业、情感、就业等方面更容易产生挫折感。

（2）个性因素。

个性是一个人所具有的意识倾向性和较稳定的心理特征的总和。个人的兴趣、爱好、气质、态度、适应能力、意志品质、人生观、价值观等都与挫折感的形成有直接关系。性格开朗、乐观、坚强、自信的人挫折耐受力强；性格孤僻、懦弱、内向、心胸狭窄的人挫折耐受力弱。

（3）学习因素。

在学习成绩等方面，能进入大学学习，大部分同学在中学学习成绩都是不错的，但如今却在班级里不显山、不露水，只有通过努力学习，才能取得好成绩。一部分同学看到别的同学比自己强，便产生嫉妒心理；还有一些同学认为进了大学校门，以后就能找到一份满意的工作，导致学习态度不端正或者学习方法不得当等而不能尽快适应大学的学习生活，因而产生得过且过混日子、不求上进的挫折心理。

（4）自我认知偏差。

大学生自我意识发展很快，但是由于缺乏社会经验往往不能正确地认识自我。取得一点成功就会过高评价自己；相反，遇到失败或挫折，就会低估甚至怀疑、否定自己。例如，一位大一女生，在高中时成绩优异，经常受到老师和同学的赞赏，自我感觉良好，进入大学以后，突然发现很多同学都有特长，而自己的优越感荡然无存，非常失落，产生挫败感。

（5）人际关系因素。

由于大学生来自五湖四海，每个人的家庭背景、经济条件、生活阅历、生活习惯、兴趣爱好各不相同。有的人天性羞涩、不善言辞、害怕交际；有的人天马行空、我行我素、目中无人。具有不良性格或习惯的同学由于微不足道的小事就可能挑起事端、自伤和气，甚至情绪激动导致矛盾向极端发展。有的同学一旦交往失败，就认为同学不好处，朋友不好找，挚友难交、知音难觅，把自己的心灵之窗关闭，把自己局限在很小的圈子内。

活动三　同舟共济

活动目标

1. 培养学生克服困难、团结一致的团队精神。
2. 提高学生间相互信任、共同解决问题的能力。

活动对象

大学生。

活动准备

1. 场地：相对宽敞的活动场地。
2. 资材：呼啦圈、眼罩、绳子、椅子。

活动时间

60分钟。

活动过程

活动（一）：呼啦圈冲冲冲

1. 时间：20分钟。
2. 操作：

（1）团队领导者为每个小组发放一个呼啦圈，成员排成一列，每两名成员间隔10米。

（2）团队需要从第一名成员开始双手抓握住呼啦圈，然后双腿跳进呼啦圈内，紧接着呼啦圈从成员身后穿过头顶重新回到成员前面，成员再次双腿跳进呼啦圈，重复呼啦圈从身后穿越头顶的向前动作，如此循环往复，不断跳跃前进将呼啦圈传递给下一名成员。

（3）各组进行比赛接力，呼啦圈顺利接力到终点，用时最短的小组胜出。

3. 讨论分享：
（1）在比赛进行前，你们组内是否共同商量并运用了呼啦圈接力的策略？
（2）在这个活动体验的过程中，你内心有哪些感受？
（3）结合生活实际，这个活动给你哪些启示？
4. 注意事项：
（1）提醒每位成员需要注意安全，以免发生扭伤事故。
（2）介绍完比赛规则后，要为各个小组预留充分的交流讨论、模拟练习时间。

活动（二）：幻想方阵

1. 时间：20分钟。
2. 操作：
（1）团队领导者将成员们分成人数均等的若干小组，为每组分发相应数量的黑色眼罩与一根12米长绳。
（2）各组成员均戴上眼罩，将长绳自然拉开摆成一条直线，每人相距1米。
（3）各组成员准备好后，领导者开始下达指令，例如，"将绳子围成一个三角形""将绳子围成一个正方形""将绳子围成一个圆形"等连续指令，限时进行，在最短时间内完成的小组获胜，最后完成的小组接受小挑战。
（4）第一个完成的小组成员可以摘下眼罩观看其他组的活动进程与动态，观察总结经验，活动结束后在组内交流心得，小组代表在大组中分享经验，领导者总结点评。
3. 讨论分享：
（1）分享你们的游戏策略。
（2）在活动进行时，你们组内有分工吗？是否出现了领导者？
（3）你们的活动进行得顺利吗？出现过哪些问题？
（4）这个活动给你哪些启示？竞争意识是否在活动中有所体现？
4. 注意事项：
（1）每人相距1米，活动过程中注意安全，以免发生绊倒等危险事故。
（2）选择操场等大场地，以保证足够大的活动空间。

活动（三）：进击的火车

1. 时间：20分钟。
2. 操作：
（1）将椅子摆放成三纵列，用于固定长绳保持离开地面的状态。将绳子利用椅子进行平行拉高或交叉拉高，高度需要低于成员们的膝盖平均高度，在场地中形成障碍物。
（2）人数均等的每小组排成一纵列，后面的成员用左手抬起前面人的左腿，右手搭在前面人的右肩上，组内保持这种预备姿势，最后一位成员也需要单脚弹跳前行，整个队列像一列火车准备出发。团队从起点出发，跨越障碍长绳，到达终点。
（3）全队顺利跨越障碍长绳且用时最短的团队胜利，用时最长的团队接受小挑战。
（4）每轮比赛两个小组同时进行。
（5）比赛结束后成员在小组内交流心得，小组代表在大组中分享经验，领导者总结点评。

3. 讨论分享：

（1）你们在完成"火车"姿势时遇到了哪些困难？是如何解决的？

（2）在跨越长绳障碍时，你们是如何进行安排的，采用了哪些策略？

（3）你对这个活动有哪些体会？

心理知识拓展

（一）团队协作的影响因素

1. 领导力

领导力在团队协作中起着至关重要的作用。一个优秀的领导者可以激发团队成员的积极性和创造力，带领团队成员共同追求目标。领导者需要具备良好的沟通和协调能力，能够有效地调动团队成员的积极性和潜力，促进团队成员之间的交流和合作。领导者还需要具备决策能力和解决问题的能力，能够在团队遇到困难和挑战时给出合理的解决方案。

2. 信任与合作

团队协作建立在信任和合作的基础上。团队成员之间需要相互信任和尊重，才能够有效地进行交流和合作。信任可以增强团队成员之间的合作意愿和合作能力，促进团队成员之间的互助和支持。团队成员需要相互协作，共同努力去实现团队的目标，而不是各自为政。

3. 有效的沟通

有效的沟通是团队协作的关键。团队成员之间需要进行及时和清晰的沟通，确保信息的准确传达和理解。有效的沟通可以避免误解和冲突的产生，提高团队成员之间的协作效率。团队成员需要倾听和尊重对方的意见，共同讨论和解决问题，确保团队成员之间的想法和目标保持一致。

4. 多样性和包容性

团队成员的多样性和包容性对团队协作的效果有着重要的影响。团队成员的多样性可以带来不同的观点和思维方式，促进团队成员之间的创新和思维碰撞。而且，团队成员之间的包容性可以减少冲突和摩擦，增强团队成员之间的合作意愿和合作能力。团队成员需要尊重和接纳不同的观点和意见，共同追求团队的目标。

（二）团队协作的重要性

1. 提高工作效率

团队协作可以将不同的个人技能和专长充分结合起来，形成一个高效的工作机制。团队成员可以根据各自的能力和兴趣分工合作，互相协调配合，共同完成任务。通过分工合作，团队成员可以专注于自己擅长的领域，提高工作效率。而且，团队成员之间可以相互交流和学习，共同解决问题和提出创新的解决方案，从而进一步提高工作效率。

2. 促进团队成员之间的交流与合作

团队协作需要团队成员之间的密切配合和有效沟通。通过团队协作，团队成员可以建立起良好的人际关系，增强彼此之间的信任和理解。团队成员可以相互倾听和尊重对方的意见，共同协商决策，并且互相支持和帮助。团队协作还可以培养团队精神和团队意识，使团队成员更加凝聚力量，共同追求团队的目标。

3. 激发团队成员的创造力和潜力

团队协作可以激发团队成员的创造力和潜力。在团队中，团队成员可以通过交流和合作，共同分享经验和知识，互相激发创新的灵感。团队成员可以提出自己的观点和想法，得到其他成员的反馈和建议，从而不断改进和完善自己的想法。团队协作还可以培养团队成员的领导能力和解决问题的能力，激发他们的潜力。

4. 实现共同的目标

团队协作能够帮助团队成员共同追求团队的目标。团队成员可以共同制订目标和计划，明确分工和责任，确保团队成员在实现目标的过程中能够互相支持和配合。团队协作可以增强团队成员的归属感和责任感，使他们更加有动力和决心去实现团队的目标。通过团队协作，团队成员可以共同分享成功的喜悦，共同面对困难和挑战，共同成长和进步。

模块十一　自我赋能

任何处于向上发展的人生，都会不断遇到各种新鲜事物以及挑战，其中绝大多数都是我们"自找"的，用"自找"这个词来形容不断升维发展的人再合适不过了。正是因为有这些"自找"，我们的人生才会更为精彩，在一次次学习或应对"自找"挑战的过程中，不断提升自己的能力和思考维度，并积累更多经验和知识。

这样的"自找"就是一种自我赋能，是一种由自己主导的自驱式赋能。

在人生道路上，千万不要让自己陷入各种内卷化的陷阱，不要让自己"低电量运行"，而是保持一种不断"充电"的心态，每时每刻都要不断保持自己满电量运行，在电量已满的情况下，不断扩充容量。

每时每刻，认识自我，知道自己的发展方向，并不断向着自己的目标而向上努力，通过自我赋能解决工作和生活中遇到的各种挑战和问题，勇往直前，方是一种人生的常态。

活动一　理想的我 VS 现实的我

活动目标

1. 了解心理学上自我的构成。
2. 加深学生对自我的探索。
3. 培养学生多视角看待自身的能力。

活动对象

大学生。

活动准备

1. 场地：可移动桌椅的多媒体教室。
2. 资材：A4 纸、彩铅。
3. 多媒体：轻缓抒情类音乐。

活动时间

60 分钟。

活动过程

活动（一）：猜猜"我"是谁

1. 时间：10 分钟。
2. 操作：

（1）团队带领者引导成员们围成一个圈坐下，给每人分发一张 A4 纸与一支笔，要求大家写下 3~5 句描述自己的句子，如"我是一个欢脱乐观、洒脱爱笑的乐天派""成熟稳重、严谨认真是我的一贯作风"。不允许透露个人信息（姓名、性别、年龄等）。

（2）成员们写完后将纸折好，放在团队中央，由团队带领者将纸打乱。

（3）每名成员随机抽取一张，依次打开并读出纸上的内容，并猜想和讨论纸上的成员是谁。如果没有猜中，则所有成员共同讨论纸上的成员究竟是谁；如果纸上的成员被猜中，被猜中的成员来认领纸条，同时猜中的人说出推理的理由。继续进行下一个成员的纸条猜想讨论。

3. 讨论分享：

（1）活动开始前你觉得这个任务容易吗？
（2）活动练习阶段你看到了什么？有什么发现？
（3）自己猜中别人或被他人猜中的感受是什么？

活动（二）：自画像

1. 时间：20 分钟。
2. 操作：

（1）将每张 A4 纸对折，每位成员发一张，每组一盒水彩笔。
（2）请在左半边画上我眼中的自己，在右半边画上理想中的自己。
（3）先翻到左边贴着对折的线画一半的自己，这个时候画的是我眼中的自己，画完半个自己后，翻转纸张到右半边画半个理想中的自己。
（4）将 A4 纸展开，看看自己画的拼成一个人奇怪吗？

3. 讨论分享：

（1）最大的不同在什么地方？
（2）改变哪个部分会让这个画像变得和谐？

心理知识拓展

（一）什么是自信

自信心（Confidence），在心理学中，与其最接近的是班杜拉在社会学习理论中提出的自我效能感（Self-efficacy）的概念，是指个体对自身成功应对特定情境的能力的估价。自信与否原本是描述人在社会适应中的一种自然心境，即人尝试用自己有限的经验去把握这个陌生世界时的那种忐忑不安的心理过程。

广义地讲，自信本身就是一种积极性，自信就是在自我评价上的积极态度。狭义地讲，自信是与积极密切相关的事情。没有自信的积极，是软弱的、不彻底的、低能的、低效的积极。自信是发自内心的自我肯定与相信。自信无论在人际交往上、事业上还是在工作上都非常重要。只有自己相信自己，他人才会相信你。

自信是对自身力量的确信，深信自己一定能做成某件事，实现所追求的目标。把许多"我能行"的经历归结起来就是自信。

自信是一个人幸福生活的重要元素，有自信的人往往生活得更加愉快，会让我们的生活和工作更加顺利。但自信并非"从天而降"，要建立起自信，就需要我们理解自信是什么，有什么提高我们自信的方法，然后接纳自己的优点和不足，善待自己、爱自己。

（二）自信对一个人来说有多重要

由于自信和他人评价有关，和自己的真实水平有关，和自己对自己能否解决问题的估值有关，所以没有自信可能会造成以下影响。

1. 个体对风险的极度厌恶和习得性无助

不自信的人往往会很讨厌参与一些有"挑战性"的工作，因为对自己没有自信，害怕失败，那么在发展个人事业的时候，就会过度小心翼翼，很害怕承担巨大的风险，往往就无法胜任一些高难度的工作。在个人投资方面会非常保守，甚至是抗拒。因为不自信的人很难面对未知，面对困难时没有自信的人会表现出更大的畏难情绪。

不自信的人，往往会把一件事情的成功或者别人在事业上的成就大概率归结于运气和于努力无关的一些天赋，会下意识地否定他人和自己在同一条起跑线上，从而给自己一些心理安慰，让自己的失败和退缩有合理化的理由。这样就很容易产生习得性无助的心理，常常会觉得"我命由天不由我"，觉得自己无论怎么做也不可能改变一些现状。

2. 没有自信，他人对自己的评价也会降低

我们早已不是生活在刀耕火种的年代，社会化以后，人们需要接受社会中他人对自己的评价，而这些评价往往会影响自己的事业发展。我们都知道一个人的主观能动性对成就的影响有多大，所以在选择事业合作伙伴或者岗位遴选的时候，会考虑一个人对自己的工作是否有足够的自信。

如果一个人没有自信，那么她/他必然会在各种细节中暴露出自己的犹豫、不安、焦虑，而他人也会观察到。不自信的人往往也会伪装，可是，任何一种伪装都会露出马脚。当我们去面试的时候，不自信的人往往会有更多的小动作，会东张西望，眼神更加飘忽不定。这就会让人觉得这人不太"靠谱"。如果和一个不自信的人一起共事合作，那么另外一方就可能承担更大的风险，甚至会造成一些损失。

3. 不自信的人往往会更加敏感，产生一些心理问题

自我评价比较低的人，会经常处于失败的无力感中，在人际交往中也难以平等地和别人交流，很容易"玻璃心"。当事人的情绪就很容易被外界的刺激所干扰，自己的一些想法很容易被影响动摇，对很多事情产生怀疑和焦虑，还会出现一些心理压力。

活动二　我比这要多

活动目标

1. 了解自信的来源。
2. 了解心理学上自我的构成。
3. 培养学生的自信。

活动对象

大学生。

活动准备

场地：相对宽敞的活动场地。

活动时间

60 分钟。

活动过程

活动（一）：进化演绎

1. 时间：15 分钟。
2. 操作：

（1）团体领导者将活动场地划分为大小不等的 4 个区域，分别供"鸡蛋""小鸡""猩猩"和人类聚集和进化使用。其中"鸡蛋"和人类的区域可以略大于"小鸡""猩猩"的区域。

（2）团体领导者告知成员"石头剪刀布"的游戏规则。

（3）团体领导者宣读规则：活动开始时，每个人都保持"鸡蛋"（蹲下、双手抱头）的状态，在团体中找到另一个"鸡蛋"并和他玩"石头剪刀布"，赢的一方升级为高一级的"小鸡"（半蹲，手臂微张置于腰两旁，像翅膀一样），走进"小鸡"区域。输的一方继续待在"鸡蛋"区域，保持蹲下、双手抱头的样子，找另一只"鸡蛋"玩"石头剪刀布"。

（4）"小鸡"找另一只"小鸡"玩"石头剪刀布"，赢者升级为"猩猩"，进入"猩猩"区域，做大猩猩状（站立，模仿猩猩捶胸的动作）。输者退回到"鸡蛋"状态，重新从"鸡蛋"开始进化。

（5）"猩猩"与"猩猩"玩"石头剪刀布"。赢者升级为人类，进入人类区域，做人的相应动作（站立，两臂交叉，自鸣得意的样子），观看其他动物玩"石头剪刀布"。输者退回到"鸡蛋"状态，从"鸡蛋"开始进化。

（6）活动的目标是进化成"人"。

（7）活动进行到剩下的人无法进化时结束，如只剩单个"鸡蛋"、单只"小鸡"或"猩猩"。

3. 讨论分享：

（1）每人用一句话谈谈参与游戏的感受。

（2）当你还是一个"鸡蛋"的时候，有人已经进化为人类了，此时的你有什么感觉？

（3）很快进化为人的感觉如何？

（4）最后仍没"成人"的成员有什么感受？

（5）对快乐有什么发现？

（6）活动的过程和生活有什么联系吗？这个活动让你想到些什么？

（7）这种进化的规则在现实生活中是否存在？

（8）通过这个活动，你对生活有什么感悟？

4. 注意事项：

（1）参与成员应穿适宜运动的裤装、平底鞋。

（2）团体领导者可以和成员一起玩"石头剪刀布"，享受活动的乐趣。

（3）当参与活动的人很多时，进化环节可以限时，不一定要进行到剩下的人无法进化，可以剩下一些成员没有完成进化。

（4）给予成员充分的分享时间，了解不同的感受，可比较最早成功和最后都没成功的人感受的不同。

5. 活动变式：

（1）在不同进化类别之间允许进行"石头剪刀布"的游戏，输者仍然退回到"鸡蛋"状态，最后全场只剩下一个"鸡蛋"，其余均进化为人。

（2）玩"石头剪刀布"输的成员，降级可以只降一级，不退回到"鸡蛋"状态。实施这种规则，个别输得多的成员挫败感要稍好些，但感悟的效果也差一些，与现实的联系不如原来的设计贴切。

（3）允许"成人"后继续游戏，与另一"成人"玩"石头剪刀布"。如果输了，同样退回到"鸡蛋"重新开始。

（4）邀请成员设计自己的进化状态和动作，增强成员的参与感和创新意识。

活动（二）："生命线"

将自己目前为止的生命可视化，看看在我们的生命历程中，哪些塑造了我们自己，哪些给我们留下了伤痕，让我们接受无法改变的事实，拥抱可以改变的自己。

1. 时间：20分钟。

2. 操作：

（1）团体领导者根据参加活动的总人数将成员分成8人左右的小组，并为每位成员分发一张A4纸和一支签字笔。

（2）团体领导者引导成员预计自己的生命可以延续到多少岁。指导成员以自己0岁为起点，以设想中生命结束的年龄为终点在A4纸上画一条线段。

（3）请成员在该线段上标注自己目前的年龄。以现在的年龄为分界线，在其左侧标注生命中已经发生的三件大事，并标记其发生的年龄；思索这些事情给自己的性格带来了什么影响，发挥了什么作用。

（4）在其右侧标注生命中还未发生的三件大事，也标记其预计发生的年龄。

（5）完成后，领导者引导成员进行小组分享讨论，并邀请几位成员进行分享交流。

心理知识拓展

（一）自我效能感

自我效能感是指个体对自己是否有能力完成某一行为所进行的推测与判断。最早由心理学家班杜拉于1977年提出，班杜拉对自我效能感的定义是"人们对自身能否利用所拥有的技能去完成某项工作行为的自信程度"。班杜拉认为除了结果期望外，还有一种效能期望。结果期望指的是人对自己某种行为会导致某一结果的推测。如果人预测到某一特定行为将会导致特定的结果，那么这一行为就可能被激活和被选择。

班杜拉曾表示："人必须有一种自我效能感，才能应对人生中不可避免的阻碍和不公，走向成功。"自我效能感越高，也就是个体认为自己做好某方面工作的可能性越大，越会努力积极地做这件事。

（二）如何培养自我效能感

根据自我效能感变化的四个来源，可以梳理出帮助我们建立自我效能感的方法。

1. 庆祝成功

成功经验在自我效能感的建立中起着至关重要的作用。当你在某件事上获得成功时，你便能建立起对自己能力的信念，而失败则有可能破坏这种感觉，特别是在建立自我效能感的初期。

不过，最有利于建立自我效能感的"成功"并不是那些容易获得的成功。如果你轻易获得成功，但最终又遭遇失败的话，就很容易因此放弃。因此，为了建立自我效能感，你需要设定一些需要通过一定努力即可达成的目标，一旦你克服困难实现这些目标，就会更加坚信自己的能力。

2. 观察他人

从他人身上获得的经验也是建立和加强自我效能感的重要手段。看到别人能通过付出努力获得成功，可以增强自己追求成功的信念。

这种方法的一个关键因素就是，你观察的对象需要与自己有一定的相似度，你越觉得自己像观察对象，就越有可能增强自己的自我效能感。

3. 寻求积极的肯定

听取他人的积极反馈也有助于提高自我效能感。特别是来自朋友、导师和那些你尊敬的人的正面评价，更有可能帮助你建立起对自己能力的信心。相反，你要尽量避免向那些喜欢给予别人负面评价的人索取反馈。

来自社会的积极反馈对加强已有的效能感很有帮助，而消极的评价则会产生强大的破坏作用。仅靠社会反馈可能不足以完全建立起你的自信心，但当你需要一点额外鼓励时，它能提供你想要的帮助。

4. 转换你的想法和情绪

如果你发现自己在面对一项具有挑战性的任务时变得紧张和焦虑，你可能就会对自己应对手头任务的能力抱有疑虑。特别是当你把紧张、流汗等一系列身体反应当成自己无能的表现时，这种想法便会进一步降低你的自我效能感。

因此，你需要想办法管理自己对所要完成的任务的想法和情绪。寻找缓解压力的方式，让自己对自己的能力更有信心；用积极的自我对话来代替消极的想法，以提升自信心。同时，不要过分解读紧张时的身体反应，将其看作正常现象，与能力无关。改变自我效能感的是一个人对其身体反应意义的解读，而不是身体反应本身。

活动三　做最好的自己

活动目标

1. 了解自身的优势与缺点，能够包容自己的不足。
2. 通过活动客观、全面地看待自己，利用自身特点找到符合自身的发展目标，不过分拔高也不过分贬低自己。
3. 调整心态，保持良好的心理适应能力。

活动对象

大学生。

活动准备

1. 场地：相对宽敞的活动场地。
2. 资材：A4 纸、水彩笔。

活动时间

60 分钟。

活动过程

活动（一）：优点大轰炸

1. 时间：10 分钟。
2. 操作：
（1）团体带领者根据参加活动的总人数将成员分成 8～12 人的小组。

（2）小组成员围坐成一圈。用黑白配（手心手背）的方式决定谁最先做自我陈述，其余成员按顺时针或逆时针的方式依次介绍。

（3）每位成员在介绍自己名字的时候，同时说出一个自己的优点。自我陈述的表达统一为：大家好，我是×××，我的优点是×××。

（4）第一位成员介绍完后，全组成员要齐声重复他的名字和优点。随后以顺时针为顺序，每名小组成员在前一个成员的基础上，多加一句该成员的优点，依次向下传递，不能重复，直到最后一个成员把该同学所有的描述总结完。

（5）随后抽取下一名同学重复步骤（4）。

3. 讨论分享：

（1）谈谈你对这个活动的感受。

（2）通过这个活动，又发现自己新的一面吗？

（3）你认可大家总结的你的优点吗？还有哪些优点是没有来得及说出来的？

活动（二）：寻找失落的一角

1. 时间：20分钟。

2. 操作：

（1）团队带领者根据参加活动的总人数将成员分成6~8人的小组，并为每位成员分发一张缺了一角的圆形卡纸和一支签字笔。

（2）团队带领者引导成员在各自缺了一角的圆形卡纸上标注自己目前的资源或优势。

（3）带领者分发缺失的一角给各位成员，并告知其在这缺失的一角上要填写自己目前最想要追求的事物。

（4）带领者引导成员进行小组分享讨论，并邀请几位成员进行分享交流。

3. 讨论分享：

（1）你目前所拥有的资源或优势有哪些？

（2）你想要追寻什么来使自己的生命更加精彩？

（3）你目前所拥有的资源或优势对你所追寻的事物是否有助益？

（4）你做了哪些努力来获得你所想要得到的事物？得不到的时候你将如何面对？

4. 注意事项：

（1）分享环节，带领者要引导其他成员给予适当的反馈，保持尊重倾听的态度，可以表达自己的感受，但不要带有攻击性。

（2）成员在整理自己的资源或优势时，切勿与其他成员沟通交流，以免受到他人的影响。

人的成长受到社会、环境、家庭等各个方面的熏陶，每个人都会拥有各不相同的自我优势。通过活动了解自身的资源和不足，拥抱自己、接纳自己。

活动（三）：超越心灵的地图

1. 时间：30分钟。

2. 操作：

（1）团体带领者根据参加活动的总人数将成员分成8人左右的小组，每组一盒水彩笔，每位成员一张 A4 纸。

（2）团体带领者引导成员描绘自己的人生地图。地图上可包含起点、路线以及终点，可以适当地在其中添加地理标志，如山川、河流、湖泊、峡谷等。成员可以将自己最想要完成的目标写在终点上，并按照自己对于目标的规划分成多个阶段或小目标，依次在地图纸的路线图中进行标注。请成员将路线中的山川、湖泊、峡谷的地理标志设想成实现小目标时会遇到的阻碍，并在相应的地理标志旁进行标注。

（3）引导成员思考结合已有的经验，合理规划或采用何种办法来克服前进途中的各种艰难险阻，从而实现最终目标。

（4）完成后，带领者引导成员进行小组分享讨论，并邀请几位成员进行分享交流。

3. 讨论分享：

（1）可以分享一下你所设定的目标吗？若想要实现这个目标需要克服哪些困难和障碍？你是通过什么途径克服的？期间你发现自己有什么优点？

（2）如果你所设定的目标实现了，对你有何种意义？

（3）自身拥有哪些资源或经验可以帮助你实现目标？

4. 注意事项：

分享环节，带领者要引导其他成员给予适当的反馈，保持尊重倾听的态度，可以表达自己的感受，但不要带有攻击性。

心理知识拓展

（一）自卑的表现

自卑又称自卑感，是指个人体验到自己的缺点、无能或低劣而产生的消极心态。

1. 自评过低

自卑表现为对自己的能力、品质评价过低，同时可伴有一些特殊的情绪体现，诸如害羞、不安、内疚、忧郁、失望等。严重的会导致自残、自杀等后果。现代心理学认为，自卑是自我情绪体验的一种形式，是个体由于某种生理或心理上的缺陷或其他原因所产生的对自我认识的态度体验，表现为对自己的能力或品质评价过低，轻视自己或看不起自己，担心失去他人的尊重的心理状态。

过低地评价自我，表现在看不到或很少看到自己的优点和长处，在俯视自我的同时又总是仰视他人，常常拿别人的优点、长处比自己的短处与不足。表现为看不起自己、不喜欢自己、不容忍自己，一味地抱怨、指责、否定自己。"我越来越讨厌自己，在性格、风格、风度、能力方面简直一无是处，不善言辞、不会处理事情、又傻又笨、无才无貌"，这就是典型的自我否定、自我拒绝的写照。

如果一个人看不到自己的价值，只看到自己的不足，觉得自己什么都不如别人，处处低人一等，就会丧失信心，产生厌恶自己并否定自己的自卑感。在学习、生活、工作中显得自信心严重不足，对有利条件估计不足，对困难估计过高，视成功为机遇，将失败归因于自己的无能。

因而，自卑者或是表现为缺乏进取心，甚至自暴自弃；或是为掩饰、代偿自卑而表现出过强的自尊心、虚荣心。情绪压抑、心烦意乱，做事既希望成功，又不指望成功，缺乏勇气、优柔寡断，不能正常发挥，屡屡错失良机。导致个体低估自我的原因，有的是自身客观条件不理想，也有的是挫折感导致的（如以往的挫折经历，现实的挫折，缺乏应有的社会评价和期待等）。

2. 早期征兆

自卑是一种性格缺陷，而一个人自卑性格的形成往往源于儿童时代。无疑，自卑对儿童的心理健康将产生负面影响，更对一个人的身心正常成长起消极作用。美国儿童心理治疗专家霍夫曼指出，当家长的须关注自己的孩子有没有自卑心理，一旦发现，应尽早帮助克服和纠正，以避免随年龄的增长最终形成自卑性格。霍夫曼还认为，自卑儿童往往会表现出如下早期征兆。

常年情绪低落。如果孩子常常无缘无故地郁郁寡欢，那很可能就是自卑心理使然。

过度怕羞。儿童，特别是女童略有怕羞纯属正常，但如果怕羞过度（包括从来不敢面对小朋友唱歌，从来不愿抛头露面，从来不敢接触生人等），则可能内心深处隐含有强烈的自卑情结。

拒绝交朋结友。一般来说，正常儿童都喜欢与同龄人交往，并十分看重友谊，但有自卑心理的孩子绝大多数对交朋结友或兴趣索然，或视之为"洪水猛兽"。

难以集中注意力。自卑感强的儿童在学习或做游戏时往往难以集中注意力，或只能短时间地集中注意力。这是因为"挥之不去"的自卑心理在作祟。

经常疑神疑鬼。自卑儿童对家长、教师、小伙伴对自己的评论往往十分敏感，特别是对别人的批评，更是感到难以接受，甚至耿耿于怀。长此下去，他们还可能发展到"疑神疑鬼"的地步，总无中生有地怀疑他人不喜欢或者怪自己。

过分追求表扬。自卑儿童尽管自感"低人一等"，但往往又会反常地比正常孩子更追求家长和教师的表扬，而且可能采用不诚实、不适当的方式，如弄虚作假、考试作弊等。

贬低、妒忌他人。自卑儿童的另一变态反应是：常常贬低、妒忌他人，如可能因为邻桌受到老师表扬而咬牙切齿甚至夜不能寐。心理学家认为，这是他们为减轻自己因自卑而产生心理压力设计的宣泄情绪的渠道，尽管这往往并不奏效。

自暴自弃。占大比例的自卑儿童往往会表现为自暴自弃、不求上进，认为反正自己不行，努力也是白搭。更有甚者，还可能表现出自虐行为，如故意在大街上乱窜、深夜独自外出、生病拒绝求医服药等，似乎是刻意让自己处在险境或困境之中。要是遭到家长指责，便以"反正我低人一等"去辩解。

回避竞争、竞赛。虽然有的自卑儿童十分渴望在考试、体育比赛或文娱竞赛中出人头地，但又无一例外地对自己的能力缺乏必要的自信心，因而断定自己绝不可能获胜。由此，绝大多数自卑儿童都尽量回避参与任何竞赛，有的虽然在他人的鼓励下勉强报名参赛，但往往在正式参赛时又会临阵逃脱，甘当"逃兵"。

语言表达较差。据专家所做的统计，高达八成以上的自卑儿童的语言表达较差。他们或表现为口吃，或表述不连贯，或表达时缺乏情感，或词语贫乏等。专家们认为，这是因为强烈的自卑感极有可能阻碍了大脑中负责语言学习系统区域的正常工作。

对挫折或疾病难以承受。自卑儿童大多不能像正常儿童那样承受挫折、疾病等消极因素带来的压力，每每遇到小失败或小疾病便"痛不欲生"，有时甚至对搬迁、亲人过世、父母患病等意外都感到难以适从。

任何人或多或少都会有自卑感。适度范围内的自卑感可以激发我们追求更多美好的事物。但如果这种自卑感已经影响到你积极进取和追求美好生活的愿望，那么此时，你应该重视并开始通过一些方式方法改变这种现状。

（二）自卑带给我们什么

1. 自卑会使我们丧失意志，损害我们的健康

自卑的人情绪低沉、郁郁寡欢，常因害怕别人瞧不起自己而不愿与别人来往，只想与人疏远，缺少朋友，甚至自疚、自责、自罪。他们做事缺乏信心，优柔寡断，毫无竞争意识，享受不到成功的喜悦和欢乐，因而感到疲劳，心灰意冷。

由于自卑，大脑皮层长期处于抑制状态，中枢神经系统处于麻木状态，体内各器官的生理功能得不到充分调动，不能发挥各自的应有作用；同时分泌系统的功能也因此失去常态，有害的激素分泌随之增多；免疫系统失灵，抗病能力下降，从而使人的生理过程发生改变，出现各种病症，如头痛、乏力、焦虑、反应迟钝、记忆力减退、食欲不振、性功能低下等，这些表现都是衰老的征兆。

可见，自卑的心理能促使一个人在人生道路上走下坡路，是加速自身衰老的催化剂。

2. 自卑也带给我们好处

自卑既能摧毁一个人，使人自甘堕落或诱发精神疾病，也能使人发愤图强、力求振作，以补偿自己的弱点。有了自卑感，就有了补偿的需要。人的自卑感使人希望通过补偿将弱点克服。若没有自卑感，人就不会确立追求优越的目标，从这方面来说自卑感又能驱使人产生对优秀的渴望。简单地说，人一旦体会到自卑，就会力求补偿此不足而获得优越感，并力求完善。这时自卑感反而是我们进步的动力。

（三）阿德勒眼中的自卑与超越

很多人都认为自卑是种极度脆弱的情感，它使我们总是担心自己做得不够好。我们处处都可以感受到自卑的真切存在。我们的外表、口音、经济状况，以及皱纹、体型、疾病，任何一种"弱点"都有可能引发自卑。

但在阿尔弗雷德·阿德勒看来，有自卑感是完全正常的，正是它的存在才促使人寻求补偿。它是人格发展的动力。每个人都有不同程度的自卑感，因此心理上的自卑是每个人都要面对的基本处境。自卑会造成紧张，人们因而要努力摆脱这种处境。阿尔弗雷德·阿德勒是奥地利著名心理学家，个体心理学的创始人，人本主义心理学的先驱，和弗洛伊德、荣格并称为现代心理学的三大奠基人。他针对这种情况写了一本著作《自卑与超越》。

每个人都会做出这种努力。只是对不同的人来说，其摆脱自卑感的方式可能不同罢了。一种方式是：使用不正确的方式改进自己的环境。另一种方式是：因为气馁放弃任何改进情

境的努力。这两种方式下个体虽然因为无法忍受自卑感，而努力设法摆脱，但采用的方式却注定使他的努力不可能获得成功。当一个人的自卑感越积越多，而造成自卑感的情境仍然一成未变，问题也依旧存在时，个体"所采取的每一步都会逐渐把他导入自欺之中，而他的各种问题也会以日渐增大的压力逼近着他……他以各种方式麻醉自己，但是真正的自卑感仍然原封不动。它们依旧是旧有情境所引起的旧有自卑感。它们会变成精神生活中长久潜伏的暗流。在这种情况下，我们便能称之为自卑情结"。

自卑情结作为个体心理学的重大发现之一，是为人所熟知的概念。

阿德勒在不同的地方对这一概念给出过不同的解释。在其晚年出版的《生活对我们意味着什么》一书中，他对自卑情结下了一个定义："当个人面对一个他无法适当应付的问题时，他表示他绝对无法解决这个问题，此时出现的便是自卑情结。"自卑情结的存在意味着一个恶性循环的出现：一个自卑的人想努力摆脱自卑，但他所采用的方式却只能使他的努力失败，从而加重自己的自卑。于是一个循环又出现了，并不断重复下去。与之相对，只有使用正确的方式（阿德勒认为与社会合作的方式是唯一正确的方式）改进自己的环境，才能有效脱离这种感觉，并且改善自己的处境。对这些人来说，可以通过寻求正确的补偿途径弥补自己的不足，从而使自卑成为人格发展的动力。

模块十二　珍爱生命

生命对每个人都只有一次，而且是一个不可逆的过程，对人来说，没有什么比生命更加珍贵的东西。本模块旨在通过多个团体活动，帮助学生理解生命的意义，珍爱生命，用心感受这个世界的美好。生活中有失意，有欢笑，每个人的一生都是起伏不平的。在失意的时候，正确看待挫折，保持平和的心态，积极面对生活，生命也会因为我们的努力而更加精彩。

活动一　体验生命力

活动目标

1. 用冥想的方式进入一棵植物中，体会强大的生命力。
2. 帮助学生开拓自己的创造力和求生的意志。

活动对象

大学生。

活动准备

1. 场地：相对宽敞的活动场地。
2. 资材：A4 纸、彩笔、植物种子、轻音乐。

活动时间

60 分钟。

活动过程

活动（一）：感受种子的生命力

1. 时间：10 分钟。
2. 操作：
（1）全体学生以放松的姿势进行冥想，手机全部调成静音模式，室内灯光调暗，播放舒缓的轻音乐。
（2）领导者以轻柔的声音说出冥想指导语："想象你是一颗埋在泥土里的种子，你已经在泥土中埋藏了几日，吸收了自然的雨露和营养，你现在拥有了破土而出的动力；经过了几日，你终于破土而出，发芽了，你长出了两片幼嫩的芽，感受到了雨水的滋润和阳光的温暖；你成长着、成长着，慢慢长大，变得不再幼小；你拥有了越来越强的力量，你的根向泥土的更深处延伸，为你的躯干提供更多的养分；你终于长成了一棵成熟的植物，风来了，你随风舞蹈，雨来了，你兴奋地吸吮着甘霖，你变成了自己想要成为的样子，你很满足。"

（3）学生缓缓睁开眼睛，给每个学生分发一张A4纸和几支彩笔，将其想象中的植物画在纸上。

3. 讨论分享：

（1）为什么你冥想时会想到这种植物？有什么含义吗？

（2）你的特点和这种植物的品质有什么相似之处？

活动（二）：图绘生命

1. 时间：20分钟。
2. 操作：

（1）制作一张写有"生命"词语的幻灯片，在活动前播放。

（2）发给每人一张A4纸。

（3）领导者问大家，第一眼看到"生命"的感觉是什么，要求大家用词语或者图画表达。同时摆出彩笔盒，允许大家用自己喜欢的彩笔来写或画。

（4）当大家完成这一任务后，要求大家把写或画出来的自己的作品举起来，每个人可以寻找与自己有共同点的学生，然后组成一组。

（5）让每个组的学生分享自己对生命的感觉，时间控制在10分钟以内。

（6）让每个组派出一名学生在大组中分享自己小组讨论的结果。

（7）领导者总结，最后让大家看一下写有或画有自己感觉的纸张，看看对待生命的认识有没有变化，然后举在自己的胸前，让每个学生看看别人写有或画有对生命感觉的纸张，看看自己有没有什么新的感觉。

3. 讨论分享：

（1）当你发现与你有类似的对生命感觉的人时，你有什么感受？

（2）当你听到别人有与你不同的对生命的感觉时，你有什么想法？

（3）当听完大家的分享后，你再看大家对生命的不同感受时，有没有不同的感觉？

活动（三）：独自求生

1. 时间：30分钟。
2. 操作：

（1）学生分成6人一组的小组，围坐一圈。

（2）领导者宣读指导语："现在你们身处在一个谁都不认识的异乡街头，身上没有带现金，只有你的身份证和学生证。临近中午了，你饥肠辘辘。需要用你的智慧找到一份工作，挣到15元来买一份午餐。现在每个小组可以分工，每个成员可以选定自己的角色，共同演绎一个短剧展现这一过程。"

（3）成员设置剧情、分工、排练，时间为10分钟。

（4）所有小组依次进行短剧表演，感受自己的强大力量。

3. 讨论分享：

（1）当面临很困难的事情时，生存下去的欲望怎样推动着我们的行动？

（2）你曾经有过类似的经历吗？

4. 注意事项：

（1）必须找到一份工作，不可以乞讨，也不可以让人请客吃饭。

（2）剧情设置需要合理，符合现实。

心理知识拓展

（一）生命的含义

根据人类的约定俗成，有机生命简称生命。一般人也不难区分什么东西是有生命的，什么东西是没有生命的。但给生命下一个科学的定义却是千百年来的难题，迄今也没有得到解决。关于生命，《现代汉语词典》给出的解释是生物体所具有的活动能力。百度百科的解释是"生命泛指一切具有稳定的物质和能量代谢现象，能回应刺激、能进行繁殖的半开放物质系统"。生命个体通常都要经历出生、成长和死亡。由于生命的复杂性，使得生命没有一个准确定义，只能抓住生命本质的复杂性去定义生命。

臧克家有句流传广泛的经典名言"有的人活着，他已经死了；有的人死了，他还活着"，这句话道出了生命的存在是复合的。人的生命，是人的生理、心理、社会属性的复杂统一体，分为生理生命、心理生命、社会生命。

生理生命主要包括新陈代谢、生长、发育、遗传、变异、感应、运动等。生长和发育是生命的基本过程，而新陈代谢则是生命的最基本特征，是其他一切生命现象的基础。所以，衣食住行、生老病死是每个人都必须经历的，也是每个人都无法逃避的。

心理生命也可以称为人的精神生命。人之所以为人，就在于人不仅仅是为了满足自己的自然生命而活着，还要追求超越生物性存在的精神性存在。人要规划自己的人生，创造自己的价值，指导和提升生物性的存在。正是有了生命的精神性存在，才使人的生命有了人文意义和价值，有了理性的意蕴和道德的升华。

社会生命是指人生命的存在是一种社会关系存在。个人要想生存下去，就必须参与和融入社会活动中，在与人的沟通、交往和互动中保存自己的生命，追求自己生命的意义，实现自己生命的价值。正是这种社会性存在，使人们面对千差万别、千变万化的社会生活时，有一种生命的智慧和坚定的信念，使人们面对有生有死、有爱有恨、有聚有散、有得有失的有限人生和无奈命运时，有一种豁达的胸怀和安然的态度。

生命的这三个部分并不是完全独立的，而是紧密地联系在一起，共存于一个生命体中，作用于人的整个生命活动过程之中。

（二）生命的属性

1. 唯一性

任何一个生命体都是独一无二的，具有其先天的独有属性，彼此之间是不可替换的。

2. 全程性

从生命的原点出发，伴随生命始终，决定了个体生长、发育乃至生命活动的全过程，并且这个过程是不可逆转的，具有单向性。所有人死了便不能复生。

3. 不平衡性

没有一个生命体的各系统能量是完全平衡的，生命体的四元素的平衡状态无限倾向于平衡，但无法持续保持绝对平衡。所以说，世界上唯一不变的是改变。

4. 自律平衡性

自律平衡性是生命体的生理功能、结构形态、个性气质、能量气血等方面相对稳定的个体生命特征。每个人都有不同的"生命属性"，又受限于自身的"生命属性"，就如塑料材质不可用来造烧饭的锅，没有音乐天赋的人再用功也成不了歌唱家。人的发展不能打破生命体自身平衡，要根据各自的"生命属性"各取所需，不强求与他人保持一致，否则将损伤自身。

5. 无常性

生命不仅是有限的，而且也是无常的，生老病死，不可预测。

（三）生命存在的特征

1. 生命的不可逆性

生命的宝贵，就在于它的不可逆性。人的生命只有一次，失去了就永远不会回来。从胚胎起，生命便一直生长、发育、发展，直到衰亡。它绝不会"倒行逆施"，返老还童。正是如此，人们才更加关注、珍惜和呵护自己的生命。因为生命一旦走过，是不可能回去的，生活中懊恼、悔恨的事情也不可能推翻重来。

2. 生命的有限性

生命的有限性主要表现在三个方面：一是生命存在时间的有限性。人的寿命一般为七八十岁，最多百十来岁。二是生命的无常性。人的生命有生老病死、旦夕祸福等不可预测性，任何人都逃脱不了，最终都会走向死亡。三是个体生命的存在不能离群索居，每个人都需要别人的帮助、支持和关怀。正是生命的有限性，才促使人去努力思考、发奋创造、积极生活，以实现自己生命的意义。

3. 生命的不可换性

生命为个体所私有，相互不能交换，彼此不可替代。生命对每个人来说只有一次，任何人都是无法复制的孤本。每个人都有自己的需要、兴趣、特长和认知思维方式，人总是赋予自己的生命以不同的内涵，从而形成个人独特的精神世界，使生命展现出不同的特色。

4. 生命的双重性

在人的生命体中存在着两种生命：一种是人作为肉体的存在物，它是自然界的一部分，受自然规律的决定和制约，具有自然属性。二是人作为精神的存在，要受到道德规则的约束和支配。每个时代、每个人都必须面对这种矛盾。人的这种双重性、矛盾性及其之间的相互作用，是人的生命存在的最根本的动力。人就是在生命的双重性中寻求生命的意义，实现生命的价值。

5. 生命的完整性

人的生命也是完整的。人是生理、心理和社会性的统一体，是自然生命和价值生命的统一体，人的生命是一个不可分裂的整体，人通过实践活动在认识世界和改造世界的同时，也发展自身，使人不断超越自我。

6. 生命的创造性

人的生命本身就是一个不断成长和发展的过程。生命就是不间断的运动，但生命比单纯的持续运动更为丰富，生命是在此基础上不断产生新内容的创造性运动。人通过创造去把握生活的变化，通过创造去发现生命的意义，通过创造去实现对自己生命的认识与超越。生命的过程就是超越自我、追求意义的过程。

活动二 把握今天

活动目标

1. 帮助学生认清自己的各种角色，肯定自身价值。
2. 帮助学生合理规划大学生活，珍惜青年时光。
3. 通过讨论，让学生意识到生命是由一分一秒组成的，要珍惜时间。

活动对象

大学生。

活动准备

1. 场地：相对宽敞的活动场地。
2. 道具：纸、笔。

活动时间

60 分钟。

活动过程

活动（一）：思考我的角色

1. 时间：20 分钟。
2. 操作：

（1）小组成员共同探讨生活中所承担的所有角色，由一名成员负责在纸上记录下所有提到的角色。

（2）成员从这些角色当中挑选出 5 个自己认为最重要的角色。

（3）每名成员根据自己的思考，将以下几个语句填写完整。

目前，我在生活中的角色包括：
我认为承担×××的角色很重要，因为：
我认为承担×××的角色很重要，因为：
我认为承担×××的角色很重要，因为：
我认为承担×××的角色很重要，因为：
我认为承担×××的角色很重要，因为：
×××很需要我，所以我很重要。

3. 讨论分享：
（1）人生在世，有权利，同样要承担责任，哪些责任是我们必须要承担的？
（2）你的重要角色和其他成员有什么异同？

活动（二）：像花一样绽放

1. 时间：20 分钟。
2. 操作：
（1）每个学生在纸上画出大学生活规划图。
（2）规划图为一朵花的形状，包括花心、花瓣、绿叶。在花心中写自己大学生活的中心目标，每朵花瓣上写自己大学生活的各个方面，如学习、身体锻炼、恋爱关系、社团活动、勤工俭学、人际关系、休闲娱乐等。绿叶上写自己的信念与行动。时间为 15 分钟。
（3）小组讨论分享，最后由自愿交流的同学上台分享。
3. 讨论分享：
（1）你在平时生活中是否认真思考过自己的规划？
（2）你怎样通过多项努力去实现自己的中心目标？
（3）在努力实现目标的过程中，信念和行动分别起着什么作用？

活动（三）：珍惜时间

1. 时间：20 分钟。
2. 操作：
（1）领导者说出指导语："大家觉得现阶段自己的时间够用吗？是不是有很多事情想去做，却没有时间？今天我们一起讨论一下时间的利用。首先，给大家讲一个故事：有一位记者去采访一位成功人士，成功人士打开门，对他说：'先生，我有急事，只能给你一分钟的采访时间。'记者看到门后面奇乱无比的房间，茶几上堆满了杂乱的报纸和书籍、地上很多外卖盒和垃圾。记者着急地说：'先生，我今天来是采访您成功的秘诀，一分钟没办法完成采访啊。'成功人士听后，哈哈大笑说道：'这个呀，简单，你等我一分钟。'之后成功人士就把房门关了。一分钟后，成功人士再次打开房门，屋内变得分外整洁，对记者说：'一分钟，我可以收拾整个房间，这就是我成功的秘诀。'听完这个故事，请小组讨论，一分钟可以做多少事情？"
（2）分组讨论。讨论中，一名成员记录全部的讨论结果。
（3）讨论结束后，每个小组选派一名代表在台上分享讨论结果。
3. 讨论分享：

（1）你平时是否留心一分钟有多长？能做多少事情？

（2）青春期是人生中最美好的时光，应该把主要的时间用在哪里，才能成为理想中的样子？

心理知识拓展

（一）生命的价值

人的生命价值具有以下两个特征。

第一个特征：人既是生命的主体，也是生命的客体。

第二个特征：人的生命可以创造出高于自己生命的价值。

（二）生命的意义

生命的意义是一个解构人类存在的目的与意义的大问题。在历史长河中，它也是哲学、科学以及神学一直所思索的主题。阿尔贝·加缪指出，作为一个存在的人，人类用生命的价值和意义来说服自己：人的存在不是荒诞的。卢梭曾经说过，生命本身没有任何价值，它的价值在于怎样使用它。所以，作为当代大学生，人生的价值和意义就是要"志存高远，增长知识，锤炼意志，让青春在时代进步中焕发出绚丽的光彩"。

（三）认识生命的意义

地球上最宝贵的是生命，世界因生命的存在而变得如此生动和精彩，每种生命都有其存在的意义和价值，各种生命息息相关。

1. 提高对生命的认识，尊重生命

地球上有 200 多万种生物，它们都具有相同的基因构造与原理，却因组合不同而成为不同的生命体。也就是说，绝不会有两个完全相同的生命体，这也是为什么世界上没有两张完全相同的脸的缘故。作为人的生命体出现，会有 70 兆组的组合方式。也就是说每个人都是在 70 兆组的可能性中被挑选出来的。所以，世界上没有完全相同的两个人，这不仅表现在相貌上，也表现在人的能力、个性等方面。

作为人，每一个个体都是独特的，生命对谁来讲都不是永恒的，都应当得到尊重。尊重生命首先要尊重自己，珍惜自己，不浪费时间，不伤害自己；其次每个生命都是平等的，没有高低贵贱之分，我们要关爱所有的生灵，与他们和谐相处。

2. 认识生命的价值，珍爱生命

每个生命都是有价值的。我们能够做许许多多有益的事情。我们能够为别人带去快乐，为社会创造财富，当国家遇到危难或他人遇到危险的时候我们会挺身而出。所以，我们要珍爱生命，当生命受到威胁时，我们不轻言放弃；当生命遭遇困境时，我们要勇敢面对；当生命不再完美时，我们依然要肯定和悦纳生命，永远不要浪费。

3. 理解生命的意义，超越生命

生命的意义不在于长短，而在于内涵。我们不仅要珍爱自己的生命，也要善待别人的生命。我们生命的存在能够给他人带来欢乐、为他人减轻痛苦、为国家和社会做出贡献，就是我们生命的价值所在。只有为国家、社会和他人做出贡献，生命的价值才能得以提升、延伸，这样的人生才是无悔的人生。

活动三　拥抱明天

活动目标

1. 提高学生对实现自身梦想的信心。
2. 学生进一步探索自身资源，追求自己的梦想。
3. 通过分析"对自我的要求"和"对他人的要求"，引导学生转换成积极想法，找到未来目标。

活动对象

大学生。

活动准备

1. 场地：室外较空旷平坦的场地。
2. 资材：彩色折纸、彩笔。

活动时间

60 分钟。

活动过程

活动（一）：放飞梦想

1. 时间：30 分钟。
2. 操作：
（1）给成员每人分发一张彩色折纸和笔，每组成员的折纸颜色尽量不同，以便区分。
（2）每名成员在纸上给未来的自己写一封信，信的内容关于自己的梦想。信没有固定的格式，成员可以畅所欲言。时间为 15 分钟。
（3）成员将自己所写的信折成飞机的形状。成员可以探讨哪种方式折出来的飞机飞得又高又远。折好后，在飞机的机身上写上自己的名字，可以在附近试飞。
（4）学生带着自己的飞机走出教室，来到校内开阔地带。以小组为单位，每名成员放飞纸飞机，看看谁的飞机飞得又高又远。
（5）放飞完毕后，学生捡回自己的纸飞机回到教室，自愿分享自己的梦想和感触，分享时，其他学生应避免嘲笑、挖苦等负面反馈。

3. 讨论分享：

（1）你的梦想实现起来难度大吗？如何能够实现？

（2）承载了你梦想的纸飞机飞出去的那一刻，你有何感触？

活动（二）：梦想热气球

1. 时间：15分钟。

2. 操作：

（1）给每名学生分发一张A4纸、签字笔和若干彩笔。

（2）在纸上画一个热气球的轮廓，包括大气球、绳索和吊篮，并给热气球涂上绚丽多彩的颜色。

（3）在热气球的每个部分填写相应的内容。吊篮部分填写自己最想实现的心愿；大气球部分填写自己目前拥有的资源和优势，这些资源和优势不仅可以是物质财富、精神财富，也可以是人格力量、社会支持网络等。连接吊篮和大气球之间的绳索处填写通过这些资源实现心愿目标的途径。通过完成整个热气球的绘画帮助学生理解自己有哪些资源，如何利用这些资源帮助自己实现心愿和梦想。

（4）学生完成作品后，小组讨论交流。

3. 讨论分享：

（1）在实现自身目标的过程中，会遇到各种各样的困难，你怎样合理利用自身资源解决困难，实现梦想？

（2）你有时并没有意识到自己拥有的资源，通过小组分享你又找到了哪些资源？

活动（三）：找到希望

1. 时间：20分钟。

2. 操作：

（1）每名学生在活动卡上写下目前的各种愿望和目标。例如：

我希望我不再感到孤独。

我希望我的体重更标准一些。

我希望爸爸能够多理解我一些。

我希望老师能够把试卷出得简单一些。

……

（2）每名学生看看自己的愿望，把它按照"对自己的愿望"和"对他人的愿望"分成两类，用不同的颜色或者符号标识。请学生思考：①改变自己容易还是改变别人容易？②在平时的生活中，你想的和做的多数是改变自己还是改变别人？成功了吗？

（3）领导者引导："把改变的希望寄托在改变他人上，就如同将开启自身快乐的钥匙交到了他人手上。别人要你喜你就喜，要你哭你就哭，你真的愿意这样吗？如果不想这样，你可以怎么做呢？"学生分组讨论并分享。

（4）学生自愿分享希望主题曲：

改变别人的人，生命主题曲是这样唱的：

改变自己的人，生命主题曲是这样唱的：

心理知识拓展

（一）幸福的含义

幸福是一种持续时间较长的对生活的满足和感到生活有巨大乐趣，并自然而然地希望持续久远的愉快心情。

《真实的幸福》是美国著名心理学家马丁·塞林格曼写作的一本贴近大众的心理学读物。作者认为社会的基本美德是幸福的根源，他和他的团队通过研究全世界横跨3 000多年历史的不同文化后，提炼出6种基本的社会美德，从这6种美德中，又分化出24种可以帮助人们获得幸福的优势。此处的"优势"指的是在不同的情境中能够长期存在的心理特质，而且本身具有价值，能够带来好的结果。

（二）获得幸福的24个优势

1. 好奇心，对世界的兴趣

好奇心使我们对不符合预想的事物产生尝试的兴趣。好奇的人不会容忍模棱两可的情境，他们会去追求真相。好奇心可以是很特定的（如只对玫瑰花），也可以是很广泛的（如对每一件事都睁大眼睛去观察）。好奇心驱使我们主动地追随新奇的事物，而被动地吸收信息，如坐在沙发上边吃薯片边看电视就不属于这个范畴。

2. 喜爱学习

喜欢学习新的东西，无论在课堂上还是在生活中；喜欢上学、阅读、去博物馆，去任何可以学到新东西的地方，这都是喜爱学习的表现。你是某个领域的专家吗？还是有更多的人敬仰你？在没有任何外在诱惑的情况下，你还会对这个领域有继续学习的兴趣吗？例如，邮差对邮政编码都很熟悉，但这只是他们工作上的需要，并不表示他们对此有兴趣。

3. 判断力、判断性思维、思想开放

能够周详地考虑事情的方方面面是人很重要的优势之一。这样的人不会草率地下结论，会根据真凭实据来做决定，并且愿意改变主意。

4. 创造性、实用智慧、街头智慧

当你看到自己梦寐以求的东西时，你会有创新的方法去获得它吗？你不满足于大家都用的方法，这类优势就是创造性。这里指的不仅是传统意义上的创造性，它还包括实用智慧、常识或街头智慧。

5. 社会智慧、个人智慧、情商

社会智慧和个人智慧是对自己及他人的认知，能了解别人的动机和感觉，并且能做出很好的回应。具有社会智慧的人能注意到人与人之间的不同点，尤其是他们的情绪、脾气、动机和意图的不同，然后根据这些不同做出恰当的反应。不要将这种优势与内省或沉思相混淆，这里指的是社会技巧。

6. 洞察力

洞察力可称为最成熟的优势，它已十分接近睿智。其他人会请具有这种优势的人给自己

提供指引，用他们的经验来解决自己的问题。他们看问题的方式往往可以使问题迎刃而解，从而使其成为解决问题的专家。

7. 勇敢与勇气

一个勇敢的人能够将恐惧情绪与自己的行为分开，他会抗拒要逃跑的冲动，面对恐惧情境，他不去理会主观和生理的反应所带来的不适。胆大妄为和冲动并不是勇敢，虽然害怕但仍能面对危险才是勇敢。

8. 毅力、勤劳、勤勉

有毅力的人有始有终，勤勉的人能承担困难的工作并完成，而且没有抱怨。勤勉的人是有弹性的、务实的，而且不是完美主义者。野心有积极的和消极的意义，它积极的意义属于这个优势类别。

9. 正直、真诚、诚实

一个诚实的人不但会实话实说，而且会真实地面对生活。他不虚伪，为人真诚。我们所指的正直、真诚，不仅是不说谎，还包括真诚地对待自己和他人，无论说话办事都诚诚恳恳、说一不二。如果你对自己真诚，就不可能对别人虚伪。

10. 仁慈与慷慨

对别人很仁慈、很慷慨的人，别人来找他们帮忙时，他们会尽全力提供帮助。他们喜欢帮别人的忙，即使对不太熟的朋友也一样。这类人有一个共同点：能够看到别人的价值。凡事先替别人着想，有时甚至将自己的利益放到一边。你曾替别人承担过责任吗？移情和同情是达到这个美德的两种途径。

11. 爱与被爱

你非常珍惜自己与别人的亲密关系，别人是否也一样珍惜？如果是，就说明你有爱与被爱的优势。但亲密关系并非越多越好，过多就可能变成灾祸。

12. 公民精神、责任、团队精神、忠诚

具有公民精神的人通常是集体中的优秀分子，他们很忠心，有团队精神，他们很努力地做好本职工作，努力使团队成功。

13. 公平与公正

公平与公正是指不让个人感情影响自己的决定，给每个人同等的机会。

14. 领导力

领导力是指有很好的组织才能，并能监督任务的执行。一个有人情味的领导首先应当是一个有效率的领导，能与组织成员保持良好的关系，并能如期实现工作目标。

15. 自我控制

自我控制是指在某些情况下，人们能控制自己的情绪、欲望、需求和冲动。

16. 谨慎、小心

谨慎的人不说、不做将来会后悔的事。谨慎应该是在反复确认正确后再发布行动命令，谨慎的人有远见、三思而后行，他们能够为了将来的成功抵抗眼前的诱惑。

17. 谦虚

谦虚的人不喜欢出风头，更愿意用自己的成绩说话。他们不认为自己很了不起，别人敬

重他们的谦虚，但谦虚不是虚伪。

18. 对美和卓越的追求

停下来去闻路边的玫瑰，欣赏各领域中美好和卓越的东西，无论是自然的还是人为的，无论是艺术的还是科学的。对美好的东西充满敬畏和惊喜，看一场精彩的球赛，目睹人类无私的、高尚的行为，都会激荡一个人的灵魂并使其奋发。

19. 感恩

懂得感恩的人从不认为自己本该如此幸运，他们会向别人表达感谢。

20. 希望、乐观、展望未来

希望指的是期待未来会更好，并为了实现目标而做好计划并努力工作。希望、乐观及展望未来是对未来充满积极态度这一优势的三个重要组成部分。祈祷好的事情会发生，相信只要努力就会有好运。一个人此时此刻感到快乐，是因为他对未来有憧憬，这使他的生活有目标。

21. 灵感、目标感、信仰、宗教

对宇宙、人生的意义有坚定的信仰的人，知道自己的人生是有目标的，他们的信仰会塑造他们的行为，而信仰也是他们获得慰藉、灵感的源泉。

22. 宽恕与慈悲

慈悲的人愿意原谅那些曾对不起他们的人，他们永远会给别人第二次机会，他们的处事原则是慈悲而不是仇恨。

23. 幽默

幽默的人喜欢说笑话，给别人带来欢笑，他们自己也喜欢笑。他们总是看到事情光明的一面。

24. 热忱、热情、热衷

热忱指的是充满热情，会全心全意地投入工作。你每天早上睁开眼睛时，是不是迫不及待地想开始一天的工作？你工作的热情是否会带动别人的热情？你是否很容易被激励？

无论什么时候，保持一颗乐观、真诚、坦然的心，懂得奋斗、懂得感恩、懂得爱与被爱，笑看花开花落，坐拥云卷云舒，这样的一个人会是幸福的。

（三）获得幸福的方法

积极心理学家泰勒·本·沙哈尔给出了以下五个获得幸福的方法：

1. 想要获得幸福，首先要接受不幸福

沙哈尔认为，想要获得幸福，首先要接受不幸福。要接受自己作为人类个体的一个事实，人类个体不仅经受幸福，也会经受痛苦、哀伤、忧愁等各种不良情绪。沙哈尔指出，世界上只有精神病患者和死人不会经历忧伤、哀愁、嫉妒、失望、焦虑等不良情绪。他风趣地说："如果你确实经历了这种痛苦情绪的话，我非常为你们感到高兴，至少第一，说明你们不是精神病人，第二，不是死人。"

2. 定期的体育锻炼是获得幸福的灵丹妙药

沙哈尔认为，定期的体育运动对于心理健康的作用，与最强效的心理治疗药物的效力是一样的。每周 3 次、每次 30 分钟的定期锻炼——散步、慢跑、游泳、打篮球或者是跳舞，可以排出大脑中的有害化学物质，增强注意力、创造力，改善人际关系，并提升自尊。

3. 不要认为一切理所当然，对生活感恩才会让人感到更幸福

多项研究表明，不要认为一切理所当然，对生活感恩才会让人感到更幸福，写下每一天、每一周中那些让你心存感激的事情，不管是大事还是小事，这样会让人感到更幸福，身体也会更加健康。

4. 偶尔假装认为我们自己很幸福

沙哈尔指出，通过研究发现，人类不同的身体行为会产生不一样的能量，从而会对人体产生不同的影响。偶尔假装认为我们自己很幸福，例如，雄赳赳气昂昂的走路姿态和蔫头耷脑的走路姿态对人体的影响是完全不同的。有时只是做出一个动作，就可以让自己振奋起来。

5. 和亲朋好友多多相处，珍惜共同相处的时光

沙哈尔说，一定要珍惜和亲朋好友相处的时光，这与能够挣到多少钱、多么出名、多么成功没有丝毫关系。

沙哈尔认为，幸福可以引导我们更加成功，成功却不一定让我们感到幸福。幸福的秘诀不在于你对幸福了解多少，而在于你能够为幸福去做多少、行动多少。幸福的五个方法很简单，渐渐形成一种习惯，你的生活就会越来越幸福。

素质拓展篇

模块十三　素质拓展导论

项目一　心理素质拓展的起源与发展

一、素质拓展的概念

　　素质拓展训练是一种从学生心理发展、人格塑造需求的角度出发，进行体验学习的训练教育的现代教学模式；通过训练培养学生的情感、意志、合作精神、创新思维等。当素质拓展训练越来越丰富地展现在我们面前时，我们不仅要辨析它的现在，还要了解它的源头。一种教育思想的产生一定是多方面原因促成的，而其中最主要的成因必然是其源头。

　　我们首先要了解素质拓展训练产生的基础。素质拓展训练来自"外展训练（Outward Bound，OB）"。因此，了解外展训练的产生过程和当时的教育思想及模式是十分必要的。

　　外展训练一词可以追溯到 20 世纪 40 年代第二次世界大战时期。最初，外展训练主要在航海中使用，是船只出发前用于召唤船员上船的旗语，表明船出发的时刻到了。现在，外展训练作为一种学习方式，被越来越多的人所接受。

　　素质拓展训练最早开始于第二次世界大战期间的英国，当时，许多英国军舰及商船在遭到德国潜艇的袭击后沉没了，大批船员落水。极少数船员在经历了长时间的磨难后仍能够幸运生还。与人们预想的不同，研究人员惊讶地发现，生还的人并不都是身强力壮的年轻人，而很多都是年纪偏大、体力较差的老船员。经过一段时间的调查、研究，人们终于找到了答案：这些人之所以能活下来，关键在于他们都有着幸福的家庭，也有着顽强的意志力，对事业和家人有着强烈的责任感。还因为他们常年在海上历练，掌握了海上生存的方法，善于与他人合作，并练就了良好的心理素质。当遇到灾难的时候，他们首先想到的是：我一定要活下去，我能找到办法，然后想办法求救或自救。而那些年轻的海员多因遇事不够冷静，在沉船之后，没有使用正确的求生方法，浪费了过多的体力，在救援到达之前就耗尽了体力，放弃了活下去的信念，最终失去了生命。

　　因此，英国为提高被袭落水船员的生存率，将前期遇袭经验及所需要掌握的技能进行整合、挖掘、创新，形成最初的素质拓展训练理论。1946 年拓展训练信托基金协会成立，旨在推广素质拓展训练。

　　1941 年，由劳伦斯·霍尔特出资，汉恩博士建立了"阿伯德威海上求生学校"。劳伦斯·霍尔特称之为 Outward Bound 学校，又叫"外展训练中心"。这就是我们现在所熟知的外展训练课程模式和外展训练组织的开端。这个学校为学员提供 28 天住校课程，参加培训的学员不仅包括劳伦斯·霍尔特公司的职员，还有来自政府用船的船员、军校的学员和警察，以及对训练感兴趣的男孩子。28 天的课程包括小船驾驶训练、体能训练、乡村越野训练、救援训练、海上探险、穿越山脉的陆地探险和惠及当地居民的服务活动等。其课程的基本理念是：通过训练，学员在自然环境中获得挑战的深刻体验，再通过这种体验建立起对个人价值的认知，更清楚地意识到人与人之间相互依靠、相互关心的重要性。这些课程的目的在于培养集体精神和加强团体意识。第二次世界大战期间，外展训练为战争中的年轻人在海上的生存做出了贡献。人们觉得这种训练应沿用到和平年代，Outward Bound 学校经过改造和完善，发展成为现代组织培训人才的培训机构。改造后的课程利用户外生存的形式，模拟真实情境，对参与者进行心理和管理两方面的培训。

二、素质拓展的发展

随着时间的推移，外展训练的内涵不断丰富，又发展成为与时代接轨的素质拓展训练。素质拓展训练目前已发展成为培养现代人和熔炼现代组织的一种全新的学习方法和训练方式。它打破了传统的教学形态，以对合作意识、进取精神的激发和升华为宗旨，利用大自然和人工创设的特殊情境，通过精心设计的各种具有"挑战极限"性质的活动，激发参与者潜能，增强团队活力、创造性和凝聚力，以达到提高团队绩效的目的。素质拓展训练也从单纯的体能和生存训练拓展发展到心理训练、人格训练和管理训练等。

Mott（莫特）等人设计了复杂的户外探险素质训练，增强参与者的体验感，提高参与者的户外生存能力，提供高水平户外素质拓展教育。通过跟踪研究发现，复杂的户外探险素质训练提升了参与者的户外生存能力。研究发现，户外素质拓展不仅提高了参与者的身体素质，还可以让参与者在充满挑战的环境中取得成就从而提升自尊，促使参与者认为他们现在更有能力完成更具挑战性的任务。人们开始发现组织拓展在心理成长方面的作用，国内外针对素质拓展训练开展的大量研究也表明心理素质拓展在改善学生心理健康状态、适应能力、人际关系、自我效能等多方面均有良效。Martin（马丁）等人采用短期素质训练的方式，组织参与者分组参加了为期 9 天和 22 天的素质拓展训练课程后，参与者自信心有所提升，并显著改善了参与者的人际关系。

1970 年，中国香港出现了外展训练学校。

拓展训练以独特的培训模式和新颖的培训项目，给国内的培训领域带来了前所未有的震撼。经过短短几年的发展，培训机构犹如雨后春笋般增长。据北京一拓展师培训中心整理的数据显示，国内比较正规且形成规模的拓展培训机构已有 328 家，而参与组织拓展训练或类似拓展训练的机构，包括户外运动俱乐部、管理咨询公司等已超过千余家。

1999 年，我国拓展训练在经历了四年的发展和提高后，和学校教育在培训活动中有了第一次亲密接触。北京大学、清华大学的 EMBA（Executive Master of Business Administration，高级管理人员工商管理硕士）学员也把拓展纳入课程体系之中，让学生到拓展培训公司参加拓展活动。几乎在同一时期，中欧国际工商学院、中山大学岭南学院、浙江大学、中国工商管理学院、暨南大学等学校的 EMBA/MBA（Master of Business Administration，工商管理硕士）教育，也纷纷把拓展作为指定课程内容。

随着拓展的发展与普及，它也在不断地完善与细化。

以课程教育为主导的素质拓展，以心理、管理学和体育学科为载体，进行有针对性的教学。在当前的素质教育、健康教育、人本教育和"三自主"关于"放开"和"开放"的思想指导下，社会上时尚的、新兴的、有用的新运动形式走进体育和心理课堂，以弥补传统教学的不足，从而培养出更加全面的身体健康、心理健康、有较强社会适应能力、有较强创新思维的人才。

在取得良好效果的基础上，部分高校将素质拓展培训大胆引入学生素质拓展体系中。同时，很多高校立项投资兴建户外素质拓展培训基地，借助户外运动器械，创设富有思想性、挑战性和趣味性的户外情境，围绕自我潜能发现、团队信任合作、逆境自救脱险、人生积极进取等方面，编制培训方案，采用体验式培训方式，使受训人员挑战自我、磨炼意志。

三、心理素质拓展的概念

据《现代汉语词典》解释，"拓"意为"开辟"；"展"指"张开，放开"。"拓""展"合用，意指开拓、发展。将"心理素质"和"拓展"联系起来，可以有广义和狭义两种不同的理解。从广义的角度来看，心理素质拓展是对心理素质的补充（弥补）、完善和提高；而从狭义的角度来看，心理素质拓展既是对心理素质的补充（弥补）、完善和提高过程中的某一个或几个具体的环节或者方面，还可以是促成这一过程的手段、方法，比如，作为户外体验式培训的户外心理素质拓展。

心理素质拓展并非"体育"加"娱乐"，也不是"魔鬼训练"。它回答的是这样一些问题：在今天，知识和技能只是有形的资本，而强烈的进取心、顽强的意志和良好的团队精神，才是一种无形的力量。在什么样的情况下，能使有限的知识和技能释放出最大的能量？如何开发出那些一直潜藏在每个人体内而人们又未必真正了解的能力？怎样才能实现与他人的良好沟通，并明确这种沟通能够深入到什么程度？怎样有效地破除自我中心概念，改变对于他人和社会的冷漠心态？这才是心理素质拓展的真正意义所在。

作为一种现代型学习方式和训练方法，心理素质拓展通过精心创设的特殊情境中的系列活动，激发、调整、升华、强化受训者的心理、身体、品德素质和潜能，力求达到使受训者心态稳定、敢于应对挑战、富有创新和活力、具有团队意识的目的。

心理素质拓展是以提高心理素质为主要目的，兼具体能和实践的综合素质教育。它以运动为依托，以培训为方式，以感悟为目的。与传统的知识培训和技能培训相比，少了说教和灌输，多了体验和感悟。

实施素质教育，其根本目的在于根据社会发展的需要，帮助受教育者完善自我、提高素质。素质教育的核心在于强调作为主体的人的基本素质的养成与发展。不难看出，心理素质拓展是素质教育的重要组成部分和实施途径。二者的区别主要在于，素质教育更注重素质的养成和培育，即"育"，当然也蕴含了拓展的要求；心理素质拓展则更多地着眼于"发展"，是对已有心理素质的补充和完善，也包括对应有心理素质的弥补。

心理素质拓展一词源自近年来所提出的大学生心理素质拓展，源于共青团中央、教育部为当代大学生量身打造的、旨在引导和帮助大学生全面发展的素质教育计划——大学生素质拓展计划。在总结全国高校开展素质教育实践经验的基础上，共青团中央、教育部、全国学联于2002年3月联合发布《关于实施"大学生素质拓展计划"的意见》，并在全国63所高校试点实施。2003年2月，共青团中央在上海召开现场推进会并要求全国高校统一推进。至此，以大学生素质拓展计划为主线的大学生素质拓展工作，迅速在全国高校推广开来。

近年来，许多高校开始根据各自的办学实际情况和素质教育工作推进的需要，立足学生的特点和需求，针对时代特征，结合人才培养目标，有选择地、突出重点地设计和实施了具有本校特色的大学生素质拓展工作。在这个过程中，由于大学生的心理健康问题越来越突出，越来越多的高校开始更多地在大学生素质拓展计划中融入了心理健康的内容，并逐步形成了各具学校特色的大学生心理素质拓展体系。

四、高校实施心理素质拓展的作用

（一）符合高校人才培养目标的需要

《中华人民共和国高等教育法》对高等教育工作指导方针作出了明确规定：高等教育必须贯彻国家的教育方针，为社会主义现代化建设服务、为人民服务，与生产劳动相结合，使受教育者成为德、智、体等方面全面发展的社会主义建设者和接班人。高等教育的任务是培养具有社会责任感、创新精神和实践能力的高级专门人才，发展科学技术文化，促进社会主义现代化建设。心理素质拓展训练课程是培养大学生思想与道德修养、智育开发等多个课程的集合体，开设心理拓展训练课程对学生团队合作意识的培养、坚韧品质的养成以及竞争意识的保持具有重要的理论指导作用。

（二）适应当代教育发展的需要

《关于实施"大学生素质拓展计划"的意见》中指出，素质拓展要以开发大学生的人力资源为着力点，进一步整合并深化教学主渠道外，有助于学生提高综合素质的各种活动和工作项目。在社会高速发展的新形势下，提高大学生的综合素质，是当前以及今后高等教育人才培养工作中的重点。实施心理素质拓展训练为教育发展提供了一个良好的机遇，开设心理素质拓展训练课程可以促使高校教育工作者积极思考如何提高在校学生的综合素质并建构先进的教学模式。对高等教育工作来讲，开设心理素质拓展训练课程一方面是教育发展自身的需要，另一方面也为教学提供了一个良好的载体。抓好大学生心理素质拓展训练工作，就抓住了大学生成长成才、实现自身价值、服务社会、报效祖国的重要需求，有利于增强高校教育对大学生的吸引力。

（三）提高大学生心理健康水平的需要

现代社会是一个充满竞争的社会，对人的心理素质提出了更高的要求。如果没有良好的心理素质，不仅难以胜任挑战性较强的工作，而且自身具备的知识和能力也会因心理问题而无法充分施展。心理素质拓展训练在培养大学生的健康心理素质方面具有独特的价值，主要表现在：能有效提升大学生的自我认识能力、缓解压力能力、人际沟通能力、控制情绪能力、自我监控能力、自我效能等社会心理能力；能有效调节紧张情绪，缓解心理压力，形成合理的心理应对机制；有助于改善心理健康，有利于大学生全面健康地发展。例如，拓展游戏能使大学生体验快乐，缓解心理压力；高空项目可以让大学生挑战心理极限，并体验到成功后的喜悦。

项目二　心理素质拓展教育的特点及理论基础

一、素质拓展的特点

1. 适宜的体能消耗，强烈的心智挑战

素质拓展训练不同于流行于日本、韩国的"魔鬼训练"，它不是挑战受训者的体能、体质，而是利用设计巧妙的游戏，对人的心理进行挑战。例如，经典的素质拓展项目——信任背摔，这一游戏要求每一位参训人员都要从一个1.6米左右高的台子上，以脚跟为轴，后背倒向台子下面其他队友的胳膊上。背对着你的队友们，你相信他们能接到你吗？你能冲破你的自我保护意志，很完美地完成这个动作吗？你若屈服于本能就会给队友们带来伤害，但是可以让自己倒下得较轻松；如果团队中每一个人都按自己的本能去做，这个团队就很失败。团队的精神，彼此的信任和责任感，让大多数队员战胜了自我的本能。很简单的一个游戏，但对参训者心灵的冲击是强大的，在背摔台上的一瞬间，自我的本能受到了强烈的冲击，你倒下的姿势揭露了你内涵全部秘密。

素质拓展训练的活动中还有相当一部分是挑战极限的，如攀岩、速降、断桥、高空抓杠、天梯等，这些活动并非是挑战学生的体力极限，而是挑战学生的心理极限。在游戏活动中发现你的弱点、缺失的性格，引起你的注意，并接受新的信息，从而提升自我意识和自我概念，调整你的行为思想，激发潜能，促进学生个体的健康成长。

2. 以综合游戏活动为主的训练方式

素质拓展培训几乎都是由一个接一个的游戏活动组成，但这些游戏不是简单的体育活动，它是源于游戏，而又远远超越游戏的全新的体验式学习方式。它更注重游戏后对游戏进行时的表现进行反思，从而进一步归纳总结出经验规律，最终指导新的探索实践活动，以期有更好的行为表现。受训学生由参与活动而引发出认知活动、情感活动、意志活动和交往活动，所有的活动都有明确的操作过程，都有必然的预期。例如，素质拓展训练户外项目——攀岩，这是一项户外的个人挑战项目，要求参加训练的学生，运用攀岩的装备，确保整个攀岩过程的安全，在教练的指导下，攀爬到岩壁的指定位置，然后再回到出发点。这是对学生的意志力、耐力、体力、集体力的全面挑战。熟悉稳定的环境能给人一种安全感，大部分人

会不自觉地抵制变革，攀岩把人类的活动从地面移到了半空中，迫使参训学生改变了活动的环境，强迫学生适应这种新的环境，不熟悉的环境让人恐惧，在这种情况下，是对参训学生极大的考验，在这种极端的条件下，挖掘出学生的潜力，增强其自信心。

3. 以团队（集体）学习为组织形式，具有较强的参与性

我们在介绍素质拓展训练的概念时所进行的数字传递游戏，是以团队的形式进行的。这是素质拓展训练的典型组织形式。在集体学习的同时要求所有参训学生要尽可能地为集体争取荣誉，并从集体中获得力量和信心，在集体中彰显个性。例如，素质拓展训练活动开始时最重要的一个环节就是团队建设，也叫作破冰船。

活动名称：破冰船。

活动人数：30人（根据具体的情况而定）。

活动概述：①将参加训练的学生随机分成3组，采取报数或者用鲜花盛开的游戏进行分组；②给大家30分钟的时间建立自己的团队，选举队长，定队名、队歌、队训，并且利用所培训教师提供的材料制作队旗；③30分钟后各队在队长的带领下展示各自的队旗，高唱队歌，复述队训，并根据各队的表现由培训教师评出表现最佳的团队。

这个活动项目让参加训练的学生在团队建设的活动中，打破学生之间不了解的坚冰，彼此建立初步的信任；打破培训教师和学生之间的坚冰；打破陌生的活动环境的坚冰（一般的室外素质拓展训练都在山清水秀的自然环境中）。破冰之后，参加训练的学生都有了属于自己的团队，从此以后的训练都是在团队中进行的，所以说素质拓展训练是以团队为组织形式的。

4. 在游戏活动中体验，完成对自我的教育，全面提高学生的素质

参训学生是整个训练活动的主体，在训练中体验每个活动的内涵，从而让学生自己发现问题，找到问题的症结，通过讨论发现和解决自身的某些偏颇。在活动中学生始终是主体，一直在发挥主观能动性，达到自我教育的目的。学生在素质拓展中不同于成人，成人会不自觉地抵制变革，而学生的人生观、价值观还在形成期，他们抵制小，认同度高，更易发现自身的问题，有利于学生形成完美的性格，达到我们素质教育的目的。学生的自我教育效果更好。

二、心理素质拓展的教育理论

实践过程是素质拓展的重要环节，它直接影响素质拓展的效果。同时，理论知识在整个素质拓展过程中具有重要的引导作用。素质拓展课程教学的科学理论基础如下。

（一）教育学理论

1. 教育学是素质拓展教育价值观的依据

在某些具体的问题上，素质拓展作为一种突破传统教育思想和模式的、全新的学习与教育方式，得到了人们的广泛关注与肯定，但它本身仍然符合一些传统教育的规律。教育学的观点认为个体的主观能动性是其身心发展的动力，从个体发展的各种可能变为现实这一意义

上来讲，个体的活动是个体发展的决定性因素。素质拓展设计的场景与环境，是将生活中许多可能遇到、可能发生的问题在时间与空间上进行合理的控制。给学生一个新奇、有趣、有能力完成但又需付出努力的过程，而且这个过程需要合理的个体与团队行动方式才可完成。这就引发了学生心理上的需求，促成学生心理的矛盾运动，成为学生心理发展的动力，推动学生的心理发展。这种状态能最大限度地调动学生的主观能动性，使学生朝着积极的方向努力，力求找到解决问题的办法，从而达到发展的目的。

2. 素质拓展能够在学习中实现多方面的互动性

素质拓展的许多项目是在拓展教师与学生的共同交流与互动中进行的，基于情境的设置，这种互动包括学生与情境的互动，学生内心产生斗争、决断时的心理互动，学生与器械的互动，学生与学生的互动，学生与拓展教师的互动。在素质拓展中，学生能够通过相互观察和自我观察来发现、反思自身问题。这种行动、观察并反思的学习模式，有助于其学习动力的保持，也有助于其自我检查与提高。在素质拓展这种互动式学习中，不仅有外显的互动，如师生、学生之间的互动，更多的是内隐的互动，如学生自我的心理互动、与情境的互动。总之，教育学是以教育事实为根据，以规律为对象，以规范控制和改变对象为任务。学校体育在开展素质拓展的过程中，其内容含有丰富的教育意义，在向学生提供系统的科学理论的同时，以一定的思想观点给其以影响。教育学的教育性是独特的，而这正符合当代大学生的特点，这种独特性以教育理论为中介，帮助大学生树立正确的教育观念和道德观念。这是学习和掌握教育理论的过程，又是大学生学会辩证、科学地思考的过程，也是使辩证思维积极活动并得到锻炼的过程。通过学习，学生掌握了教育的概念体系，促进了教育理论思维的发展，学会用教育的眼光看待学校开展素质拓展课程教学的理论和实践。

（二）心理学理论

1. 素质拓展的心理学内涵

素质拓展项目通过情境设计和体验式教学，使学生在思想上发现自我、认识自我、提升自我，培养积极的心理素质、良好的社会适应能力、优秀的创造思维能力，从而使学生在面临困难和挑战时用积极的人生态度挖掘自身潜力去寻求解决问题的方法，进而获得成功。这种学习形式符合韦纳的归因理论，即把成功与失败归结为某种因素，对情感认知、工作和学习有着重要的影响。素质拓展所依据的心理学原理还有迁移理论和认知理论。分享、回顾是素质拓展的环节，学生能挖掘出拓展项目与自身学习、生活间的相通之处，并通过分享、回顾、相互交流和吸收彼此的成功体验来拓宽经验有效迁移的范围。

素质拓展是一种体验式学习模式，其学习流程为：体验—感受—分享—总结—应用。它改变了传统教学中以教师为主、学生为辅的教学模式，教学内容都由学生亲自去体验，充分尊重学生的主体地位和积极性，教师在实施过程中做必要的讲解和引导，让学生在体验学习的过程中形成认知结构，通过顿悟和理解获得心理体验，这符合心理学的认知理论。

2. 素质拓展的心理学意义

从素质拓展教学过程来看，它对学生的身心产生较为全面的积极教育功能。在实现素质拓展目标的过程中，知识、技能的学习促进了学生心理的健康发展。拓展教师的引导示范、场地设施的布置等非语言行为，潜移默化地培养学生良好的兴趣、稳定的情绪和坚强的意志品质，促进学生非智力因素的发展。

由于素质拓展的特殊性，教师与学生直接接触，且距离近、交流时间长，加上恰当的关心、鼓励、信任、赞赏等，将大大提升学生的沟通、交际能力，加快学生的社会化进程。可以说，心理学是素质拓展对个体发展影响研究的基础理论。拓展项目本身是对大学生学习知识和完善自我的一个载体，因此不仅要注重学生参与素质拓展时的心理感受，同时还要关注参与者真实的心理反应。

学校体育素质拓展是符合现代人和现代组织的一种全新的体验式学习，所依据的理论基础有归因理论、迁移理论和学习的认知理论，它成功地汲取了其中可以运用的部分，不是一味地沿袭守旧，而是在实践中发展。

（三）管理学理论

1. 管理学是素质拓展内涵的重要体现

管理是人类重要的活动之一，自从人们组成群体来实现个人无法达到的目标后，管理组织工作就成为协调团队合作必不可少的因素。在素质拓展课程里，会有如管理的层级问题和管理者的角色等问题，比如，"孤岛求渡"中，"盲人岛"的角色和任务定义为基层管理者，"哑人岛"的角色和任务定义为中层管理者，"珍珠岛"的角色和任务定义为高级管理者。同样，不同层级的学生在完成项目时会有不同的工作重点，各自也将担负不同的职责。高级管理者负责全局的发展与制定长期决策；中层管理者负责执行与实施决策，同时发挥桥梁和纽带的作用，做好上传下达、上接下连的工作；基层人员需要积极主动、努力而有效地完成具体的工作。由此可见，素质拓展的实施与开展，一刻也离不开严格的组织管理，是管理学原理的良好体现。

2. 管理理论贯穿于素质拓展的全过程

关于管理环境、计划的制订、组织、领导、控制等理论在素质拓展中时常被提起，且贯穿始终。在管理学中，沟通是一个重要内容。在素质拓展中，沟通是许多项目所必需的。总之，在素质拓展课程教学中，管理理论知识能帮助学生抓住问题实质，认清事物的发展方向，使学生逐步形成较科学的管理风格。

管理学以一般组织的管理为研究对象，探讨和研究管理的基本概念、原理、理论和方法。在管理和领导理论的引导下，学生可以根据自己的兴趣、气质、性格、职业期望和倾向等，采取科学、系统、有效的方法和步骤完成素质拓展目标。从本质上讲，管理学的理论和原理在素质拓展课程教学中的运用，不仅使学生了解了许多重要的管理学概念、方法和理论，还领会到管理学的思想和核心，提高了综合素质、系统分析能力、决策能力和组织协调能力，增强了创新精神、合作精神等。这对于当代大学生走向社会有较大的帮助，正是素质拓展课程在高校体育教学中开展的目的。

（四）体育学理论

体育课教学有其自身的规律和特点，可以根据这些规律和特点制订相应的教学任务、目标、组织形式以及实施方案。学校体育引进素质拓展课程，必须把两者的特点和规律进行整合分析，特别是在教学目标、运用原理、方法手段等方面。在具体实施中，素质拓展的开展同体育课教学一样，受教学任务、内容及学生特点等因素制约，其发展变化反映了社会变革发展对人才要求的不断完善。素质拓展是一种以身体活动为载体的全新教育模式，其目的是在促进学生身心全面发展的基础上，培养学生顽强的意志品质和稳定的心理素质，以提高环境适应能力，这与体育教学的目的不谋而合，也可以说素质拓展就是体育功能的社会体现和纵向延伸。素质拓展和体育采用的是体验式教学，素质拓展借助场地设施，设计有针对性的模拟场景，通过拓展项目的实施让学生发现自我、认识自我、提升自我。同时，拓展项目带来的不同体验激发并促进学生形成稳定健康的心理素质，得到一种高峰体验，这种原理和途径与体育教学中的模仿和竞赛很相似。可见，素质拓展与体育在教学特点、教学目的以及所运用的原理和途径方面存在众多相似之处，体育学理论知识为素质拓展课程教学提供了良好的借鉴和引导。

总之，体育学理论在学校开展素质拓展课程教学的理论构建中具有极其重要的缔合作用。体育学是从整体上认识体育全过程的一般规律，抽象地反映出体育的主要特征，准确解释其本质的一门学科。体育学的知识体系在素质拓展课程教学中的大胆运用，不仅使素质拓展本身更加充实，也为素质拓展提供了持续发展的动力。体育学以素质拓展为学习载体，将其理论变得更加丰富、直观、有趣，使学习者有更多的机会在暗含其理论的活动中产生体验和感悟，在活动后进行知识巩固。

（五）社会学理论

1. 素质拓展与人的社会化

人的社会化是指生活在社会中的个人，在从生物人到社会人的成长和发展过程中，接受社会文化和规范，使自己逐步适应社会生活，取得社会成员的资格并获得独特的自我发展和完善的过程。人的社会化是一个复杂的教化过程，一个社会成员或群体是否实现社会化，不仅关系到他们自身的生存与发展，同时也关系到社会的稳定与进步。因此，人的社会化程度，在一定意义上说，是反映社会发展、文明与进步的标志。

素质拓展是一种走向社会、融入大自然的健身运动，参加素质拓展的人群以健身为媒介，可以直接交流沟通，提高人的社交与处世能力以及收集信息的能力。总之，人的社会化对个体和社会都有着重要而深远的意义。通过素质拓展活动实现人的社会化是一种生活化的自然演进过程，社会化的最终标志是个体适应社会的制度规范和道德规范。将这些规范化为素质拓展活动过程中的各种生活化的自然演进的因素，旨在促进人的社会化，提高人的社会职能。

2. 素质拓展与社会角色

社会角色是有着特定的权利、义务和行为规范的，与一定社会位置相关联的符合社会要求的一套个人行为模式。对个体来讲，角色决定了其被他人所预期的行为，此外，它还是自我感觉的主要来源。角色使个体拥有某些经历，而这些经历有可能影响其后的态度、情感和行为。人总是以不同的角色来适应社会，按照社会对不同角色的要求来支配自己的行为，自主性的素质拓展是进行角色扮演与表现自我的较佳途径，因为素质拓展能够在轻松愉快的环境中，满足社会生活中的个体要求，提供尝试社会角色的各种机会。在素质拓展中，扮演不同的社会角色有助于人们具体地感受社会生活并了解社会对不同角色的期待，理解不同角色的多样性和稳定性，锻炼角色扮演的技能，培养角色的心理习惯和社会角色认同感，有助于现实生活的角色扮演和适应社会。

（六）生物学理论

1. 人体机能适应性规律

从生物学角度看，适应一词是指使有机体在特定生活环境条件下生存下去的解剖学、生理学和行为学层面的特质。适应性原来的基本含义则是：生物必须生存在与之相适合的一定的环境中，当环境发生变化而影响生物的生存时，生物则将在形态机能上和行为方式上做出调整，以顺应环境的变化。

现代社会的变化尤为剧烈和复杂，组织和个体的适应能力及应变能力将决定其生存和发展。素质拓展中的一些项目，对学生进行有针对性的训练，并提醒学生注意改变不良的习惯和惰性，锻炼学生根据事物的发展变化能够及时机智、果断地应对的能力。

2. 人体生理活动变化规律

人的生理活动是人的其他活动的前提。生理活动的正常进行是生命存在和社会存在的标志。只有正常生理活动的存在，人的精神活动、人对世界包括对自身的一系列活动才有可能正常地进行和发展。

素质拓展使人在个体生长发育的可塑性范围内与发展的可能性中，通过积极的、有意识的情境设计，实现个体协调、合理的发展。同时，人体生理活动变化规律作为素质拓展的生物学原则，不仅限定了素质拓展的基本活动方式必然是身体活动，也规定了身体力行地进行自我体育实践是体育运动的内在要求，并且决定了对个体不同部分、不同属性、不同层次生积极的运动效应，形成和构建丰富多彩的素质拓展形式和运动方法。

项目三　心理素质拓展实施的教学设计——体验式教学

一、体验式学习的概念

心理素质拓展课程的主要学习方式是体验式学习。所谓体验式学习，就是通过个人在活动中的充分参与来获得个人的体验，然后在培训教师的指导下，团队成员共同交流，分享个人体验并提升认识的学习方式。总而言之，凡是以活动开始的、先行后知的，都可以算作体验式学习。

相对其他培训和学习方式而言，体验式学习具有寓教于乐和效果持久两大优势，且满足了当前时代完善人格、提高素质和回归自然的需要，因而成为当前各级、各类教育培训的新时尚，还被冠以"成人演绎的寓言"之名。体验式学习能够让大家体验到：一是团队的力量大于个人力量之和，并且成功属于团队的每一个成员。团队的力量是巨大的，有很多事情必须靠团队里每一个成员相互协作、共同努力才能完成。二是人的潜力是无限的，当你完成了原先认为不可能完成的任务时，潜力因此而被挖掘。

体验式学习由既独立又密切关联的五个环节组成。有学者将这五个环节称为"体验式学习圈"，即"体验—分享—交流—整合—应用"循环往复的拓展模型。

1. 体验

体验乃学习的开端。学生投入一项活动并以观察、表达和行动的形式进行。这种初始的体验是整个过程的基础。

2. 分享

有了体验以后，很重要的就是学生要与其他体验过或观察过相同活动的学生分享自己的感觉和观察结果。

3. 交流

分享个人的感受，只是第一步，交流的关键部分是把这些分享的东西结合起来，与其他参加者探讨、交流以及反映自己的内在生活模式。

4. 整合

按照逻辑的顺序，下一步是要从经历中总结出原则或归纳提取出精华，并用某种方式去整合，以帮助学生进一步定义和认清体验中得到的成果。

5. 应用

最后一步，是策划如何将这些体验应用在工作及生活中。而应用本身也是一种体验，有了新的体验，循环就又开始了，学生便可以不断地取得进步。

二、体验式学习的学习要求

1. 全身心投入

心理素质拓展训练的所有项目都以体能活动为引导，引发出认知活动、情感活动、意志活动和交往活动，有明确的操作过程，要求学生全身心地投入。

2. 挑战极限

心理素质拓展训练的项目都具有一定的难度，表现在对心理素质的考验上，需要学生挑战自己的能力极限，超越极限。

3. 集体协作

心理素质拓展训练实行分组活动，强调集体协作，力图使每一名学生竭尽全力为集体争取荣誉，同时从集体中汲取巨大的力量和信心，在集体中实现价值。

4. 高峰体验

在克服困难、顺利完成课程以后，学生能够体会到发自内心的胜利感和自豪感，获得人生难得的高峰体验。

5. 自我教育

教师只是在课前把课程的内容、目的、要求以及必要的安全注意事项向学生阐述清楚，活动中一般不进行讲述，也不参与讨论，充分尊重学生的主体地位和主观能动性。即使在课后的总结中，教师也只是点到为止，主要让学生自己分享、总结，以达到自我教育的目的。

三、体验式学习的学习特色

1. 学生是主角

学生是主角这一点应当说与通常的培训活动有比较大的不同，在培训的整个过程中，学生一直是活动的主体，他们通过身体力行的活动来感受，并从中悟出道理。教师的讲解都是基于学生的分享展开的，而不是单向的阐述。这样的学习方式充分保证了学生的投入程度。

2. 项目丰富多样

体验式学习可分为个人项目和团队项目两大类。个人项目本着心理挑战最大、体能冒险最小的原则设计，每项活动对学生的心理承受力都是一次极大的考验；团队项目以培养学生的合作意识和团队精神为目标，通过复杂而艰巨的活动项目，促进学生之间的相互理解、信任、默契和配合。

3. 简单游戏蕴含深刻道理

"信任背摔""高空跨越""垂直天梯""穿越电网"……这些心理素质拓展训练项目所采用的活动设计看似非常简单，但绝大多数都是经过了心理学、管理学、团队科学等方面几十年的论证，能够使个人心理素质和团队质量得到提升，其科学性不言自明。

4. 参与训练学生的情感距离被迅速拉近

参加心理素质拓展训练的学生通常被分成若干个小组，每个小组成员通过教师的调动充分融合，加之活动本身都面临着挑战，需要成员忘我地合作才能完成，这就如同在军营中形成的感情一样，成员之间的关系相较于通常情况下社会性朋友的关系会更亲近。

模块十四　破冰起航

破冰起航是大学生素质拓展训练的第一课，是同学之间相互认识、相互了解，走出交流共享的第一步。要求同学之间、同学和培训教练之间彼此认识，消除陌生感，建立互信，同时帮助同学对训练采取开放的态度，这在整个训练中具有至关重要的作用。本模块主要介绍了六种暖场破冰类游戏：直呼其名、按摩派对、传递呼啦圈、十面埋伏、动力小火车、火车快跑。

破冰又称融冰，意思是打破人际间交往的怀疑、猜忌，就像打破严冬厚厚的冰层。破冰游戏帮助人们变得乐于交往和相互学习，打破陌生人之间的隔膜，消除人与人之间的陌生感，建立互信。

项目一　直呼其名

项目概述

记住彼此的名字，是互相认识的第一步，也是互相尊重成为朋友的第一步。直呼其名这个项目主要用来帮助同学们记住彼此的名字，迅速相互认识。扔球游戏使活动气氛逐渐活跃高涨，活动队员在扔球过程中，喊出接球队员的名字，让整个团队队员在较短时间内消除陌生感。

项目准备

1. 场地：宽阔的操场。
2. 道具：软球若干（每组 3 个）。
3. 人数：不限，人数较多时，需要将队员划分成若干个由 12~16 人组成的小组。

项目流程

1. 选一块平整宽阔的游戏场地（例如，校园塑胶跑道）。
2. 队员们以小组为单位站成一圈，每人相距约一臂之长，培训教练也不例外。

小组游戏从某一位成员 A 开始，他喊出自己的名字，然后将手中的球传给自己左边的队友，接到球的队员也要如法炮制，喊出自己的名字，然后把球传给自己左边的人，这样一直下去，直到球又重新回到成员 A 的手中。

3. 成员 A 重新拿到球之后，要改变游戏规则了。现在接到球的队员必须喊出另一个队员的名字，然后把球扔给该队员。

4. 几分钟后，队员们就会记住大多数队友的名字，这时，再加一只球进来，让两个球同时被扔来扔去，游戏规则不变。

5. 在游戏接近尾声的时候，再把第三只球加进来，其主要目的是让游戏更加热闹有趣。游戏结束后，在解散小组之前，邀请一名队员，让他在小组内走一圈，报出每个人的名字。

注意事项

1. 注意扔球的时候不可用力过猛，最好是一个较慢的高球，为后续的扔球手法树立典范。

2. 如果有几个小组同时在玩这个游戏，可以让不同的小组在游戏中间交换一半队员。

3. 让队员们可以随心所欲地更换小组，被新小组接纳的唯一条件是新成员在站好了位置后，喊出自己的名字，以便其他队员扔球给他。

4. 教师组织活动的目的是让新同学较快地记住别人的名字，所以，这个活动更多地用于新生入学时。

5. 探索在特定环境下，利用活动配合记忆，创造一个有利于加强记忆训练的方法。

讨论分享

1. 通过这次活动，你对所有的成员都熟悉吗？能脱口而出他们的名字吗？
2. 你觉得大喊自己和他人名字能够帮助记忆吗？
3. 通过这个项目学会什么技巧来记住陌生人的名字？
4. 这个活动项目有哪些启示？
5. 在传递球的过程中，你按照规则强迫自己记住别人的名字，这个方法有效果吗？
6. 在日常生活中，集中精力、手脑配合对你加强记忆是否很有效果呢？

项目二　按摩派对

项目概述

按摩派对又称人椅靠座，参加活动的所有同学围成一个首尾相连的圈，互相坐在后面一个人的两条腿上。这个游戏考察了学员的协调能力和合作精神，以及培训学习在明确的目标下相互扶持获得胜利的能力。

项目准备

1. 场地：宽阔的操场。
2. 道具：无。
3. 人数：不限。

项目流程

1. 所有的学员围成一圈,每位学员将他的手放在前面学员的肩上。
2. 听从训练者的指挥,然后每位学员徐徐坐在他后面学员的大腿上。
3. 坐下之后,培训者可以再喊出相应的口号,如"齐心协力、勇往直前"。
4. 可以以小组比赛的形式进行,看看哪个小组可以坚持更长的时间,获胜的小组可以要求失败的小组表演节目。按摩派对现场如图14-1所示。

图14-1 按摩派对现场

注意事项

活动过程中教师在旁边给予学员鼓励,比如,告诉他们已经坚持多长时间了,或告诉某组他们目前是第一等,以鼓舞学员的士气。

讨论分享

1. 彼此之间相互依靠相互承担的决心取决于什么?
2. 我们最大的感受是什么?
3. 当有人倒下或是脱节后,我们的心态是什么?
4. 最振奋人心的时刻是什么时候?为什么?

项目三 传递呼啦圈

项目概述

所有学员手拉手围成一圈,让呼啦圈穿过所有人的身体后回到原位。在活动过程中,人与人之间通过沟通互相了解,达成共识,相互拉着的手不能放开,也不能用手指去勾呼啦圈。可多玩几次，并计时看最快用了几秒完成。这是一个随时可用的、引人发笑的游戏，旨在检视团队成员彼此沟通的状况，同时帮助畅通沟通渠道，以推动今后的相互协作，使学员能彼此以语言沟通，完成低难度活动。

项目准备

1. 场地：宽阔的场地或操场。
2. 道具：每个小组配置2个呼啦圈（尽可能用直径大的呼啦圈）、1只秒表、1只哨子。
3. 人数：不限，人数较多时，需要将队员划分成若干个由12~16人组成的小组。

项目流程

1. 把队员们分成若干个由12~16人组成的小组。
2. 让每个小组都手拉手、面向圆心围成一圆。
3. 等每个小组都站成圆圈、拉好手之后，任意选一个小组，让其中两个队员松开拉在一起的手，把2个呼啦圈套在其中一个队员的胳膊上，让两个队员重新拉起手。对其他小组做同样处理。
4. 现在，让各个小组沿相反方向分别传递2个呼啦圈。为了把呼啦圈传过去，每个队员都需要从呼啦圈中钻过去，当2个呼啦圈相遇，再从原路径返回，重新回到起点后，本轮游戏结束。
5. 吹哨开始游戏，同时开始用秒表计时。
6. 第一轮游戏结束后，祝贺大家成功完成任务，并通报各小组完成任务所用的时间。重新开始一轮游戏，并告诉队员们这次要求更快一些。反复进行4~5次呼啦圈传递，确保队员们知道他们需要一次比一次快。
7. 也可以分组进行比赛，看哪个组完成最快。传递呼啦圈现场如图14-2所示。

图14-2 传递呼啦圈现场

注意事项

1. 如果有人的身体柔韧性较差，不适合参加这个游戏，那么可以让这些人来计时或是充当安全员。如果在游戏中使用了安全员，要让安全员尽量跟着呼啦圈移动，这样当钻圈的人不小心被绊倒时，他们可以及时保护和搀扶。
2. 提醒学员在钻呼啦圈时，注意脚不要被绊到。

讨论分享

1. 你们在游戏过程中碰到了什么问题？是如何分析的？
2. 游戏过程中有无领导者或者教练员产生？
3. 哪些因素有助于成功完成游戏？
4. 哪些因素使完成任务变得更加困难？
5. 有没有确定出比较现实的目标？如果有，是如何完成的？
6. 游戏中最关键的改善动作是什么？
7. 你们在平时生活中是否也能这样互动，相互模仿学习？
8. 你认为活动过程中对团队最有帮助的一点是什么？
9. 当团队成绩不理想时，你有没有埋怨身体协调性不佳的队友？

项目四　十面埋伏

项目概述

十面埋伏活动比较新颖，能调动团队成员的积极性。团队成员在做游戏时，通过刺激的抓捕环节与16人矩阵间的互动，可以很好地进入状态，感受到团队的氛围，体会归属感。本游戏可以在短时间内拉近团队成员间的距离。

项目准备

1. 场地：室外较为平坦空旷的场地。
2. 道具：音响。
3. 人数：不限，若人数较多可分为18人一组，方便游戏进行。

项目流程

1. 团体领导者按人数将成员分成18人一组的团队，其中16人站成4×4的矩阵，人与人之间前后左右间隔1米。各组内剩余的2名成员一人扮演"捕头"，一人扮演"刺客"，2人站在由16人布成的4×4矩阵内。
2. 在轻快的音乐中，游戏正式开始。矩阵中16人将双手平举成一字形（即人呈十字形），横列中相邻 2 人的手指可相互触碰或保持非常近的距离。"捕头"与"刺客"站在不同横列的人形矩阵内，由团体领导者随机发布指令"向右转"或"向左转"，矩阵中 16 人根据指令进行转动，手的姿势不变，转动后仍然保持相邻 2 人的手指间相互触碰或较近距离。"捕头"与"刺客"在矩阵中移动，"捕头"需要想办法抓住"刺客"，但不能穿越 16 人矩阵的手势形成的"墙"。在矩阵转动时，"捕头"与"刺客"需要快速穿越，达到抓捕或逃脱的目的。

3. "捕头"与"刺客"只能在矩阵内穿越，不可绕到矩阵外面去，穿越时不能弯腰或下蹲钻行。

4. "捕头"抓住"刺客"后游戏结束，团队成员可以轮流饰演"捕头"与"刺客"，感受游戏，体验团队氛围与快乐。

注意事项

1. 矩阵 16 人需要保持相邻两人手指间恰当的距离，确保在未移动的状态下捕头与刺客不能自由穿行。

2. 领导者强调矩阵 16 人的转动速度需要一致，以免被"捕头"或"刺客"撞倒。

讨论分享

1. 活动进行中，16 人矩阵在拦住"捕头"与"刺客"的道路时，你内心有什么感受？
2. "捕头"看到"刺客"与自己只差一堵人墙时内心的感受是什么？
3. "刺客"看到"捕头"与自己只差一堵人墙时内心的感受是什么？
4. 你们团队整体配合如何？你是否感觉和成员们关系更紧密了？
5. 对于这个活动，你还有其他不一样的感受吗？

项目五　动力小火车

项目概述

动力小火车活动是一项需要团队协作的破冰暖场游戏。它能使学生的身体得到全面的锻炼，并且可以消除紧张学习给学生带来的压力；培养学生团结合作、勇于进取、坚持不懈的意志品质；同时在活动中加深同学之间的了解，增进友谊，促进班级的团队意识和凝聚力。

项目准备

1. 场地：一片空旷的大场地，比赛赛距 30 米，可选在校园塑胶跑道笔直段，选定起点线、终点线。

2. 道具：护膝若干，比赛中可以戴在脚踝以上的小腿处，使同伴便于抓牢，若穿长裤也可不用护膝，抓牢裤管即可，比赛时根据实际情况灵活选择。

3. 人数：每组 10~20 人，每组人数相同，可男女生搭配。

项目流程

1. 参加活动的各组学员选择一种火车连接方式组建"小火车"，游戏开始时，各队从起跑线出发，跳步前进，最先到达终点的为胜。按时间记名次，按名次记分。

火车连接方式：

（1）小腿后抬式：（适合女生或者力量、耐力等身体素质较差的学员）排头一人双手叉腰，两脚支撑站稳，后边两路纵队。除排尾一名同学外，其他队员将内侧手扶在前面人的肩上，内侧腿支撑，外侧腿小腿向后抬起，同时外侧手拉住前面人向后弯曲小腿抬起的裤管（也可以在外侧脚踝上方戴护膝使同伴抓牢），最后一名同学（排尾）抓住前面两位同学向后抬起的腿（裤管）。

（2）小腿前伸式：（适合大部分普通学员）除排头以双脚支撑，双手抱住后边两人的膝关节外，后边两路纵队的其他队员以内侧手扶在前面人的肩上，用内侧脚支撑，外侧腿小腿向前抬起，同时外侧手抱（抓）住后面的人向前抬起的外侧脚踝的关节处。

2. 裁判员鸣哨后，除"火车头"与"火车尾"两名队员用走步方式引导"火车"前进外，其他全体队员以单脚支撑集体向前跳进，行进时可以喊着统一的口令，使全队步调、节奏保持一致，例如，"一二、一二……""哐当、哐当……"等。排尾学生首先越过终点线的队胜利。多支队伍比赛可以分组采用计时的方法，确定名次。

计分依据：

（1）游戏过程中队员必须跳步前进，不允许松手（一直保持抬起前边人的左腿），以防止出现断裂现象，队伍断裂必须重新组织好，从起点开始游戏。如果不重新组织，继续前进，则成绩视为无效，记为 0 分。

（2）以各队最后一名同学通过终点线为准。

（3）比赛过程中，参赛队必须在规定的赛道进行比赛，不许乱道，犯规一次扣时 2 秒，依次累加。

（4）"火车"行进过程中，除排头、排尾外，如其他人以两脚行走，则判为失败。动力小火车现场如图 14-3、图 14-4 所示。

图 14-3 动力小火车现场

图 14-4 动力小火车现场

注意事项

游戏前双方队员应做好准备活动，选择平整、无障碍的场地，两支队伍或多支队伍同时比赛时应使两队间隔在5米以上，防止互相影响。

讨论分享

1. 你们在游戏过程中碰到了什么问题？是怎样分析的？
2. 哪些因素有助于成功完成游戏？
3. 哪些因素使完成任务变得更加困难？
4. 如何尽量避免"小火车"脱节？

项目六　火车快跑

项目概述

火车快跑活动通过适宜的肢体接触与欢快的游戏氛围，使成员们迅速进入状态，感受到团队的凝聚力，找到归属感。在游戏中，成员被其他成员选择连接时，心里的激动与喜悦能够很好地促进他迅速融入本游戏；由他带领后面的成员前进，他同时也具备了一定的责任感，这更是潜移默化地增强了成员们的团队意识与集体概念。

项目准备

1. 场地：室外较为平坦空旷的场地。
2. 道具：椅子、音响。
3. 人数：不限，保持在40人以内。

项目流程

1. 团体领导者带领成员到达平坦空旷的场地，引导成员随机排列站好，整体呈正方形矩阵，前后左右的成员均需距离至少1米。
2. 领导者随机在矩阵内部放置椅子若干（为游戏增加难度）。
3. 领导者播放轻快的音乐，游戏正式开始。领导者随机选取一名成员作为出发的人，出发的成员需要在矩阵中随机找到第二名成员，站在他的背后，将双手搭在他的肩上，此时第二名成员开始带领第一名成员出发，在矩阵中随机寻找下一位成员。以此规律进行下去，不断更新在前面带头移动的成员。整个队伍像一列不断前进的火车。
4. 在队伍越来越长的过程中，成员们需要注意不能撞到矩阵中的椅子，如果撞到，从撞到椅子的这个人开始往后的所有人，都要解散并随机站立，等待再次被连接。同时，如果在快速移动的过程中，某个成员的手从前面成员肩上脱落，则脱落手的成员和后面队伍的人员，也需要解散并随机站立，等待再次被连接。最后，如果所有成员均在一条队伍上，算作完成游戏。

5. 成员在活动过程中要保持快节奏，不能步行前进。

注意事项

建议穿平跟鞋，跑动过程中注意安全，避免摔倒。

讨论分享

1. 活动进行时，当有成员选择搭在你的肩上时，当时的你有什么感受？
2. 你们在碰到椅子导致后方解散、重新站立时，有什么感受？
3. 后面的成员如果解散了，需要等待你们重新把这趟前行的火车连起来时，你们感觉如何？
4. 对于这个活动，你还有其他不一样的感受吗？

拓展延伸

如何记住别人的名字

人类就像气球——每一次听到或看到自己的名字时，就像气球被灌了一次气。这会使他们渐渐膨胀起来。喊别人的名字！他们会觉得这是最悦耳的声音，就好像珍珠落到手掌中一样。

你可以一而再地使用这个工具，别人永远不会厌倦。这还可以削弱人与人之间的敌对、冲击和仇视气氛，并缓和彼此意见的对立。但如何记住别人的名字呢？大多数人都知道记住别人的名字是非常重要的，但是他们说："我的记忆力很差，我实在记不得那么多名字。"其实他们错了，每个人都有很好的记性，只是他们不懂得利用罢了。这里提供几个简单的原则，教导你运用你的记性去牢记别人的名字。

1. 开始对自己说："我有世界上最好的记性，可以牢记很多名字！"不要老是告诉自己你记不得别人的名字。不要害怕你会忘记，也不要害怕你会叫错别人的名字。只要你消除心中对名字的犹疑和恐惧，你就能发挥记忆的能力。

2. 你想要记住很多名字吗？如果有人告诉你每记得一个人的名字就给你一百美元，你觉得很困难吗？你可能会急不可待地查出你所遇见的每个陌生人的名字，并牢牢记住以便累积赏金。

3. 问清楚正确的名字。别人会很乐意听到你提出如下的问题："可否请你再说一遍你的名字？""你的名字怎么拼写？""你的名字我叫得对不对？"记住，别人的名字永远是最好听的！你尽管叫他的名字！不要不好意思问清楚别人的名字。

4. 马上重复念三次这个人的名字。在第一个小时内，就可以测验出你是否记得它。当你听到一个名字时，马上至少重复念三次以便加深印象，然后尽可能将它和你熟悉的影像或事物联想在一起。凡是你和这个人相遇的地方，和这个名字有关的事物，和你心中对这个名字的"影像"，都能帮助你记得一个人的名字。

5. 把它写下来。睡觉之前，你不妨将今天所遇见的新面孔的名字写下来。如果你有日记簿或台历，不妨将这些名字摘记在上面。你最好将自己所认识的团体建一个档案，然后将名字分类记在档案上。每次当你要参加任何一个团体的活动之前，就先快速地复习一下他们的名字。这么一来，你当然会渐渐熟悉这个人，进而容易记得他的名字。

模块十五　团队合作

在专业化分工越来越细、竞争日益激烈的今天，靠一个人的力量是无法面对千头万绪的工作的，只有把自己融入团队中的人才能取得巨大的成功。在工作中，是否具有团队意识，能否融入团队当中，越来越成为考察一个人的综合素养的重要指标。

项目一　组建团队

项目概述

组建团队是一项需要所有队员以完成团队任务为最终目标，通力合作的活动项目，要求在规定的时间内所有学员分组组建自己的团队，并确立团队的名称、口号等团队信息，进而在活动过程中学员逐渐消除隔阂，真正打开心扉，逐步建立起一定程度的信任感和凝聚力。

项目准备

1. 场地：较宽敞的空地。
2. 道具：彩旗、旗杆、彩色水笔、安全箱。
3. 人数：不限。

项目流程

1. 将参训的所有学员分组，各小组组建成一个团队，共同努力自行设计出团队的队名、队训、队旗、队歌、队形，并选出队长、副队长、安全员、旗手。组建团队如图 15－1 所示。
2. 团队展示：正副队长、安全员、旗手各自展示，团队唱队歌、喊口号、摆队形（注意拍照留念），每队严格按照 3 分钟时间进行本队成果展示，超时将被强行停止。
3. 评选最佳创意奖等奖项并颁奖。（每队队长在不允许推荐本队的情况下，推选出最有创意团队，得票多者获胜。）
4. 评分标准
（1）基础分：在规定时间内完成团队组建全部任务的基础分加 10 分。
（2）创意分：队名、队训、队歌整体具有创意，队旗具有创意、协调、美观（第一名加 2 分）。

图 15-1　组建团队

（3）展示分：团队成员声音洪亮，统一一致（第一名加 2 分）。

讨论分享

1. 你们的队名、队旗、队歌、队呼、队训是如何产生的？
2. 在团队组建过程中，你们遇到了什么样的困难？
3. 你们是如何做到在有限的时间内完成团队组建任务的？有何启示？
4. 如何才能把队名、队歌、队训、队员精神抖擞地展示在所有学员面前？

项目二　珠行万里

项目概述

珠行万里是一项要有良好工作心态和勇于接受挑战精神才能顺利完成的活动项目。活动要求团队每个队员手拿一根半圆形的球槽，将球连续传动（滚动）到下一个队员的球槽中，并迅速地排到队伍末端，继续传送前方队员传来的球，直到球安全地到达指定的目的地为止。

项目准备

1. 场地：较宽敞的空地。
2. 道具：PVC 管、乒乓球、塑料桶。

3. 人数：不限，至少 10 人。

项目流程

1. 根据人数和场地情况，将参与的全体队员分成若干小组。在起点线位置排成一列，每组每人各拿一块道具，搭成一条"水渠"。珠行万里如图 15-2 所示。

图 15-2　珠行万里

2. 在水渠的起点放上一个乒乓球后，开始计时，小组队员需要借助搭成的"水渠"以接力的形式使乒乓球滚向终点的塑料杯中。

3. 在球向前滚动过程中乒乓球不能掉落，不能停顿，不能回流，否则需回到起点重新开始。

4. 队员手指不得触碰乒乓球，否则需重新回到起点。

5. 后面队员需迅速跑到队列前面保障"水渠"的通畅，确保乒乓球能顺利进入终点的塑料桶中。

注意事项

1. 活动比赛之前所有人将携带的硬质物品统一保管，系好鞋带、挽好裤腿，以免在活动中被绊倒。

2. 比赛中，各小队请按统一的方向跑动，运动中，要将 PVC 管贴向大腿外侧，禁止随意挥舞 PVC 管，以免伤到人。

讨论分享

1. 你们是否发现任何一个成员的失误，都会造成活动的失败？

2. 当你们有竞争者的时候,你们的状态发生了哪些改变?
3. 活动因为某一个成员的失误而失败时,你们团队是怎么做的?

项目三 鼓舞飞扬

项目概述

鼓舞飞扬是一个团队合作项目,主要目的在于训练学员理解团队合作的重要性,学习团队工作方法,并养成不轻言放弃的精神。活动要求将一个排球放在鼓面上,把球连续地垫起,在完成一定的次数下,尽可能多地创造垫球纪录。

项目准备

1. 场地:宽阔的场地或操场。
2. 道具:每组一面鼓、一个排球、数量比人数多一根的绳子。
3. 人数:不限。

项目流程

1. 每人牵拉一根或两根鼓上的绳子,必须抓握绳子的末端绳套处。鼓舞飞扬如图15-3所示。

图15-3 鼓舞飞扬

2. 将一个排球放在鼓面上,在通力协作下,使鼓有节奏地平稳地把球连续地垫起。

3. 球垫起的高度不低于鼓面 30 厘米，球不得落到鼓面以外的地方，否则重新计数。

4. 可以采用竞赛的形式，给团队增加外部压力，从而有更好的成绩。练习 30 分钟，然后比赛 3 轮，取最好成绩，一般前 5 个球内失误，可以重新开始。

5. 可以采用大鼓和小鼓组合进行的方式，第一阶段各小组 15 个人使用小鼓垫球，而后与别的小组一起合用大鼓垫球，从而体验团队与团队的合作。

注意事项

1. 要求学员注意爱护鼓，不要将鼓摔到地上，不要在地上拖拉鼓面，以防鼓面磨损。
2. 学员不得穿带后跟的鞋参加垫球活动。
3. 在大风天气下要降低对垫球数的要求。
4. 教练口令不容置疑，令行禁止。
5. 移动过程中注意动作幅度不可过大，感觉手里的绳子绷紧的话，应该立即松手，不要硬拽。
6. 不能将绳子缠在手上。
7. 不得故意干扰其他队垫球。

讨论分享

1. 在活动中，你的队友失误了怎么办？
2. 在活动中，你如何理解"众人拾柴火焰高"这句话？
3. 当团队在活动中面临挫折的时候，你们应该怎么办？
4. 当团队出现问题的时候，你们会怎么做？
5. 活动中屡次失败带给你们的启示是什么？
6. 鼓舞人心带给你们的启示是什么？

项目四　孤岛求生

项目概述

孤岛求生项目是队员们分别处在茫茫大海中的 3 座岛屿上，25 分钟后潮水将淹没所有岛屿，在岛上的人若不逃离将被淹死；队员们必须完成各自岛屿的任务才能顺利逃生。将队员分成 3 组，分别安置在盲人岛、哑人岛、珍珠岛。其中各岛人数按照珍珠岛—哑人岛—盲人岛的顺序从少到多分组。3 组人员只有在 25 分钟内完成各自任务书上的任务后，相互协作，才能逃生。

项目准备

1. 场地：平坦，方箱摆放紧密平稳，3 座岛之间的距离以木板可以平板搭上为准。

2. 道具：80厘米×80厘米×25厘米的木箱12个、5个乒乓球、1个塑料桶、1块无裂纹木板（横放在盲人岛上）、10个眼罩、1双筷子、1张报纸、1卷胶带、2个鸡蛋、1个指南针、1个剃须刀、1桶25千克的水、1床蚊帐、1桶压缩干粮、若干太平洋海区图、1个救生圈、1桶油气混合物、1个小半导体收音机、1瓶驱鲨剂、4平方米不透明塑料布、1瓶烈性酒、1根尼龙绳、2盒巧克力、1副钓鱼具。

3. 人数：每组12～18人。

项目流程

1. 所有队员随机分3组，可以灵活调整，合作完成一项任务。孤岛求生如图15-4所示。

图15-4 孤岛求生

2. 先将一组人带至哑人岛，告诉他们从现在开始你们就成了"哑人"，任何人不许从嘴里发出任何声音（包括内部），如果违反规定，将进行"惩罚"或"取消资格"。

3. 将一组人带到珍珠岛。

4. 让最后一组人戴上眼罩，带至盲人岛。

5. 将珍珠岛任务书、指南针、报纸、筷子等发给珍珠岛上远离其他岛方向的学员。

6. 将任务书交给哑人岛上的一人，最后将盲人岛任务书悄悄塞到一名学员手里，并且将乒乓球分给不同学员。

7. 宣布项目开始，限时25分钟。

注意事项

1. 提醒队员周围是急湍的河流，请注意安全。

2. 注意监控盲人岛上的学员，在等待救援时，及时提醒他们注意自己在岛上的位置，不要掉下去。

3. 在木板搭好后"盲人"向其他岛移动的过程中严密监控"盲人"，以防其掉下木板，拓展教师应跟随其一起移动，张开手臂做出保护的姿势，但与学员的身体保持适当的距离。

4. 一个岛上集中人数较多时，尽量将"盲人"安置在岛的中间部分。

5. 提醒"盲人"在摘眼罩时要先闭眼再摘眼罩，捂住眼睛再慢慢睁开眼。

6. "哑人"运用杠杆原理搭板时，提醒其不要压伤手指，同时注意监控不要压伤学员的脚，木板搭好后防止呈跷跷板状态。

7. 大多数人集中在一个岛上时提醒他们相互保护。

讨论分享

1. 大家在拿到自己的任务书的时候有什么想法？
2. 大家觉得自己利用资源完成任务，完成得怎么样？
3. 如果项目不成功，大家觉得问题出在哪里？
4. 大家觉得其他岛屿的人做得怎么样？你们希望其他岛屿的人做些什么？
5. 完成任务的最大障碍是什么？

附录

【孤岛求生任务书】

盲人岛任务：

1. 将1个乒乓球投入塑料桶中。
2. 将所有人集中到珍珠岛上。

规则：

1. 在整个过程中"盲人"不得摘去眼罩。
2. 第一个任务完成以后才能离开盲人岛。
3. "盲人"只能等待其他岛屿的救援。
4. 岛的周围是激流，任何人和物品一旦落水都将被冲到盲人岛。

哑人岛任务：

1. 帮助"盲人"。
2. 将所有人集中到珍珠岛上。

规则：

1. 在完成任务前，"哑人"不得从嘴里发出任何声音。
2. 只有"哑人"可以移动作为模拟的传输工具的木板。
3. 只有"哑人"可以协助"盲人"移动。
4. 等待"盲人"完成任务后，方可移动木板。
5. 岛的周围是激流，任何人和物品一旦落水都将被冲到盲人岛。

珍珠岛任务：

1. 利用1双筷子、1张报纸、1段胶带，使鸡蛋抛出后，落地不碎。

2. $ABCDE \times 3 = EDCBA$，求：各不相同的A、B、C、D、E各是几。

3. 将以下物品按其在队员求生过程中的重要程度排序（重要的在第一位，以此类推）【15件物品：1个指南针、1个剃须刀、1桶25千克的水、1床蚊帐、1桶压缩干粮、若干太平洋海区图、1个救生圈、1桶油气混合物、1个小半导体收音机、1瓶驱鲨剂、4平方米不透明塑料布、1瓶烈性酒、1根尼龙绳、2盒巧克力、1副钓鱼具】。

4. 利用一定的物理原理和器械，将所有的人集中到一个安全岛屿上。

规则：

1. 岛的周围是激流，任何人和物品一旦落水都将被冲到盲人岛。

2. 岛的四周是松软的沙地，受力过重可能会塌陷。

3. 不得向其他岛屿指明安全岛位置。

项目五 盲人摸象

项目概述

盲人摸象是团队一起为目标进行沟通作战的项目，如图15－5所示。所有成员在看不见的状态下，从教师手中领取2～3块不同颜色和形状的彩色板，经过团队成员的沟通，分析出教师手中彩色板的颜色和形状。

图15－5 盲人摸象

项目准备

1. 场地：平整、空旷的场地一块，地面没有尖锐物品和可能造成脚踝扭伤的不平整情况。

2. 道具：彩色板 36 块，眼罩若干。
3. 人数：15~30 人。

项目流程

1. 提前准备好活动器材（眼罩及已经抽走几块的彩色板）。
2. 组织学生围成一个圆圈。
3. 发眼罩，并要求学生戴好眼罩。
4. 教师发给学生一些彩色板，分发前教师从中随机抽走几块。学生拿到彩色板后，在不打开眼罩的情况下，通过沟通与分析确认彩色板有几种颜色、几种形状。最后在 40 分钟内分析出教师随机抽走的彩色板都是什么颜色、什么形状的。整个过程每个人都可以询问教师自己手中的彩色板的颜色，教师只回答每名学生一次他手中彩色板的颜色。
5. 成员开始讨论，并在规定时间内向教师报告最终的结果，也就是教师随机抽走的板是什么颜色、什么形状。

注意事项

1. 整个过程中学生不能私自打开眼罩，应确保活动期间的"盲人"状态。
2. 严禁在场地内走动。
3. 学生之间的间隔应以挥动手臂相互不接触为宜。
4. 所有学生只允许触碰自己的彩色板，不允许触碰他人的彩色板；彩色板只允许在自己手上，不允许交换。
5. 教师提前随机拿走 2~3 块彩色板，将剩余的彩色板随机发给已经戴好眼罩的学生。
6. 相似或相同的彩色板不要给同一个学生。
7. 项目结束时学生要摘下眼罩，适应光线后再慢慢睁开眼睛。

讨论分享

1. 回顾一下在这 40 分钟内，大家做的哪些事情成就了最后的成功？
2. 在这个活动中，面对在"盲人"状态中不可能完成的任务，团队成员间是如何相互鼓励的？
3. 整个项目最终成功的关键性因素是什么？

项目六　众志成城

项目概述

众志成城是一个团体协作类的项目，如图 15-6 所示，所有学生在教师的口令下，同时完成起立和坐下的动作。项目看似很简单，但 20 多人同时完成起立和坐下的动作是非常考验团队合作能力的。

图 15－6　众志成城

项目准备

1. 场地：平整、空旷的场地一块，地面没有尖锐物品和可能造成脚踝扭伤的不平整情况。
2. 道具：无。
3. 人数：20～25 人一组。

项目流程

1. 调整队列，让所有学生面对面站成 2 列，2 列间距离大约为 3 步。
2. 教师介绍活动规则：接下来要体验的项目是众志成城，操作起来很简单，2 人（队）背靠背，有 3 个口令。当听到口令"请坐下"时，请就地坐下来；当听到口令"请伸直"时，请将腿伸直；当听到口令"请起"时，请在胳膊不打开的情况下迅速起立。教师给大家计算起立所用的时间，计时原则是从下达"请起"的口令到最后一名成员起来，这中间的时间为团队完成任务的有效时间。
3. 成员示范：在 2 队中各找一名"勇士"进行示范动作，队员可以预估 2 名"勇士"起立需要的时间。
4. 完成活动项目。

（1）设置目标：给学生 3 分钟的时间，思考两件事情：第一，预估完成本次起立需要的时间，制定挑战目标；第二，思考实现目标采取什么措施和方法。

（2）体验项目：团队的目标和每名队员息息相关，每名队员都对最后目标的实现起作用。依次询问每组挑战目标需要几秒，是否有信心，采取的措施是什么。

所有队员向前三步走，向后转，手臂相挽，背部相对。教师发出下面3个口令"请坐下""请伸直""请起"。学生按要求做动作。记录每组完成任务的有效时间。

（3）教师引导学生再次设置目标："各位，这是我们最好的成绩吗？不是。众志成城，第一个字是'众'。'众'字怎么写？是三人成众。那么人字怎么写？一撇一捺，我们用食指在空中写个'人'字给自己看，这说明人与人是相互支撑、相互依靠的，当两个人背靠背坐在一起的时候，看起来是不是像一个'人'字？虽说只有一撇一捺，要将它写好，却不太容易。在挑战的过程中，有的伙伴相互支撑写了一个潇洒的'人'字，有的伙伴靠着对方的背一下子站起来，而他身后的那位伙伴由于失去了背部支撑，怎么也站不起来。人与人是相互支持的，你有没有给别人以支持？你愿意做团队中的那个'靠得住'的人吗？请问你是否把肩膀真诚地给予对方？你是否把胳膊的力量传递给对方？支持别人的同时也是在支持你自己，帮助别人的同时也是在帮助你自己，要想得到回报首先要先付出。给各位2分钟时间，制定新的挑战目标，商量采取什么样的措施和方法。2分钟讨论计时开始。"

（4）体验项目：重复（2）的内容。

（5）教师引导学生再次设置目标："好，时间到。请问目标是几秒？提升了多少？离距离目标还差多少？众志成城第二个字是'志'，志气的志。团队有志气，追求才无止境。团队只有为自己设定更高的目标，才能确保团队的成长，维系团队的活力。人生应当有目标，否则，你的努力将属徒然。'木桶理论'告诉我们木桶盛水的多少取决于短板，那么我们团队中的短板在哪里？是女同学，还是最后那个起立的伙伴？面对短板，我们是选择抛弃他还是用长板补救？为什么不抛弃？因为我们是一个团队。是一个团队就要不抛弃、不放弃。让我们一起大声说'不抛弃，不放弃'三遍。再给各位1分钟的时间，制定团队的终极挑战目标，商量采取什么样的措施和方法。1分钟讨论，计时开始。"

（6）体验项目：重复（2）的内容，直至完成所有挑战目标为止。完成时间最终可以挑战至5秒。

注意事项

1. 提醒相邻学生把胳膊挽在一起，尽力挽紧，起立时不要松开，更不要用手接触地面，以免手部受伤。
2. 可以引导学生由低到高地设定目标。时间紧或者协作性不好时，目标应设定低一些。
3. 提醒坐下的时候慢一些，注意安全，臀部着地，两腿保持平伸。

讨论分享

1. 在活动进行过程中，你是如何处理出现的各种情绪的？
2. 在设置团队目标的过程中，你想到了什么？这又说明了什么？
3. 通过"众志成城"给你的启发，讨论设置目标的重要性。

4. 以下情况是否有助于团队目标的实现？（问题可由教师选择。）

（1）两个伙伴坐下和起立时，先后顺序不一致。

（2）两个伙伴挽胳膊时挽错、挽得不紧、两端不挽。

（3）松开伙伴的手臂扶地，没有和身边伙伴一同站起。

（4）两个伙伴左右缝隙太大，借力困难。

（5）两个伙伴前后不对应，背不靠在一起。

（6）大家站起来的时候，身体前倾，没有形成"人"字支撑。

（7）个别伙伴起立速度非常快而使身后伙伴失去支撑。

（8）两个伙伴只将肩膀顶在一起而没将臀部顶在一起。

（9）一个身材高大的伙伴与一个身材瘦弱的伙伴相互支撑。

拓展延伸

沟通与团队

有一个博士分到一家研究所，成为单位学历最高的人。

有一天他到单位后面的小池塘去钓鱼，正好正副所长在他的一左一右，也在钓鱼。他只是微微点了点头，心想和这两个本科生，有啥好聊的呢？不一会儿，正所长放下钓竿，伸伸懒腰，噌噌噌从水面上如飞般走到对面上厕所。博士眼珠睁得都快掉出来了。水上漂？不会吧？这可是一个池塘啊。正所长上完厕所回来的时候，同样也是噌噌噌地从水上漂回来了。怎么回事？博士生又不好意思去问，自己是博士生哪！

过一阵儿，副所长也站起来，走几步，噌噌噌地漂过水面上厕所。这下子博士更是差点昏倒：不会吧，到了一个江湖高手集中的地方？博士生也内急了。这个池塘两边有围墙，要到对面厕所得绕十分钟的路，而回单位上又太远，怎么办？博士生不愿意去问两位所长，憋了半天后，也起身往水里跨：我就不信本科生能过的水面，我博士生不能过。只听咚的一声，博士生掉到了水里。两位所长将他拉了出来，问他为什么要下水，他问："为什么你们可以走过去呢？"两位所长相视一笑："这池塘里有两排木桩子，由于这两天下雨涨水，正好在水面下。我们都知道这木桩的位置，所以可以踩着桩子过去。你怎么不问一声呢？"

模块十六　指挥服从

伴随中国社会快速发展，当代大学生大都缺乏团队意识，表现为过分看重个人发展、轻视社会合作、集体凝聚力不强、同学友谊不深厚等，原因是受成长环境影响、团队精神培养缺失、社会不良现象的冲击等。团队意识的缺乏将导致严重的社会后果，如电影《南京，南京》中所表现的"中国人一盘散沙"的悲剧将重现于当代中国。本模块旨在围绕霸行天下、有轨电车、齐眉棍、无敌风火轮等素质拓展项目，通过学生亲身体验式的教学模式，培养和增强学生的团队意识。

项目一　霸行天下

项目概述

霸行天下这个活动项目是需要团队合作才能完成的，如图 16-1 所示，特别需要强有力的指挥领导和绝对的命令服从。团队的合作就是建立在指挥和服从之上，大家的脚绑在一起，手互相搭着肩，整齐站成一排，听从口令，迈着齐整的步伐，最终才能到达终点。

图 16-1　霸行天下

项目准备

1. 场地：较宽敞的空地。
2. 道具：布条、保护垫。
3. 人数：12～15人一组，可安排几组同时进行，可以竞赛比拼的方式进行。

项目流程

1. 把整个团队分为若干组，最好15人一组，每组人数越多，挑战难度越大。
2. 每组组长到教练处领取若干布条和保护垫，保护垫放在终点处，以保护队员安全通过终点。
3. 每一组要利用布条，将所有队员相邻的腿绑住，要求在跑动的过程中，布条不会松开，同时手挽手，每队有30分钟的练习时间。
4. 准备时间结束后，教练示意游戏开始，每组队员成一横队从出发标志线处出发，当到达另一条标志线后（所有队员全部通过标志线），游戏结束，完成游戏时间最少的队伍获胜。

注意事项

1. 将参赛小组两人相邻的腿绑住，位置不能高于膝盖部分，也不能低于脚踝，绳子必须绑在小腿上，并捆紧，如中途松开，应系好再前进。
2. 必须在起跑线前把腿绑好，不准抢跑。
3. 中途若有人摔倒，应立即停下来，等重新准备好之后，再接着跑，或者自动放弃比赛。
4. 要注意的是男女搭配要合理。

讨论分享

1. 在明确游戏规则以及领取布条、保护垫之后，你们团队做的第一件事情是什么？这对之后的比赛有什么影响？
2. 你在团队项目中起到了什么作用？
3. 团队是如何保证步伐一致的？
4. 在活动进行中你遇到的困难是什么？
5. 在练习和比赛的过程中，你们团队中是否有人摔倒？你们是如何处理的？
6. 霸行天下能训练个人以及团队的哪些方面？
7. 结合日常的生活学习，谈谈你的感受。
8. 在练习时间内，你们团队做了些什么？有什么成果？有什么经验教训？
9. 在实际活动阶段，有没有发现什么新的问题？练习时的方案有没有得到很好的执行？

项目二 有轨电车

项目概述

有轨电车是一个需要体力、需要技巧、需要行动高度统一的活动项目,如图 16-2 所示,只有当团队每个队员的脚和手一起行动时,电车才能开动,如果有一个队员的行动节奏跟不上整个团队的节奏,电车就会出现故障或停止行驶。所以,团队获胜的关键是行动统一,行动统一的前提是服从命令,服从命令的基础是统一指挥。指挥、服从是团队合作中必不可缺的关键点。

图 16-2 有轨电车

项目准备

1. 场地:较宽敞的空地。
2. 道具:两条长 3.5 米、宽 0.15 米的厚木板,每条木板上间隔一只脚的距离拴一根提绳。
3. 人数:8~10 人为一组,可安排几组同时进行,可以竞赛比拼的方式进行。

项目流程

1. 把整个团队分为若干组,最好 10 人一组。
2. 每个组的队员都按木板上提绳的顺序站上木板,双手拉住提绳。

3. 规定好行进路线，到达目的地所用时间最少的组获胜。
4. 教练下达命令，开始比赛，每组按照指定的要求，前进、后退、拐弯。
5. 若在活动进行中，有队员的脚触及地面，则该组挑战失败。

注意事项

1. 建议一名教练负责一套电车，教练在讲解时要简单明了、重点突出、反馈及时，确保每名队员都能清楚规则。
2. 队员提绳站在木板上，若有多余的队员，则可做安全保护，同时注意观察自己的队伍有什么问题并及时改进。
3. 听到开始的发令后比赛。赛前练习非常重要，整个比赛过程中队员之间的默契和协调程度都需要在赛前尽量磨合。
4. 活动进行中要保持步调一致，如遇到情况要及时停下调整，不要把绳子缠绕在手上，以便摔倒时可以及时扔掉绳子同时大声告知队友停止前进。
5. 失去平衡的时候要把脚向两侧踏，不要向中间。
6. 每个小组在比赛进行中，都要有一个队员指挥，而指挥的队员最好是活动参与者，才能有足够的默契和把控能力。
7. 如在拐弯处，一定要控制速度以防摔倒。

讨论分享

1. "康泰之树，出自茂林，树出茂林，风必折之。"这句话描述了一个人的辉煌离不开团队的力量。那我们又如何把这种力量发挥出来呢？
2. 在行进中你遇到的困难是什么？
3. 一个高效率的团队应该具备哪些因素？
4. 有轨电车能训练个人以及团队的哪些方面？
5. 结合日常的生活学习，谈谈你的感受。
6. 在练习时间内，你们团队做了什么？有什么成果？有什么经验教训？

项目三　齐眉棍

项目概述

一个高效的团队，需要有一个良好的服从观念，同时，也需要有统筹全局的领导能力，在进行齐眉棍这个活动项目的过程中，能够很好地体现领导能力和服从观念，如图16-3所示。若处在服从者的位置，要遵照指令行动，必须暂时放弃个人的独立自主、我行我素，全心全意听从指挥；若处在指挥领导者的位置，必须要把握整个团队的纪律和行动节奏，把整个团队的力量凝聚一起，团结，就是力量！

图 16-3 齐眉棍

项目准备

1. 场地：宽阔的场地或操场。
2. 道具：轻质塑料棍。
3. 人数：10~15 人一组，可安排几组同时进行，可以竞赛比拼的方式进行。

项目流程

1. 把整个团队分为若干组，最好 15 人一组，每组人数越多，挑战难度越大。
2. 每组队员平均分成两排，相向站立，用手指托住棍子并保持棍子平衡。
3. 每组队员只能依靠食指完成最终将棍子平稳放置在平地上的目标。

注意事项

1. 全体队员只能以食指接触棍子，身体其他任何部位接触到棍子都属犯规。
2. 全体队员不得以手指相互勾结，不得将手指压在棍子的上方。
3. 在整个游戏过程中，只有在教练宣布的"2 分钟协调时间"内可以交流和讨论，而在游戏进行的整个过程中只能说两个字"停"或者"放"。
4. 若分组队员中有人违反以上任何一条规则，则该组必须重新开始游戏。

讨论分享

1. 在练习制订方案期间，团队是如何进行的？团队的领导者是谁？在这个过程中各位队员有什么心得体会？
2. 在活动进行中你遇到的困难是什么？
3. 一个高效率的团队应该具备哪些因素？

4. 齐眉棍能训练个人以及团队的哪些方面？
5. 结合日常的生活学习，谈谈你的感受。
6. 在练习时间内，你们团队做了什么？有什么成果？有什么经验教训？
7. 在实际活动阶段，有没有发现什么新的问题？练习时的方案是否得到很好的执行？

项目四　无敌风火轮

项目概述

无敌风火轮这个项目需要考验的是整个团队的毅力，队员间的相互包容，正确指挥和无条件地服从配合，如图 16-4 所示。活动进行时，参与项目的队员只能依靠指挥队员进行前进、停止、调整，从接收指令到接受指令这个过程，可以看出整个团队的执行力，而执行力的强弱就是服从观念的强弱。直接统筹整个活动项目的指挥者，必须目标明确，沟通能力强，能把握好团队的整体气氛，具备遇到突发情况能及时处理的公关能力，"团结就是力量"这是真理。

图 16-4　无敌风火轮

项目准备

1. 场地：空旷的场地。
2. 道具：报纸、胶带、剪刀。
3. 人数：12~15 人一组，可安排几组同时进行，可以竞赛比拼的方式进行。

项目流程

1. 所有队员站到始发点，然后为每队分发若干张报纸，并配备胶带和剪刀。

2. 每队将报纸粘贴到一起，做成一个大纸圈（风火轮），风火轮必须要做得足够大，需要容纳本队队员站进去。

3. 风火轮制作好后，每队的队员需要站到自己的风火轮上，向前移动，走过指定的终点。

4. 游戏从制作风火轮开始，到最终驾驶风火轮到达终点结束，用时最少的队伍为胜利者（建议距离为 10 米以上）。在驾驶风火轮期间，如果风火轮裂开，则必须返回出发点，修补完后，重新出发。

5. 注意：首先拿到报纸等物品后，每队所有人员最好能分配工作，然后在最短的时间内完成风火轮的制作。制作的风火轮最好能大一点，不然容易被踩断；驾驶风火轮时，最好提前选择一个队长，且队长在最前边，掌握行走节奏并发号命令。

注意事项

1. 全组队员必须都踩着风火轮前进，途中如有队员踏出风火轮则视为犯规，全组原地停 5 秒后继续前进。

2. 滚动过程中风火轮如发生断裂，全组必须回到原出发点，修补后再重新出发。

3. 在整个行进途中，风火轮必须垂直于地面，报纸必须紧密连接。

4. 训练中要注意的是男女搭配要合理，参与者要打开心扉，积极主动。

讨论分享

1. 在练习制订方案期间，团队是如何进行的？团队的领导者是谁？在这个过程中各位队员有什么心得体会？

2. 你在团队项目中起到了什么作用？

3. 团队是如何充分有效地利用资源的？

4. 在活动进行中你遇到的困难是什么？

5. 一个高效率的团队应该具备哪些因素？

6. 无敌风火轮能训练个人以及团队的哪些方面？

7. 结合日常的生活学习，谈谈你的感受。

8. 在练习时间内，你们团队做了一些什么？有什么成果？有什么经验教训？

9. 在实际活动阶段，有没有发现什么新的问题？练习时候的方案有没有得到很好的执行？

项目五　呼吸的力量

项目概述

团队需要构建一台"呼吸器"，"呼吸器"的图纸只能由团队中的领导看到。领导能站在规定位置与指挥者沟通,指挥者需要想象并完整描述图纸给操作队员,由操作队员来完成"呼吸器"的结构组建。"呼吸器"的一个终端连接一只气球,搭建完毕后,所有人共同吹气,将气球吹爆完成检验"呼吸器"是否合格的任务。制作"呼吸器"如图 16-5 所示。

图 16-5　制作"呼吸器"

项目准备

1. 场地:平整的场地。
2. 道具:"呼吸器"图纸、PVC 管、吹嘴、生胶带、气球、剪刀、计时器。
3. 人数:每组 15~18 人。

项目流程

1. 开始挑战前须了解相关规则和注意事项。
2. 小组分成 3 个部门(领导、指挥者、操作组),领导可以观看图纸,且只有两次机会,每次只能有 2 分钟观看图纸的时间。
3. 领导只能隔空喊话向指挥者传达图纸的构思和意图,不能直接拿图纸向指挥者展示。
4. 指挥者向操作者传达所得到的信息,由大家开动脑筋,共同制作"呼吸器"。
5. 指挥者不可动手操作。
6. 只能利用提供的物品制作"呼吸器",制作完毕后需要吹爆一只气球来验证"呼吸器"的有效性。

注意事项

1. 安全员应敦促队员去除身上携带的影响安全操作的物品。

2. 检查场地上是否有尖锐物体威胁队员。
3. 严格监控剪刀的使用，避免出现割伤。

讨论分享

1. 活动过程中，有没有出现信息传递错误的情况？具体说一说。
2. 活动获得成功的因素有哪些？
3. 个人在活动中有哪些成长和体会？

项目六　领袖风采

项目概述

领袖风采强调责任和团队中每一个人的重要性，团队中的每一个人都是很小的单元，但每个人所犯的错误却能导致团队的整体失败，并由领袖承担责任。通过游戏，让同学们深刻感受"责任、认真、细心"的精髓，增强有效沟通，提高服从意识。

项目准备

1. 场地：平整的场地。
2. 道具：固定绳框、秒表。
3. 人数：45 人以上。

项目流程

1. 所有队员首先分组并选择自己信任的队长和副队长。
2. 队长和副队长执绳框，队员穿越，可以自己选择和设计穿越方式。
3. 所有人必须连续不断地穿越方框型绳框，教练将计时以区分胜负。
4. 每轮比赛后有 5 分钟的休息和训练时间，之后再次比赛。
5. 一共 5 轮比赛，最后胜出的队伍将获赠奖励。
6. 穿越绳框的过程中队员不能碰触绳圈，否则加时，每次 5 秒。
7. 每次失败都会有惩罚，第 1 次失败队长做 20 个俯卧撑，如为女性队长则做 20 个仰卧起坐，之后每次失败加倍惩罚。
8. 队员不能代替队长受惩罚。
9. 比赛时队伍可以选择放弃，但队员必须帮助队长完成剩余任务方能放弃比赛。
10. 失败的如为不同的队伍，本轮失败的队伍按照前一轮失败队伍的被罚数量接受惩罚。

注意事项

1. 敦促队员取出随身携带的影响安全操作的物品。

2. 检查场地是否有尖锐物体。
3. 当队员奔跑时注意不要撞到其他队员，当队员从绳框内出来时注意不要绊倒。
4. 关注队长及队员的身体状态，避免出现突发疾病。

讨论分享

1. 本队是否迅速推选了队长和副队长？是采用什么方式推选的？是否是大家全部认可的队长和副队长？
2. 你在团队中是否应该负责任？
3. 什么叫团队精神？为什么游戏规则规定队员不能代替队长去做俯卧撑？
4. 一个团队所有人都在一条船上，如果这条船沉没，大家都需要再次在海上拼搏，再次选择赖以生存的船。那么你们能为这条船做些什么？

拓展延伸

鲶鱼效应

刚捕捞上来的沙丁鱼放入鱼槽运回码头后，用不了多久就会死去，而死掉的沙丁鱼味道不好销量也差。西班牙人爱吃沙丁鱼，但沙丁鱼非常娇贵，极不适应离开大海后的环境。倘若抵港时沙丁鱼还活着，鱼的卖价就要比死鱼高出若干倍。为了延长沙丁鱼的活命期，渔民想方设法让鱼活着到达港口。后来渔民想出一个法子，将几条沙丁鱼的天敌鲶鱼放在运输容器里。因为鲶鱼是食肉鱼，放进运输容器后，鲶鱼便会四处游动寻找小鱼吃。为了躲避天敌的吞食，沙丁鱼自然会加速游动，从而保持了旺盛的生命力。如此一来，沙丁鱼就一条条活蹦乱跳地回到渔港。

这在经济学上被称作"鲶鱼效应"。

参考点评

在游戏中，某些队员可能会急于求成或者本身做事效率就高于他人，都将会有被淘汰的可能。如果我们的工作生活学习中，某些员工急功近利、急于求成，那么他可能太过浮躁，经不起时间和工作压力的考验，淘汰无妨；假如这个员工本身就是以高效率、高质量著称，是"渔夫"找来的"鲶鱼"，而其他人恰是一群养尊处优的"沙丁鱼"呢？"鲶鱼"的高效率可能会导致其成为这场游戏中的失败者，被众"沙丁鱼"指责为不按"节奏"办事，没有"集体观念"，从而被淘汰出局。那么，一旦出现这种情况，领导者就必须认清形势，做到奖勤罚劣，因为在这场游戏中，如果众人畏首畏尾，皆不敢也不愿意积极主动行动起来，游戏将无法继续，完成目标就更加无从谈起。

模块十七　伙伴关系

伙伴关系是国际关系学术语，本意是指在国际交往中，国家间为寻求共同利益而建立的一种合作关系。而在我们的团队当中，队员之间共荣共辱关系的存在也属于伙伴关系的一种延伸。处理好团队之间的伙伴关系，让队员相互信任，与伙伴们结成相互信任相互依靠的关系是相当重要的，关系到之后工作的开展、任务的完成。

项目一　信任背摔

项目概述

信任背摔是一个心理挑战与团队合作相互结合的训练项目，如图17-1所示，具有一定的挑战性。需要由队员轮流站上背摔台，背向全体承接的队员，身体呈笔直状态倒下并由台下的队员安全接住。这个项目看似有一定的危险性，但如果操作方法得当，安全问题注意到位，安全性是相对较高的。通过信任背摔，队员们可以突破自己内心的枷锁，打开心理防线，学会换位思考和培养包容心态，与团队其他成员迅速结合到一起，从而用个人的信任建立起整个团队的信任，在提升个人内涵的同时起到增加团队凝聚力的作用。

图17-1　信任背摔

项目准备

1. 场地：较宽敞的空地。
2. 道具：背摔台 1 个（一般控制安全高度应在 1.3～1.6 米）、海绵垫 1 个（面积在 2 平方米左右，在承接队员没有接好背摔者时可起到缓冲保护的作用）。
3. 人数：10 人以上为一组，同时有 2 组以上人员在场方可开展。

项目流程

1. 所有参与训练的队员要按顺序轮流站上背摔台，背向下面的承接队员，等待教练发出可以往后倒的口令之后笔直向后倒下，台下的承接队员顺势安全接住倒下的队员。
2. 未安排到上背摔台的队员要求在台下搭建保护人床，即两两对立，手臂向上互相搭好，确保可以在队员倒下时安全接住。
3. 活动的最后要开展心得交流总结，教练引导团队的相互信任与交流，让队员自由发言，建立起良好的团队合作氛围。

注意事项

1. 信任背摔要求在平整的场地开展，活动开展之前要排除场地内的不安全因素。
2. 地面的坚硬物体、绊脚的物体等要提前清理干净。
3. 参与活动的队员要求统一着运动服装，身上携带的硬物如手表、手机、眼镜、发卡、别针等，要统一交到教练处保管。

讨论分享

1. 你站在背摔台上和在做承接队员时在想什么？
2. 整个活动中你最担心的是什么问题？有什么感受？
3. 从活动中你感悟出了哪些道理？（如换位思考，互相信任等。）
4. 你觉得你平时可以为团队做些什么来增加团队的凝聚力？

项目二　信任圈

项目概述

信任圈活动涉及团队默契、沟通交往能力与信任度的培养，如图 17-2 所示。通过各组成员之间的相互配合与信任，让参与者体会周围人群对个体的友善和支持。当我们把信任交给团体，我们彼此也会更加信任。这个活动也常常用于团队建设活动中，培养队员团结协作、彼此信任、同心同德、目标一致，提高工作效率。

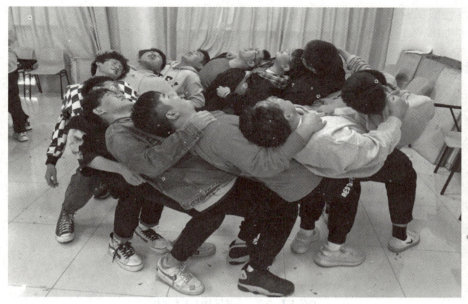

图 17-2　信任圈

项目准备

1. 场地：空旷的场地。
2. 道具：无。
3. 人数：根据人数进行分组，8~12 人一组较为合适。

项目流程

1. 小组成员面对面围成一个小圆圈，圆圈内一名成员立于圆心，其余成员相邻间隔不超过 10 厘米。站在圆心的成员双手反向交叉握于胸前，询问其他成员："请问大家准备好了吗？我要向后倒啦！"其余成员在此时则给予他相应的鼓励与倒下的指示。

2. 其他成员双脚一前一后保持半弓步站立，向前伸出双手，做向前推状，手肘呈 90 度，以接住该成员。此时立于圆心的成员闭上双眼，双脚跟并拢着地，身体其他部分完全不用力、努力保持放松，向后倒在队友的手中。中间成员倒向哪个方向，站在哪个方向的团队成员就要在该成员即将倒在自己身上前，利用双手把其支撑住，然后把他轻轻推向自己左侧的队友，注意用力不要太猛。在托住中间成员的过程中，相邻的成员要相互支持，共同托住中间成员，确保该成员不会出现意外摔倒。中间成员的身体依顺时针经过每位小组成员的支撑 2~3 轮后即可。

3. 组内其余成员自告奋勇，依次充当中间成员。所有成员都体验过中间成员后，活动结束。个别成员因害怕实在不敢体验中间成员的，也不必强求。

注意事项

1. 在各小组开始活动前，团体领导者应随机选取一个小组给大家做示范指导。

2. 女性成员避免穿细跟鞋，以防站立不稳。
3. 近期手腕受伤的成员可作为中间成员或观察员，避免手腕用力再次受伤。

讨论分享

1. 作为中间成员，在跌倒的过程中，你的感受是什么？
2. 作为第一个向后倒的中间成员，是什么让你拥有如此大的勇气？
3. 你是第几个作为中间成员的？为什么你不做第一个呢？
4. 在向后倒的过程中，你的内心有没有挣扎？有没有担心？
5. 大家做了什么让你感到放心，愿意向后倒？
6. 你是一个容易信任别人的人吗？
7. 你是一个容易被别人信任的人吗？
8. 你觉得信任对人际交往、人际沟通有什么样的意义？

项目三　蒙眼足球

项目概述

在一个足球场里，将所有队员分成 2 支队伍开展足球赛，每支队伍一半队员充当蒙眼队员，一半队员充当正常人。通过语言沟通来指导"盲人"球员，从而增强了团队成员之间的信任感和协作能力，如图 17-3 所示。

图 17-3　蒙眼足球

项目准备

1. 场地：空旷的大场地。
2. 道具：2 个足球（要用含气量不足的足球，这样每踢一下，球不会滚得太远）、蒙眼布、哨子。
3. 人数：不限。

项目流程

1. 留出 2~3 个人做监护员。监护员的任务是负责安全问题，同时兼任边裁。把其他的队员带到场地中间，把他们分成 2 个人数相同的小组。注意，要求每个小组的总人数为偶数。
2. 每个队员在自己的小组内找一个搭档。
3. 根据蒙眼布的颜色给两个小组命名。如果是黄色和绿色的蒙眼布，那么就把一个队称为黄队，另一个队称为绿队。把黄色的蒙眼布发给黄队，绿色的蒙眼布发给绿队。确保每对搭档拿到一块蒙眼布。每对搭档中只有一个人戴蒙眼布，另一个人不戴。
4. 告诉大家："我们即将进行一场别开生面的足球赛。每对搭档中，只有被蒙上眼睛的队员才可以踢球，他的搭档负责告诉他向什么方向走、做什么。"
5. 详细解释游戏规则。要求那些被蒙上了眼睛的队员保持类似于汽车保险杠的姿势——弯曲双肘，手掌向外，手的高度与脸齐平。在发生意外碰撞时，这种姿势有助于避免或减轻对身体上半部的伤害。负责指挥的队员不允许碰自己的同伴，只能通过语言表达指令。这场球赛中没有守门员，每个队踢进对方球门一个球得一分。培训专员是这场比赛的裁判。任何一队进球后，都要把球拿回场地中间，重新开始比赛。不允许把球踢向空中，在任何时候，球都是在地面上滚动。如果某个队员踢了高球，裁判会暂停比赛，并把该队员罚下场一段时间。如果球被踢出界了，裁判负责将球滚回场地。除此之外，没有其他的关于出界处理的规则。比赛一共进行 10 分钟，中间休息，交换场地。
6. 宣布完游戏规则之后，让两个小组用投掷硬币的方法选择场地。场地定好后，把 2 个球放在场地中间。然后吹哨，开始游戏。用 2 个球意味着比赛中每队一个球，各自为多得分而奋斗。

注意事项

1. 确保那些被戴上眼罩的学员保持类似于汽车保险杠的姿势。
2. 不允许把球踢向空中，因为这非常容易导致学员们受伤。

讨论分享

1. 哪些因素有助于最终取得胜利？
2. 被蒙上眼睛的学员感受如何？
3. 指令的清晰度如何？哪些方面还有待改进？
4. 这个活动对你们的实际工作有何启发？

项目四 盲人方阵

项目概述

在团队的合作当中，需要组织管理者，这就必然决定了我们在团队中的角色需要在领导者和被领导者之间抉择。而领导者又可以分为管理型领导者与专家型领导者，如果要共同完成一项任务，在特殊的情况下，有时候团队中的成员不发表意见而是完全地服从指挥，也是对于整个集体最大的支持。盲人方阵这个任务体现的是团队队员之间的配合和信任，一个有领导、有配合、有能动性的队伍才能称为团队，本游戏主要为锻炼大家的团队合作能力。

项目准备

1. 场地：一块足够小组活动（边长不小于 25 米）的平整、开阔的场地。
2. 道具：长 3 米、5 米及 12 米左右的绳子，眼罩。
3. 人数：不限。

项目流程

1. 情景描述：同学们误食了一种有毒的果实，现在无法看见东西，为了保护自己的安全，需要找到绳子并用其围成一个正方形的避难所以抵御外来的敌人。所围成的正方形避难所越大，抵御外来敌人的功力就越大，因此，同学们必须努力将其围到最大。围成之后，同学们还要相对均匀地分布在避难所四周进行把守，即为盲人方阵，如图 17-4 所示。

图 17-4 盲人方阵

2. 所有学生戴上眼罩并确认不透光后，活动开始。

3. 将已经打好结的绳子放在训练场地的中间区域，所有学生要先找到位于附近不超过5米范围内的绳子，并在60分钟内把它围成一个最大的正方形，所有的人相对均匀地分布在这个正方形的四条边上。

4. 围成的正方形越大越好。

5. 整个活动中学生不得摘去眼罩，戴上眼罩后应将双手放置身前，不得背手行走，严禁蹲、坐在地上。

6. 学生完成任务后，教师喊停。学生不得继续移动。（注意：摘下眼罩时背对阳光，眼睛先闭一会儿，再慢慢睁开。）活动也可稍加改变：如果活动完成得很好，可以先把学生带到其他地点再取下眼罩，让学生在未知情况下回顾活动。

注意事项

1. 要求地面平整，周围没有障碍物，以保证学生的安全。

2. 最好将绳子放在活动场地的中间区域，可以适当地运用技巧增加或降低找绳子的难度。

3. 必须确认学生戴上眼罩后完全看不到光。戴上眼罩后，要求学生将手放在身前，不得背手行走，且严禁蹲下。

4. 整个活动中，学生不得摘去眼罩。确认游戏完成后，将绳踩在脚下，并通知教师，得到准许后才可以按照要求摘去眼罩。

5. 学生听到停止信号后，不得继续移动。

6. 不要猛烈地甩动绳子，以免打到他人。

7. 整个活动中注意不要被绳子绊倒。

8. 摘下眼罩时要背对阳光，眼睛先闭一会儿，再慢慢睁开。

9. 避免在烈日或恶劣天气下进行此项活动。

讨论分享

1. 在活动过程中，团队成员是如何避免现场混乱的？
2. 团队成员之间怎样进行有效的沟通、交流和合作？
3. 做好这个活动的关键是什么？
4. 活动过程中成员之间产生分歧，你所在的团队是如何化解的？
5. 如何解决个人和团队的关系？

项目五　穿越电网

项目概述

穿越电网是一个广为人知的户外游戏，属于团队合作项目，如图17－5所示。它是幻想和挑战的完美融合。虽然这个游戏需要培训教练进行一定的准备工作，但是这些准备工作一定会带来完美的体验和效果。穿越电网对于团队的主要作用是：提高学员的心理健康水平和应对能力，培养团队协作意识；合理地利用资源，学会倾听别人的意见和建议；正确地认识到自己的位置和领导者的位置；关爱弱势群体等。

图 17-5　穿越电网

项目准备

1. 场地：平坦宽敞的场地。
2. 道具：两棵相距 4 米左右的大树（室内也可以用器械支撑）、海绵防护垫、电网绳、STOP（停止）挂标。
3. 人数：10~15 人一组。

项目流程

1. 所有学员进行项目前都要将身上的尖锐物品（如眼镜、发卡、手表、钥匙、戒指等）放在一边，做完项目后再收回去。
2. 项目开始后过网的唯一通道就是未封闭的网眼，每个网洞每次只能穿越一人，网洞每穿越一人次，无论成功（没触网）还是失败（触网），该网洞都将挂结封闭，不允许再次使用。
3. 任何学员和物品不允许触网，穿越项目控制中如发生触网现象，网洞挂结封闭的同时学员退回。
4. 未穿越电网的学员不能从两侧过去帮忙，穿越过的学员也不能回来帮忙，同时所有学员也不能从电网上面和下面通过，因为电网是向上下、向两侧无限延伸的。

5. 千万注意不要抛弃队友，穿越项目控制中不要跑跳窜跃；输送学员一定要遵守"先放脚后将身体扶正"的项目安全原则，不可迅速撒手或鼓掌。

6. 女学员在被输送时只允许仰面通过。

7. 令行禁止：在进行项目控制中，如发现大家的动作有危险，教练将立即制止，请大家不要再继续，各位需要立即停下手中的动作。同时如果有学员感到身体不适，须立即示意教练，教练应做出适当调整。

8. 若项目进行中有违规现象，教练将予以重罚并扣分。

宣布完之后，询问学员是否还有不明白的地方，待所有学员均无疑问后，方可开始项目。

注意事项

1. 在项目开始前，需检查电网所在地的地面状况，发现有可能导致学员受伤的东西应及时清理，如玻璃碴、石头、铁钉等。
2. 监控过程中：先严后松、态度严肃、适时鼓励。
3. 教练在人少的一边保护和监督。

讨论分享

1. 我们接到任务的第一反应是怎样的？
2. 5 分钟的准备时间里，我们做了什么？有什么没做？能不能做得更好？
3. 第一个穿越电网的人是怎么过去的？有何感想？
4. 触网的为什么大部分是帮忙的人？
5. 在同伴的帮助下，被运送穿越电网的感觉是怎样的？
6. 你们有没有分析你们的资源、网洞及人力资源？
7. 你们的分工、协作在该项目里是否有很好的体现？

项目六　协力过河

项目概述

协力过河，又称"齐心协力"。这是一个双人合作的户外心理素质拓展项目。两个队友各站在一根钢绳上，面对面，伸出双手，双方手心相对、手掌相抵，然后一起向终点移动，直至终点。通过共同完成任务，团队成员之间能够建立起深厚的信任关系，增强彼此之间的依赖感。这种信任关系不仅有助于团队成员之间的合作，还能够促进团队成员之间的友谊和凝聚力。

项目准备

1. 场地：空旷的场地。

2. 道具：机械钢结构、钢绳、秒表。

3. 人数：不限。

项目流程

1. 教师情景描述：各位同学，我们先做一下场景的模拟，现在我们是第一次世界大战反击战中的一支爆破小分队，用尽了所有资源，终于完成了上级交代的任务，炸掉了敌人的弹药库。由于爆炸声音比较大，被敌人发现了，敌军派出比我军多10倍的兵力前来追捕，所以大家必须迅速撤退。可是在撤退的必经之路上，有一座铁链桥，狡猾的敌人撤掉了上面的木板，现在桥上仅剩下两根光滑的铁链，桥下是凶险、奔腾的河流，我们只有成功通过铁链桥才能得以生还。在通过的过程中，如果有任何人从上面掉落，则视为"牺牲"。敌军将在30分钟之后赶到此地，30分钟之后没有通过的伙伴也将视为"牺牲"。我们的目标是在30分钟内，团队中所有成员都安全通过铁链桥。

2. 学生分为2队，项目开始后，任何人不能从铁链上掉落，一旦掉落则视为"牺牲"，"牺牲"的人员需要站在旁边的"烈士墓园"，在整个过程中不得提供任何帮助；所有队员必须站在铁链桥的起始端，不允许超过起点线，一旦有人超过，立即视为"牺牲"。

3. 项目进行时2人一组，双方双手十指相扣，每人脚踩一根铁链，从铁链桥最窄的一端到最宽的一端，全程没有掉落则表示该组成功通过。

4. 项目进行过程中，铁链桥每次仅能通过一组队员。

5. 从第一组出发时开始计时，到最后一组通过后结束计时，最终对比2队的时间，用时最少且没有一人"牺牲"的队伍获得最终的胜利。

6. 教师记录"牺牲"的人数，由于这是一个团队合作的项目，所以每"牺牲"一人，团队全员罚做3个俯卧撑，牺牲2人，团队罚做6个俯卧撑，依次累加。

注意事项

1. 在项目开始前，学生应将钥匙、手机、发卡等硬物取下，放在规定的区域。

2. 教师需注意观察团队成员的操作，及时记录过程中的一些细节，维持好现场的秩序。

3. 教师需仔细询问团队成员的身体状况，如有高血压、心脏病、习惯性脱臼等疾病的学生，教师有职责提醒他们不参加此项活动。

4. 项目操作过程中，2队互做保护，在每组通行过程中，派2名队员分别站在2名体验队员身后，随体验队员同时移动并弯腰做保护。

5. 学生在活动中不得推挤，注意安全。如有意外情况，应及时向教师汇报，不应擅自解决。

讨论分享

1. 有的团队成员说感觉很紧张，说明了什么？

2. 活动过程中是不是有时间过得很快、时间不够用的感觉？

3. 在项目开始前，团队成员有没有达成统一的意见或制订一致的方案？如何制订的？在制订方案的过程中有没有发生争论？最终又是如何达成统一的？

拓展延伸

痛苦和盐

有一个师父对于徒弟不停地抱怨这、抱怨那感到非常厌烦。有一天早上，他派徒弟去取一些盐回来。当徒弟很不情愿地把盐取回来后，师父让徒弟把盐倒进水杯里喝下去，然后问他味道如何。徒弟吐了出来，说："很咸。"师父笑着让徒弟带着一些盐和自己一起去湖边。他们一路上没有说话。

来到湖边后，师父让徒弟把盐撒进湖水里，然后对徒弟说："现在你喝点湖水。"徒弟喝了口湖水。师父问："有什么味道？"徒弟回答："很清凉。"师父问："尝到咸味了吗？"徒弟说："没有。"然后，师父坐在这个总爱怨天尤人的徒弟身边，握着他的手说："人生的苦痛如同这些盐，有一定数量，既不会多也不会少。我们承受痛苦的容积的大小决定痛苦的程度。所以当你感到痛苦的时候，就把你的可承受的'容积'放大些，不是'一杯水'，而是'一个湖'。"

模块十八　意志磨炼

大学生群体的性格特点越发鲜明，对自我的定位越高，成才的欲望也就越强烈，但他们的心理发展却尚未完全成熟、稳定。意志力发展健全的人在意志品质的各方面都会表现出较高的水平，意志发展良好的大学生在学习、生活和工作等各种活动中有更大的概率克服困难、最终获得成功。同时，意志力水平较高的学生对困难产生的心理困扰有较强的应对能力，心理会经常保持在健康状态。在就业过程中，意志力也是聘用人才和选拔人才的重要考虑因素之一。

项目一　匍匐前进

项目概述

匍匐前进是一种军事术语，是以躯体贴近地面，以手臂和腿的攀爬力量，使身体整体前进的运动方法，主要用于军事训练及实战中。另外还指拓展训练、户外活动、火灾逃生中的运动方式。在战争中，如果我们要通过一段敌军的火力封锁地带，或者生活中我们需要从火场的浓烟中逃生，都有极大的可能要用到匍匐前进这个战术动作。在素质拓展中开展这项训练，对于所有成员而言都是一种自我能力的提升。

项目准备

1. 场地：较宽敞的空地。
2. 道具：护膝、护肘、开阔平整的场地、训练用枪（81-1 或者雷射枪）、胶绳、虚拟掩体。
3. 人数：不限。

项目设计

动作要领学习：匍匐前进在通过敌军火力封锁下的较短地段或利用较低遮蔽物时采用，根据遮蔽物的高低分为低姿、高姿、侧身和高姿侧身匍匐前进 4 种。

1. 低姿匍匐前进：

在遮蔽物高约 40 厘米时采用。其要领是：右手掌心向上，枪面向右，虎口卡住机柄，余指握住背带，枪身紧贴右臂内侧；或右手虎口向上，握住背带环处，食指卡枪管，使枪置于右小臂上。前进时，屈回右腿，伸出左手，用右腿和左臂的力量使身体前移，同时屈回左腿，伸出右手，再用左腿和右臂的力量使身体继续前移，依此法交替前进。

2. 高姿匍匐前进：

在遮蔽物高约 60 厘米时采用。其要领是：携枪的方法同低姿匍匐，也可两手横托握枪，枪托向右。前进时，以两小臂和两膝的内侧支撑身体前进。

3. 侧身匍匐前进：

在遮蔽物高约 60 厘米时采用。其要领是：持枪的同时向右转身，左小臂着地，左大臂向前倾斜，左腿弯曲，右脚靠近臀部着地，右手持枪，用左臂的支撑力和右脚的蹬力使身体前移。

4. 高姿侧身匍匐前进：

在遮蔽物高 80~100 厘米时采用。其要领是：收枪的同时屈左腿于腹下，以左手、左小腿的外侧将身体撑起，右手提枪，以左手的撑力和右脚的蹬力使身体前倾。

卧倒的动作要领：卧倒时，左脚向前一大步，身体下蹲，左膝稍向里合，按左膝左手、左肘的顺序着地卧倒。还可右脚向前一大步，左手撑地迅速卧倒。需要射击时，应迅速出枪。出枪的方法是：右手撑护木，以四指的鼎力、虎口的压力、小臂的推力将枪送出，同时，左手紧握弹匣上方，右手移握握把，做好射击准备。出枪要稳、准、狠，力求一次到位。出枪的同时转体，全身伏地。

项目流程

1. 准备训练：

（1）清点人数，检查装备、护具。

（2）活动身体（慢跑等热身，充分活动身体各关节）。

2. 徒手分解动作练习：

训练方法：在徒手卧倒的基础上，听到"侧身低姿匍匐——前进！"的口令后，按动作要领左腿弯曲，右脚靠近臀部着地；左大臂弯曲，手掌着地，呈预备前进姿势。

听到"1"的分解口令后，按动作要领利用左臂向后的支撑力和右脚的蹬力使身体正直前移一步，右手可稍微辅助支撑地面，掌握身体平衡。

听到"2"的口令按此法进行。

在该步训练中，应注意分解口令下达的速度，不能使学员动作做得太快。细心注意每名学员所做的动作，及时纠正以下几个易犯错误。

（1）右腿蹬地方向不正确，导致身体不能正直朝向前方运动。

（2）后蹬前拉的动作没做到位，导致身体运动幅度过小。

（3）左手支撑过度，导致上身离地，身体高度过高。

（4）目光着地，不直视正前方。

在学员都对该分解动作熟练掌握以后，可以尝试稍微加快口令的下达，检查学员是否还存在以上易犯错误。匍匐前进如图 18-1 所示。

图 18-1 匍匐前进

注意事项

1. 在匍匐时,手和膝盖常常处于受力的位置,容易受到压力和摩擦的影响。为了减轻手膝部位的受力,可以使用专门的保护装备,如手套和护膝。

2. 避免在不平坦、湿滑或有危险物品的地方进行匍匐,以防止滑倒或受伤。同时,还要注意地面的硬度,避免在过硬或不平的地方进行匍匐,以免对关节和骨骼造成不良影响。

3. 在匍匐时要保持正常的呼吸。长时间屏住呼吸或呼吸不规律都会对身体产生不良影响。

讨论分享

1. 匍匐前进动作要领中最重要的是什么?
2. 哪几个动作是最不容易掌握和操作的?
3. 知道学习匍匐前进的意义是什么吗?
4. 和大家分享下自己的心得和收获都有哪些?

项目二　战地传送

项目概述

战地传送需要团队的队员们分为左右两队,担任传送任务的队员面对面站立,各自伸出右脚卡住,确保传送队伍下半身的稳定,队员先各自左手抓住右手臂的上半部分,再与对面队员的手臂构成一个"井"字形结构的手臂传送带。

划分出"危险区"和"安全区",由在"危险区"的第一位学员开始扮演伤员,卧倒在有序躺好的队员手上,"伤员"必须手脚并用,从队员们用手臂搭建好的"传送带"上逃离危险区域到达安全地带。

项目准备

1. 场地:空旷的大场地或草坪。
2. 道具:一块2米宽、10米左右长的地毯。如果在草坪上进行这个游戏,就不需要地毯了。
3. 人数:15~25人一组。

项目流程

1. 开场白示例:

大家都从电视上见过现代化的生产线,产品按照工艺流程,由传送带从一道工序传到下一道工序,最后完成了产品的加工。现在你们自己感受一下躺在传送带上的滋味,当然这个传送带也很特殊,是由大家的双手组成的。

2. 选出3个志愿者,其中一人第一个被传送,另外2人分别在队首和队尾保护。
3. 其他队员双臂上举搭建好"传送带"。
4. 被传送的队员在"传送带"上前进的时候注意动作要稳健,不要图快,要求稳,安全为主。
5. 被传送的队员安全到达另一方后,在队尾成为传送者,以此方式轮转,直到所有的队员都被传送过。

讨论分享

1. 要完成一项工作,团队中的每个人都要认真负责,如果有人偷懒,就会造成失败。
2. 信任是相互作用的,给予别人信任,才能获得别人的信任。
3. 团队成员之间表现出的责任感能增加彼此信任的程度。

项目三　集体登山

项目概述

整个人类的生活与山有着密切的关系,登山也就由此而不断得到了发展。为了登上峰顶,人们充分发挥着自己的聪明才智。1786年之前就曾有人使用登山镐、绳索等专门器械,并掌握了雪崩、滚石、冰崩、高山缺氧等有关知识。当登山专门技术及专门装备形成后,登山逐渐从旅行活动中分离出来,成为一个独立的体育运动项目。而把登山作为一项专门的体育运动,是从18世纪末期开始的。

项目准备

1. 场地：山。
2. 道具：山形地图、登山服装、登山运动鞋、饮用水、备用药箱、手机、绳索和必要的防护用品。
3. 人数：不限。

项目流程

1. 在挑选所要攀登的山时，要注意不能太偏太荒，也不能太险。最好是选择有人工修缮台阶的山。教练员要熟悉这座山各个位置的特征，或者通过咨询熟悉的人做出一张这座山的平面图，标注各个位置的特征。
2. 登山之前，教练员将成员按人数和男女比例等规则划分成人数和实力均等的小队，或者选出几个小队长，让他们根据要求挑选队员。比赛要求到达山顶的某个目的地，需要团队中的所有人全部到达才算完成任务，比比哪个分队用的时间最少。最后一名的队伍需要给予适当的惩罚措施。
3. 统计好人数之后，收集每个学员的手机号码，做成一个表格，人手一份，以备在山上走散时方便联系，如果山形较为复杂，将地图印发给每个小分队。最好能确认山里有手机信号。
4. 做一张大概需要携带的物品清单和注意事项，出发前发给每个参加者。必须携带的大概就是饮用水、手机，夏天要戴帽子或擦防晒霜，穿结实舒服的鞋子，攀登植物比较多的山要提醒穿长裤，戴手套。
5. 教练员则要携带必备的药品和应急用品，如消毒药水、云南白药、藿香正气水（夏天）、创口贴和止泻药。适当带一些高热量的食品，如巧克力等，防止有人因疲劳而虚脱。

可以尽量提前告诉参与者目的地，让参与者自己在网上搜集所要攀登的山的特点和登山注意事项等，但同时领导者也必须亲自搜集上述内容的相关信息，最好能打印出来发给每个人，一旦有情况，领导者可以更为妥善地加以处理。集体登山如图18-2所示。

注意事项

1. 登山前划分好小队，由各个分队的队长统一带领队员，集体行动。
2. 登山的地点应该慎重选择。要向附近居民了解清楚当地的地理环境和天气变化情况，选择一条安全的登山路线，并做好标记，防止迷路。
3. 备好运动鞋、绳索、干粮和水。在夏季，一定要带足水，因为登山会出汗，如果不补充足够的水分，容易发生虚脱、中暑。
4. 最好随身携带急救物品，如携氧片、云南白药、止血绷带等，以便在发生高反、摔伤、碰伤、扭伤时派上用场。
5. 登山时间最好选择早晨出发，午后应该下山返回驻地。不要擅自改变登山路线和

图 18-2 集体登山

时间。

6. 背包不要手提,要背在双肩,以便于双手抓攀。还可以用结实的长棍做手杖,帮助攀登。

7. 千万不要在危险的崖边照相,以防发生意外。

8. 对于团体登山可自行购买短期团体出游意外保险。

讨论分享

1. 在登山的过程中,碰到的最困难的事情是什么?
2. 团队的速度是由最慢的那个人还是最快的那个人决定的?由此可以感悟出什么道理?
3. 有没有在登山的过程中遇到危险?是如何解决的?
4. 有没有人想要中途放弃的?团队给予了什么样的鼓励?
5. 最快的队伍的成功诀窍是什么?

项目四 骑 行

项目概述

骑行活动是一项极富挑战性的户外运动,它不仅能让人领略大自然的美丽风光,更能磨炼参与者的意志。在骑行过程中,面对崎岖不平的山路、长途跋涉的疲惫,参与者需要不断克服困难,坚持前行。这种挑战不仅锻炼了身体,更在无形中提升了人的意志力,让人学会在逆境中坚持,在困难中成长。户外骑行,是一场意志的较量,也是一次心灵的洗礼。

项目准备

1. 物资：头盔、手套、雨衣、毛巾、牙膏、牙刷、衣服（外套建议带两件）、自行车车灯、移动电源、食物等。
2. 人数：不限。

项目流程

1. 活动宣传：领导者提前进行活动宣传，明确活动目的、时间、地点等信息，并开放报名通道，统计参与人数。
2. 装备准备：参与者自备骑行装备，如自行车、头盔、骑行服、手套、水壶等，并确保装备状态良好。
3. 路线规划：根据参与者的体能和技术水平，规划合适的骑行路线，并提前探路，了解路况及周边环境。
4. 安排好带队人员：队长1名、副队长1名、领骑1名、押后1名。
（1）队长：为整个活动的总指挥，全权处理活动中的意外情况。
（2）副队长：协助队长的工作。
（3）领骑：处于队伍最前端，控制前行速度和休息时间。
（4）押后：骑行过程中一直保持在队伍最后的位置，保证所有队员都能跟上队伍。
5. 热身运动：在专业人员的指导下，进行必要的热身运动，以减少骑行中的受伤风险。
6. 骑行开始：按照规划的路线，有序出发，骑行过程中注意保持队形和速度，确保安全。
7. 中途休息：在骑行过程中，适时安排休息点，提供水、食物等补给，并为参与者提供休息和交流的机会。
8. 挑战与任务：在骑行过程中设置一些挑战和任务，如爬坡比赛、定点拍照等，以激发参与者的积极性和团队合作精神。骑行如图18-3所示。

注意事项

1. 骑行路线一般远离市区，路线安排需要根据住宿、就餐点调整。
2. 在活动开始前一周将路书发给所有参与者，着重提醒集合地点、时间、必备物品，并在活动开始前一天再次提醒。
3. 告知所有参与者出现意外情况时第一联系人的电话。
4. 车辆配备对讲机，山区手机信号无法保证，紧急情况下可以使用对讲机在第一时间进行沟通。
5. 活动开始前两天确定最终参加人数，给所有人购买户外运动险（需要收集身份证号码）。

图 18-3 骑行

讨论分享

1. 请描述一下你的骑行体验如何，有哪些特别的感受或印象深刻的瞬间。
2. 在骑行过程中，你遇到了哪些挑战或困难？你是如何克服它们的？
3. 在骑行中，你与队友之间有哪些团队合作或互助的经历？这些经历如何增强了你们之间的关系？
4. 骑行时，你对周围的自然环境有什么特别的感悟或发现？
5. 通过这次骑行活动，你觉得自己有哪些成长或收获？这些收获对你的生活有什么影响？

项目五　定向越野

项目概述

定向越野是一项极具挑战性的户外运动，它主要考验参与者的意志力。在陌生的自然环境中，参与者需借助地图和指南针，克服地形复杂、气候多变等困难，寻找并抵达预设的目标点。这一过程中，参与者不仅要面对体能的极限挑战，更要面对心智的考验。在迷茫与困难面前，他们需要坚定信念，冷静分析，做出正确的决策。正是这些挑战，让定向越野成为磨炼意志的绝佳选择。通过定向越野，参与者能够学会在逆境中坚持，在挑战中成长。这种经历不仅能够提升个人的意志力，还能培养团队合作和解决问题的能力，为未来的生活和工作打下坚实的基础。

项目准备

1. 场地：公园、山地、森林等自然环境。
2. 物资：地图、指南针、控制卡、运动服、运动鞋、水、食物和其他必需品。
3. 人数：根据活动的规模和场地条件而定，但通常会设定一个最低和最高人数限制，以确保活动的顺利进行。

项目流程

1. 确定参与人员：根据活动规模和场地条件，确定参与定向越野的人数，并组建团队，确保每个团队至少包含一名女性成员。
2. 选择场地：选择适合定向越野的场地，如公园、山地或森林等自然环境。确保场地内有足够的自然特征作为控制点，并考虑场地的安全性、交通便利性和设施完备性。
3. 准备物资：准备活动所需的地图、指南针、控制卡等物资，并根据天气和活动持续时间准备足够的水、食物和其他必需品。
4. 集合与分组：在活动开始前，将所有参与者集合在一起，进行分组并确定每个团队的队长。
5. 规则说明：向参与者详细解释定向越野的规则和注意事项，包括如何使用地图和指南针、如何找到控制点、如何打卡等。
6. 分发物资：将地图、指南针等物资分发给每个团队，并确保每个团队成员都清楚自己的任务和责任。
7. 出发：按照预定的时间，所有团队同时出发，开始定向越野的挑战。
8. 寻找控制点：根据地图和指南针的指引，团队成员需要共同协作，找到并访问预设的控制点。在访问控制点时，需要使用电子设备打卡以证明访问顺序。
9. 解决难题：在越野过程中，可能会遇到各种难题和挑战，如复杂的地形、恶劣的天气等。团队成员需要共同思考和解决这些问题，以确保顺利完成任务。定向越野如图 18-4 所示。

注意事项

1. 穿着适合户外运动的服装，优先选择透气、速干、防摩擦的材质。穿着舒适、防滑的运动鞋或越野鞋，避免穿短裤以防蚊虫叮咬。
2. 携带足够的水和食物，确保在活动中保持水分和能量补给。
3. 患有严重的不适于参加激烈运动的疾病的人员或体质虚弱的人员，须事先通报活动领导者。
4. 如有队员分散行动，应及时联系并重新集结，确保团队整体安全。
5. 爱护自然环境，不乱扔垃圾，不破坏植被和动物栖息地。遵守场地规定，不擅自进入禁止区域或破坏场地设施。

图 18-4 定向越野

6. 携带必要的急救药品和工具，如创口贴、绷带、止痛药等。如有紧急情况发生，应立即联系活动负责人或寻求其他人员帮助。

讨论分享

1. 你在定向越野过程中遇到了哪些挑战？
2. 你是如何使用地图和指南针来导航的？
3. 在团队协作方面，你有什么特别的经验或教训？
4. 你在活动中学到了哪些新的技能或知识？
5. 你觉得定向越野活动对你的生活或工作有什么启示？
6. 如果再次参加定向越野活动，你会如何准备？

项目六　漂　　流

项目概述

　　漂流活动不仅是一次刺激的水上探险，更是一次磨炼意志的绝佳机会。在急流险滩中，参与者需时刻保持警觉，克服水流的冲击和未知的挑战。每一次划桨、每一次调整方向，都需要坚定的意志和冷静的判断。在逆境中，参与者需要相互扶持，共同面对困难，这种团队合作和互助精神也是磨炼意志的重要部分。漂流活动不仅考验着个人的勇气和毅力，更是一次心灵的洗礼。通过挑战自我、超越极限，参与者能够在困境中找到力量，学会在逆境中成长，从而在磨炼中锻炼出更加坚韧的意志。

项目准备

1. 场地：水流平缓、水质清澈、水量充足的河流或溪流。

2. 物资：漂流艇、救生衣、头盔、漂流杖、防晒用品、防水袋、紧急药品、水壶和食品、通信设备。

3. 人数：根据漂流艇的承载能力和安全性来确定人数。

项目流程

1. 确定参与人员：根据活动规模和场地容量，确定参与漂流活动的人数，并组建团队。确保每个团队都具备足够的合作和互助精神。

2. 物资准备：准备充足的漂流艇、救生衣、头盔、漂流杖等必要物资。同时，确保每个参与者都配备有防水袋用于存放贵重物品，以及防晒用品和紧急药品等。

3. 场地检查：提前到达漂流场地，检查河流的水流情况、水质以及周边环境的安全性。确保场地符合漂流活动的安全要求。

4. 集合与分组：按照预定的时间，将所有参与者集合在一起，并进行分组。每个团队选出一名队长，负责团队内部的协调和组织。

5. 安全须知：由活动负责人向参与者介绍漂流活动的安全须知和注意事项，确保每个人都清楚了解活动流程和安全规定。

6. 装备穿戴：参与者按照要求穿戴好救生衣、头盔等安全装备，并检查防水袋和随身物品是否妥善存放。

7. 漂流体验：在漂流过程中，参与者可以欣赏到河流两岸的自然风光，感受大自然的魅力。同时，也会遇到一些水流湍急、岩石密布的河段，增加活动的刺激性和挑战性。漂流如图18-5所示。

图18-5 漂流

注意事项

1. 选择合适的河流，了解河流的水流速度、水深和沿途的障碍物，确保没有危险性的悬浮物或瀑布。

2. 避免在恶劣的天气条件下漂流，如大风、暴雨或闪电。同时，注意河流的水位变化和水温，确保在安全条件下进行。

3. 携带救生衣、头盔、漂流杖等，确保装备适合你的身高和体重，并保持良好的状态。此外，还可以携带防水袋用于存放贵重物品，如手机和相机等。

4. 学习和掌握一些漂流的基本技巧，如如何平衡艇身、使用桨或划船来控制方向等。这将有助于你更好地应对各种情况。

讨论分享

1. 漂流过程中最让你难忘的瞬间是什么？
2. 你在漂流中遇到了哪些挑战？是如何克服的？
3. 你觉得漂流活动对团队合作有什么帮助？
4. 漂流中你学到了哪些关于自然和环境的知识？
5. 如果有机会再次漂流，你会选择同样的路线还是尝试新的路线？为什么？

拓展延伸

如何正确搬运伤员

生活中难免会出现一些意外，出现意外后，我们该如何正确搬运伤员，这是最关键的一步，因为稍有不慎就会有生命危险。那么下面就介绍几个正确搬运伤员的主要方法。

1. 徒手搬运：

（1）单人搬运：由一个人进行搬运。常见的有扶持法、抱持法、背法。

（2）双人搬运法，常见的有椅托式、轿杠式、拉车式、椅式搬运法、平卧托运法。

2. 器械搬运法：

（1）担架搬运：将伤员放置在担架上搬运，同时要注意保暖。在没有担架的情况下，也可以采用椅子、门板、毯子、衣服、大衣、绳子、竹竿、梯子等制作简易担架搬运。

（2）工具运送：如果从现场到转运终点路途较远，则应组织、调动、寻找合适的现代化交通工具，运送伤病员。

3. 危重伤病员的搬运：

（1）脊柱损伤：硬担架，3～4人同时搬运，固定颈部不能前屈、后伸、扭曲。

（2）颅脑损伤：半卧位或侧卧位。

（3）胸部伤：半卧位或坐位。

（4）腹部伤：仰卧位、屈曲下肢，宜用担架或木板。

（5）呼吸困难病人：坐位，最好用折叠担架（或椅）搬运。

（6）昏迷病人：平卧，头转向一侧或侧卧位。

（7）休克病人：平卧位，不用枕头，脚抬高。

温馨提示：出现意外后一定要采取正确的急救措施，及时与医院取得联系，尽快送往医院。